투자의
길이
보이는

트렌드
경제
용어

2023

투자의 길이 보이는 트렌드 경제용어 2023

투자의
길이
보이는

트렌드
경제
용어

권기대 지음

2023

베가북스
VegaBooks

하루하루가 여간 고단하지 않습니다.

이보다 더한 시절도 물론 있었겠지요. 그런데도 지금처럼 불안하고 무력한 느낌으로 일상을 마주했던 적이 또 있었나, 싶습니다. 2022년 벽두만 해도 이렇지는 않았지요. 팬데믹이란 긴 터널의 끝이 보이는 것 같았고, 답답했던 삶의 전망이 왠지 탁 트일 것 같은 바람이 있었습니다. 시장을 휘젓는 유동성도 여전히 넉넉해 보였고, 주식을 비롯한 다양한 자산들의 가치도 쑥쑥 커갈 듯이 보였습니다. 여기저기 장밋빛 예측을 만나기도 어렵지 않았습니다. '지금보다 더 나빠질 수는 없을 것'이란 아련한 믿음을 누구나 품지 않았을까요.

웬걸, 그런 집단적인 희망이 현실의 폭풍 앞에 좌절하는 데는 3개월이면 충분했습니다. 과대망상증에 걸린 지도자가 끔찍한 전쟁을 일으켰고, '제로 코로나'에 신경질적으로 집착한 나라가 세계 경제를 힘들게 했으며, 인플레이션의 망령이 지구를 뒤덮는가 하면, 허약해진 공급망의 병목현상은 사라질 줄 몰랐고, 겁도 없이 현금 살포했다가 화들짝 놀란 정부들이 경쟁하듯 반대편 길로 내달았습니다. 그 와중에 소소한 행복이라도 원했던 서민들은 하찮은 꿈마저 접어야 했고, '내일'을 믿었던 개인투자자들은 보유 자산의 가치가 60~70%까지 깎여나가는 것을 지켜보며 경악했습니다. 반대로 일 년에도 못 벌 돈을 석 달 만에 벌어들여 신이 난 기업들도 물론 있었고요.

이제 '죽는소리'는 그만하렵니다.

저나 여러분이나 눈 부릅뜨고 살아있고, 일 년 후에 무슨 세상을 맞이하게 될지는 아무도 모르지만, 지금은 최선을 다해 살아야 하니까요. '지금의 자리에서, 내가 가진 자원으로, 내가 할 수 있는 가장 현명한 결정을 내리고 실행하는 것'만이 우리 모두를 구할 것입니다. 그러기 위해선 돌아가는 세상 물정을 제대로 파악해야겠고, 무엇이 변해 우리 삶에 영향을 미치는지, 그리고 그 변화가 나에게 무엇을 의미하는지를 깨쳐야 합니다. 그래야만 비로소 위기를 기회로 둔갑시키는 마술도 배울 수 있겠지요.

직장생활과 사업과 투자와 그 밖의 모든 경제활동에 있어 이런 지식과 깨우침은 어디에서 시작합니까? 우리가 매일 아침저녁으로 맞닥뜨리는 다양한 정보에서 시작합니다. 그 숱한 정보를 제대로 이해하는가, 내 상황이란 맥락에서 바람직하게 소화하는가, 그걸 바탕으로 최선의 의사결정에 도달하는가, 그리고 그대로 과감하게 실행하는가? 바로 여기에 내 인생의 성패가 달려있습니다.

제가 이 책을 기획하고 펴낸 이유도 마찬가지입니다. 여러분이 시시때때로 무언가 중요한 정보를 만나긴 해도, 거기 담긴 몇 가지 핵심 용어들의 뜻을 정확히 알지 못해서 이해와 판단과 결정으로 나아가는 길이 턱턱 막히는 때가 분명히 있을 것입니다. 다양한 '트렌드 경제용어'를 쉽게 풀어놓은 이 책이 바로 그럴 때 여러분의 시원시원한 길잡이가 될 수 있기를 희망합니다.

이 책에 담긴 용어들은 2023년을 준비하는 여러분이 세계 경제의 '추세' 혹은 '흐름'을 가늠할 수 있도록 도울 것입니다. 그래서 거기에 '트렌드'라는 수식어를 붙였습니다. 그리고 이 '트렌드' 경제용어 중에는 '프렌드쇼어링' '매스티지' '워크 자본주의'처럼 새로이 만들어진 용어도 많습니다만, 이 책이 반드시 '신조어'를 모아놓은 것은 아닙니다. 오래전에 만들어졌더라도 작금의 경제 상황 때문에, 즉, 어떤 '트렌드' 때문에, 새로운 의미 혹은 새로운 중요성을 띠게 되는 용어도 있습니다. '적도 원칙' '채찍효과' '우주 태양광' 혹은 '국부펀드' 등을 그런 예로 들 수 있겠지요.

언어도 생명이 있어서 태어나고 자라고 변하고 쇠약해졌다가 죽기도 합니다. 그 말이 태어날 때 어떤 뜻인지 알아두는 것도 중요하지만, 그 말의 성장과 변화로 인해 그 의미가 어떻게 바뀌는지를 파악하는 것도 중요합니다. 요컨대 이러한 '트렌드' 경제용어를 내가 처한 현실이라는 맥락에서 이해하고 활용할 줄 아는 능력을 키우자는 것입니다. 여러분이 2023년 내내 일터에서 맡은 책임을 완수하거나, 벌여놓은 사업을 수행하거나, 크고 작은 투자를 실행하거나, 경제-경영 관련 연구조사를 시행하는 과정에서, 이 책이 작지만 믿음직한 길잡이가 되기를 바랍니다.

하물며 여러분이 이 책에서 깨우친 트렌드 용어 덕분에 웬만해서는 만날 수 없는 황금의 기회를 잡게 된다든지, 하마터면 당할 뻔했던 투자 손실을 용케도 피하게 된다든지, 직장에서 명성이 높아진다든지, 그런 일이 생긴다면 더할 나위 없이 기쁘겠습니다. 열심히 공부해두시면 기회는 찾아오게 마련이지요. 희귀한 기회가 찾아왔는데 실력이 모자라서, 뭐가 뭔지 이해하질 못해서, 그 기회를 십분 활용할 수 없다면, 얼마나 원통하겠습니까.

작년 말에《명쾌하고 야무진 최신경제용어 해설》을 펴낸 후로, 꼬박 일 년 가까이 각종 미디어 기사에 오르내리는 '트렌드' 경제용어를 차곡차곡 모았습니다. 그들이 등장하는 뉴스를 모아서 읽고, 구글, 위키피디아, 유튜브 영상, 관련 기업이나 국제기구의 홈페이지 등을 두루 찾아보며 참조했습니다. 저만의 방식으로 개념을 정리하고 관련 이미지와 도표 등을 모으고 사례를 수집하여, 아래와 같은 방침을 따라 이 책에 담고자 했습니다.

▶ 학생들도 알아들을 정도로 아주 쉽게
▶ 개념 전달과 더불어 경제적인 함의까지
▶ 산업-기업-프로젝트의 구체적인 사례도
▶ 이미지, 도표, 차트 활용해 지루하지 않게
▶ 외국어 표기와 발음은 꼼꼼하고 정확하게

이런 경제용어들 배워서 뭐하느냐고요? 세상살이, 제멋대로 돌아가지 않습니다. 경제에도 원리가 있어서, 그 원리를 따라 세상의 경제가 움직이지요. 그 원리를 모르면 직장생활도, 투자도, 사업도 제대로 할 수 없다는 뜻입니다. 모르면 뒤처지고 손해 보고 기회 놓치기 일쑤입니다. 누구나 간절히 원하지 않습니까? 맞춤한 나이에 재정적으로 독립하고, 허둥지둥 쫓겨 다니는 일상으로부터 졸업하여, 내가 진짜 하고 싶은 일에서 보람과 기쁨을 얻는 생활을? 그 시발점이 경제 원리의 배움이고 그 배움은 다양한 경제용어의 정확한 이해에서 비롯됩니다. 풍요로운 삶을 목표로 정한 사람이라면 기울여야 할 최소한의 노력입니다. 또 그런 사람이라면 당연히 느끼게 될 갈증이기도 하고요. 저는 이런 갈증을 풀어주고 싶어 이 책을 썼습니다.

달콤 쌉싸름한 연애소설이나 만화 같은 재미야 있겠습니까. 하지만 깨우치고 터득하여 내 인생에 실질적인 도움을 얻는다는 데서 즐거움을 만끽하십시오. '트렌드' 경제용어들과 친해지고 가까워짐으로써 복잡하고 모호한 경제 현상을 한결 더 빠르고 정확하게 파악하십시오. 그 의미를 깨달아 현명한 의사결정을 내리고, 자신 있게 실천에 옮기십시오. 그런 노력으로 여러분의 내일이 더 나아지리라고 믿어 의심치 않습니다.

아무리 하루하루가 고단해도 꿈을 잃지 말고 이루소서.

감사의 말씀

저는 이 책을 펴낸 출판사의 대표이사로 근무하고 있습니다. 물론 이 책이 그런 직위에 힘입어 출간된 것은 아닙니다. 배혜진 부대표님의 총괄 아래 편집, 디자인, 영업, 마케팅, 경영지원 등 모든 팀의 든든하고 일사불란한 지원 덕에 이 책이 탄생할 수 있었습니다. 베가북스의 식구들 모두에게 감사의 인사를 전하며, 아울러 디자인을 맡아주신 이용석 님께도 박수갈채로 고마움을 전합니다.

2022년 10월 20일 서울에서
권기대

C O N T E N T S 차례

제4부

ㅌ~ㅎ

지식을 얻기 위한 투자야말로 최고의 이익을 낳는다.
An investment in knowledge pays the best interest.

— 벤저민 프랭클린(Benjamin Frankin)

투자의 세계에서도 공부보다 더 큰 이익을 실현해주는 것이
어디 있겠는가. 투자를 실행하기 전에 꼭 필요한 공부부터 하
고, 조사와 분석도 잊지 말라.

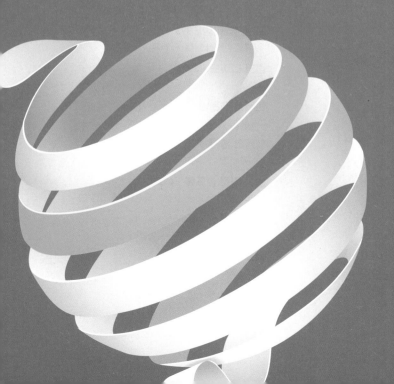

제1부

2023

7 ~ 2

01 가상 유명인·가상 인플루언서

Virtual Influencer

"인간보다 압도적으로 유리한 가짜 인간입니다."

신한생명과 오렌지라이프가 합병했을 때, 그 통합법인의 출범을 알린 광고에는 스물두 살의 로지가 모델로 나왔다. 숲속과 도심을 오가며 매혹적으로 춤을 추는 그녀의 유튜브 영상은 단 1주일 만에 83만 회가 넘는 조회를 기록했다. 주목할 점은 로지가 실제 사람이 아닌 가상 인간이라는 사실. 말이 '가상'이지, 그걸 만든 컴퓨터그래픽 기술이 어찌나 정교한지, 행동거지며 생김새가 사람보다 더 사람 같다고 다들 쑥덕댔다.

이처럼 21세기 첨단 기술이 창조해낸 가상의 유명인을 '가상 인플루언서' 혹은 '버츄얼 인플루언서'라고 부른다. 이제 그들은 진짜 (인간) 유명인이 경계해야 할 정도로 전 세계 시장에서 막강한 영향력을 자랑하는 마케팅 수단이 되었다. 우리나라에서는 전통적으로 광고모델 선정에 보수적인 금융업체조차 가상 인플루언서 기용을 늘리고 있어 흥미롭다.

● ● ● 가상 인플루언서 로지(왼쪽)와 릴 미켈라(Lil Miquela)

가상이면 어때?

위에서 예로 든 가상 인간 로지의 인스타그램 계정에는 3만 명이 넘는 팔로워들이 드나든다. 이런 가상 모델은 1980~2000년대 초반에 태어난 소위 MZ세대가 특히 좋아한다. 가상 인플루언서의 외모와 취미까지 그들 취향에 맞추어 설정했으니 놀랄 일도 아니다. 그들이 가상 인물임을 알면서도 "실제로 만나보고 싶다"는 댓글이 달릴 정도라니, 진짜와 가상의 구분이 무슨 의미일까, 묻지 않을 수 없다.

시야를 넓혀 세계를 휘젓는 가상 인간을 찾아본다면? 미국 LA에 거주하는 19세의 브라질계 미국인으로 설정된 릴 미켈라(Lil Miquela)라는 가상 인플루언서가 단연 눈에 띈다. 300만 명이 넘는 인스타그램 팔로워, 광고용 포스팅 단가 8,500달러, 연간 수익 130억 원, 샤넬-캘빈 클라인 등 명품 모델. 이것만도 이미 실제 인간을 주눅 들게 하기에 충분한데, 최근엔 아예 할리우드의 대형 에이전시 CAA(Creative Artists Agency)와 계약까지 맺었단다.

가상 인플루언서, 어떤 점이 유리할까?

(1) 무엇보다 가상 인플루언서는 구분이 어려울 정도로 사람과 같으면서도, 사람이 갖는 여러 가지 한계를 극복할 수 있다. 생각해보라, CG로 모든 장면을 연출할 수 있으니 시-공간의 제약을 받는 일 없이 어떤 내용의 광고든 손쉽게 제작하지 않겠는가. 일본에서 35만 명의 인스타그램 팔로워를 뽐내는 이케아 광고모델 '이마'는 하라주쿠 매장에서 사흘 내내 먹고 자며 요가와 청소의 일상을 보여주는데, 이런 건 인간 모델이 실행하기 어렵지 않겠는가. (2) 버츄얼 인간이니까, 늙지도 아프지도 피곤할 일도 없다. 굳이 쉬거나 잘 필요조차 없다. 이 또한 가상 인플루언서의 경쟁력일 테다. (3) 게다가 필요하다면 언제든 미세한 (혹은 대담한) 수정이나 변형을 가미해 대중이 원하는 이미지로 업그레이드할 수도 있다. 사람들이 특정의 가상 인플루언서를 지루해할 일도 별로 없다는 얘기다. (4) 심지어 사생활 논란에 휘말려 광고가 중단된다든지, 이런저런 문제가 발생할 여지도 가상 인플루언서에겐 전혀 없다.

그러다 보니 가상 인플루언서를 활용한 마케팅 시장도 재빨리 규모가 커지고 있다. Insider Intelligence라는 미국의 시장조사 업체가 예측한 바를 인용하자면, 기업이 광고에 유명인을 쓰는 마케팅 비용은 2019년의 80억 달러에서 2022년에는 150억 달러로 늘어날 것 같은데, 이 금액의 상당 부분이 가상 인플루언서 몫이 될 전망이다.

물론 국내에서도 가상 인플루언서는 점차 늘어나고 있다. 2022년 초 LG전자는 미래에서 온 아이라는 뜻으로 '김래아'라는 가상 인플루언서를 만들어 세계 최대 가전박람회 CES에서 선보였다. 삼성전자의 가상 인플루언서 '샘'은 애당초 브라질 법인이 사내 교육용으로 만들었다고 하지만, 국내외 온라인 커뮤니티들이 이를 '삼성 걸'이라 부르며 열광적으로 반응해 관심을 끌었다. 광고업계 가상 인플루언서의 영향력을 장기적인 현상으로 본다. 코로나19 장기화, 메타버스 개념의 확산, 갈수록 정교해지는 CG 기술 등으로 인해 '가상' 인물을 자주 만나게 되어 이질감이 확연히 줄어들었고, MZ세대 중심의 인기가 계속 커질 것이라는 이유에서다.

02 가상자산 공포·탐욕 지수

Crypto Fear & Greed Index

"결국, 투자는 심리의 결정체입니다."

쉽게 말하자면 비트코인 투자심리가 얼마나 공포에 가까운가, 혹은 얼마나 탐욕에 가까운가를 나타내는 지수다. 이 지수가 0에 가까울수록 사람들이 비트코인(가상화폐) 투자를 대단히 두려워한다는 의미이고, 최고치인 100에 다가갈수록 그런 투자에 욕심을 낸다는 뜻이다. 그렇다면 2022년 상반기 비트코인 가격의 폭락을 고려할 때, 이 기간 '가상자산 공포·탐욕 지수'가 얼마나 제로에 가까워졌는지를 상상하기는 어렵지 않을 것이다. 가상자산 거래소 Zipmex에 의하면 2022년 9월 12일 현재 이 공포·탐욕 지수는 25, 즉, 'extreme fear(극도의 두려움)'로 집계되어 있다.

2021년 겨울의 반짝 산타 랠리 이후 비트코인을 필두로 한 가상화폐 전반의 60~95% 폭락은 다시 거론할 필요조차 없고, 이 시점에서 코인을 매도할 거냐 말 거냐에 대해서는 엇갈린 반응이 충돌하는 가운데, 가상자산의 겨울은 여전히 혹독하다.

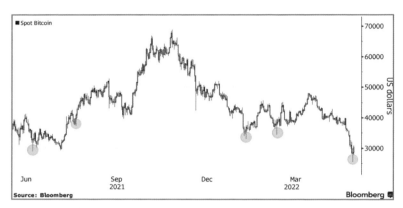

● ● ● 2021년 6월~2022년 6월 비트코인 가격 추이

[자료: 블룸버그]

공포·탐욕 지수, 어떻게 읽을 것인가?

투자는 미래에 대한 예측의 표현이요, 결정체다. 누구나 알다시피, 지금이 잔인한 겨울이라는 사실 자체는 중요한 게 아니다. 이 겨울이 얼마나 빨리 지날 것이며 얼마나 많이 따뜻해질 것이냐에 관한 개개인의 예측이 중요하다. 그런 예측들이 모여서 투자가 결정되고 시장이 따라 움직인다. 공포·탐욕 지수의 해석과 그에 따른 대응전략도 거기서 갈리게 마련이다.

현재 공포·탐욕 지수 25. 이게 무엇을 의미하며, 고로 나는 어떻게 투자할 것인가? 아래의 차트를 보면서 이 지수의 움직임이 의미하는 바를 생각해보자.

자산 가치가 오르고 지수가 착실히 올라가면 optimism(낙관)
→ enthusiasm(열정) → exuberance(의기양양)을 거쳐 euphoria(행복
감에 도취)로 절정을 이룬다. 이어 anxiety(근심)와 denial(부정과 의구
심)의 그림자가 살짝 끼면서 fear(두려움)와 despair(절망감)를 지나고
나면, 점차 공포가 심해지면서 panic(패닉)을 느낀 다음 투자 자신감
의 밑바닥에 해당하는 capitulation(가치 회복의 포기) → discourage-
ment(낙담) → dismay(경악)까지 경험하게 된다. 시장이 밑바닥을 치
고 나면 다시금 hope(희망)를 품고 relief(안도의 한숨)를 내뱉은 다음,
다시 optimism(낙관)의 단계로 돌아오게 된다. 이 곡선의 각 지점을
어떻게 해석하느냐는 투자자 개개인의 몫이다.

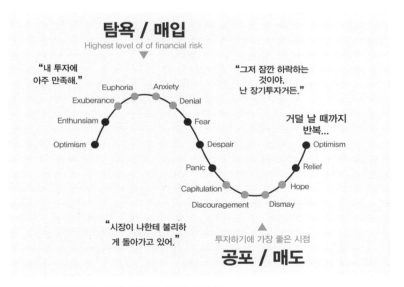

●●● 가상자산 공포 · 탐욕 지수의 변동에 담긴 뜻

[자료: ZIPMEX]

23

이상의 해석은 다분히 원론적이다. 누구나 어렵잖게 이해할 수 있는 시장 움직임과 투자심리 사이의 상관관계다. 여기서부터 개개인의 투자 포트폴리오는 그만의 판단력과 실행력에 따라 결정될 것이다. 다만 현실에 대한 냉정하고 객관적인 이해가 그러한 판단과 실행의 밑바탕이 되어야 한다는 점을 강조해두자. 2022년 하반기 우리의 현실은 러시아-우크라이나 전쟁의 장기화, 세계적인 금리 인상의 지속, 인플레이션의 압박, 달러화의 전방위적인 강세, 공급망의 여전한 불안 등이다.

03

거점據點 사무실

"재택근무도 아니고, 사무실 출근도 아닙니다."

'공유 오피스'는 항공, 숙박, 여행업과 더불어 코로나 팬데믹에 심각한 타격을 입은 업종의 대명사였다. 재택근무가 확산하고 영업을 중단하는 기업까지 생기면서 도심 사무실 수요가 뚝 떨어진 데다, 어쨌든 공간을 '공유'하겠다는 모델 자체가 코로나 방역에 어깃장을 놓는 개념이기도 했다. 세계 공유 오피스 업체의 3분의 2 이상이 30~50%에 달하는 매출 감소를 겪어야 했고, 한때 기세를 올리던 한국에서도 사정은 다르지 않았다.

'거점 사무실'은 재택근무도 아니고 사무실 출근도 아니어서, 집에서 가까운 데를 정해 동료들과 함께 업무를 보는 '거점'으로 삼는다는 공간 개념이다. 백신 보급으로 코로나 확산세가 무디어지고 원격 근무가 일상이 되면서, 공유 오피스는 이처럼 집과 회사의 장점을 묶은 '거점 사무실'에서 새로운 기회를 찾았다. 코로나 이전에는 직원 10여 명의 소규모 스타트업과 중소 업체들이 공유 오피스를 주로 찾았으나, 최근에는 공유 오피스를 거점 사무실로 활용하려는 대기업 및 중견기업이 상당히 많아진 것이다. 이 업종에서 국내 최대인 패스트파이브에 대기업 직원들이 많이 근무하고 있다든지, 위워크코리아의 멤버 가운데 직원 50인 이상 기업이 2016년의 55개에서 2021년 말 1,550개로 무려 28배 폭증한 사실은 이런 트렌드를 잘 보여준다. 나라 밖을 둘러봐도 마찬가지여서 마이크로소프트와 스타벅스 등 내로라하는 글로벌 기업들이 WeWork(위워크) 멤버십을 보유하는 등, 공유 오피스가 거점 사무실로 작동하는 모습은 갈수록 뚜렷해지는 중이다.

비즈니스 모델의 꾸준한 변화

거점 사무실로서의 가치가 재발견된 덕분에 사무실 공유 사업의 여건도 서서히 나아지고 있다. 조사 기관에 따르면 무엇보다 세계 공유 오피스 이용자 증가율이 2019년 9.5%에서 이듬해 7.0%로 주춤했으나 2021년엔 다시 26.8%로 껑충 뛰었다. 설립 후 9년 만에 기업가치가 470억 달러까지 폭등했다가 다시 29억 달러까지 곤두박질하는 나락을 경험한 세계 최대 위워크는 우여곡절 끝에 2021년 10월 미국 뉴욕증시 상장에 성공해, '공유 오피스'의 회복을 선언했다. 국내 양대 업체인 위워크코리아와 패스트파이브의 작년 매출은 아래 도표에서 보듯이, 2020년 중 각각 20%와 43% 증가했고, 이런 추세를 놓치지 않으려는 투자금도 제법 몰렸다.

관련 업체들이 10조 원 규모로 추산하는 세계 공유 오피스 시장이 다시 들썩이는 것은 거점 사무실의 기능을 장착한 공유 오피스의 가치를 투자자들이 다시 봤기 때문이다. 이에 걸맞게 거점 사무실을 운영하는 업체들도 수익성을 높이고 또렷한 차별점을 만들려는 경쟁이 치열하다. 특히 눈에 띄는 변화는 건물주와 수익을 나누는 새 모델. 거점 사무실 업체가 건물을 단순 임차하는 게 아니라, 건물주와 파트너가 되어 공유 오피스 운영 수익을 나누어 갖는 방식이다. 임대료 리스크를 최소화하려는 움직임이다.

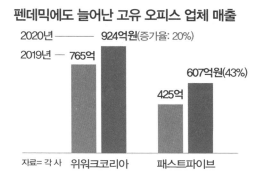

펜데믹에도 늘어난 고유 오피스 업체 매출

2020년 —— 924억원(증가율: 20%)
2019년 — 765억

607억원(43%)
425억

자료= 각사 위워크코리아 패스트파이브

기업이 공유 업체에 사무실을 조성해달라고 부탁하는 흥미로운 사례도 늘고 있다. 직원들이 거점 사무실의 감각적인 분위기를 좋아하기 때문이란다. 보통 호텔에서 개최하던 특별한 행사를 거점 사무실에서 진행하는 일도 적지 않다. 대관이라는 새로운 비즈니스의 추가 매출이 창출된 것이다. 이 밖에 패스트파이브처럼 임차 기업들이 함께 이용할 어린이집을 운영하는 업체가 있는가 하면, 맞춤형 서비스로 인재 검색 및 채용 광고를 지원하는 곳도 있다.

● ● ● 캐나다 터론토의 위워크에서 일하고 있는 입주 기업 직원들

공유 오피스의 리스크 요소는?

무엇보다 상업용 부동산 시장이 '임차인이 이끄는' 시장으로 자리 잡은 지 수년째라는 점이 걸림돌이다. 그리 많지 않은 잠재적 입주사를 놓고 기존 건물주와 치열한 경쟁을 펼쳐야 한다는 뜻이다. 가장 큰 위험요인이라 하겠다. 그러다 보니 대형 빌딩이 아예 스스로 공유 오피스를 운영하는 경우까지 생긴다. 공유 오피스(거점 사무실)의 생존 능력은 임차 기업이 필요로 하는 서비스를 얼마나 합리적인 가격에 원활하게 제공할 수 있느냐에 좌우될 것이다.

입주 기업의 관점에서 보면 거점 사무실(공유 오피스)은 여러 장점을 갖고 있다. 3~6개월의 짧은 계약 기간, 탁월한 접근성, 인력 변동에 대한 탄력적 대응 능력, 다양한 편의-부대시설 등. 하지만 이를 상쇄할 정도로 부담스러운 단점은 높은 비용이다. 업무에 꼭 필요한 공간의 임대료뿐 아니라 너른 공유 공간의 운영비-관리비 분담에다 업체 이익까지 더해져 입주사의 부담이 만만치 않기 때문이다. 가령 2022년 상반기 서울 기준 이용자 1명당 월 사용료가 40만~70만 원 수준이니, 20명이 근무하는 경우 임대료만 매달 1,000만 원 이상이다. 인기 지역인 성수동 상가 시세와 비교해도 1.5배 이상 비싼 셈이다. 공유 오피스는 4~5명 미만 스타트업이나 주머니가 두둑한 대기업에나 적합하다는 평가는 그래서 아직 유효한 것인가.

04

공공公共 클라우드
Public Cloud

"IT 강국이라는 별명이 부끄럽지 않으려면 말이죠."

표준 클라우드 컴퓨팅 모델을 이용하여 가상기계, 애플리케이션, 저장 공간 등의 리소스를 원격으로 사용자들에게 제공하는 플랫폼을 가리킨다. 이런 공공 클라우드는 무료인 경우도 있고, 다양한 구독체계라든지 사용할 때마다 비용을 내는 '온-디맨드' 가격 체계를 통해서 이용할 수도 있다.

실제 이런 일이 있었다. 2021년 7월 우리나라 질병관리청의 코로나 백신 예약 사이트는 한 달 새 3번이나 마비됐다. 접속자 용량이 겨우 30만 명인 자체 서버에 무려 600만 명가량이 동시 접속했으니 그럴 만도 했다. 시민들의 불만이 폭발했고, 대통령까지 나섰다. IT 강국임을 자랑하는 정부의 얼굴이 뜨거워질 만했다.

그랬던 백신 예약 사이트는 이후 몰라보게 달라졌다. 백신 예약 10부제가 시작되면서 대부분의 예약은 순조롭게 이뤄졌다. 다수의 예약자를 분산시킨 외에도, 민간 클라우드 전문 업체들의 가상 서버를 이용해 정부의 전자정부 시스템을 제공하는 이른바 '공공 클라우드'를 도입한 것이 주효했다. 공공 클라우드 덕에 서버 용량을 상황에 따라 손쉽게 늘릴 수 있었고, 접속자가 급증해도 서비스에 문제는 없었다. 정부와 클라우드 전문기업들 사이에 끊으려야 끊을 수 없는 협력 관계가 형성된 것이다.

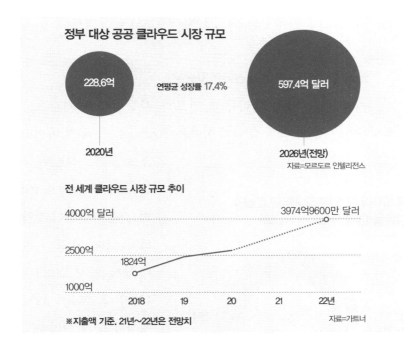

정부 대상 공공 클라우드 시장 규모

228.6억   연평균 성장률 17.4%   597.4억 달러

2020년   2026년(전망)
자료=모르도르 인텔리전스

전 세계 클라우드 시장 규모 추이

4000억 달러   3974억9600만 달러

2500억

1824억

1000억

2018   19   20   21   22년

※지출액 기준. 21년~22년은 전망치   자료=가트너

이미 오래전부터 인터넷 포털과 쇼핑몰을 위시한 민간 기업

의 온라인 서비스에는 클라우드가 필수였다. 그런데 코로나 팬데믹을 계기로 이러한 추세가 공공의 영역으로 확산하고 있다. 미국의 씽크 탱크 ITIF(정보통신혁신재단)가 지적한 것처럼 클라우드는 이제 민간의 차원을 넘어 경제성장과 국가 경쟁력을 좌우할 만큼 중요해진 걸까. 시장조사 업체 Mordor Intelligence(모르도르 인텔리전스)는 2020년 228억 6,000만 달러 정도였던 공공 클라우드 시장이 연평균 17.4%의 고속 성장을 거듭해 2026년엔 597억 4,000만 달러로 성장할 것으로 내다본다. 참고로 컨설팅 회사 Gartner(가트너)가 전망하는 2022년 전체 클라우드 시장은 3,975억 달러 정도다.

공공 클라우드 분야의 선두주자들은?

지금 이 분야는 클라우드 인프라 시장점유율 기준으로 AWS(아마존 웹 서비스; 32%)의 아마존, Azure(애저; 19%)의 마이크로소프트, Google Cloud(구글 클라우드; 7%)의 구글 삼인방이 장악하고 있다. 이들의 판매실적 역시 2022년 1분기 중 AWS가 32%, 애저와 구글 클라우드가 각각 51%, 46% 증가하는 등, 그야말로

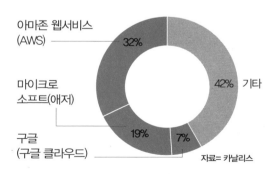

전 세계 클라우드 인프라 서비스(IaaS) 시장 점유율 현황 ※2021년 1분기 기준

아마존 웹서비스(AWS) 32%
마이크로소프트(애저) 19%
구글(구글 클라우드) 7%
기타 42%

자료= 카날리스

고공비행 중이다. 그리고 이런 성장은 미국 정부의 전폭적인 클라우드 도입으로 설명된다. 미국 정부가 '무엇보다 먼저 클라우드'라는 'Cloud First' 정책을 수립해 공공기관에 클라우드 서비스를 선제 도입하기 시작한 것이 오바마 시절인 2010년이었다. IT 예산 연 800억 달러의 4분의 1을 클라우드 전환에 쓴 것도 놀랍지만, 보안을 목숨처럼 생각하는 CIA와 국방부까지 민간 클라우드를 과감히 도입했으니, 그 신뢰가 참으로 놀랍다. CIA는 지금도 6억 달러짜리 AWS 클라우드 서비스를 이용 중이다.

한국의 공공 클라우드 시장은?

대단히 작다. 2021년 규모가 1조9,548억 원으로, 전 세계 시장의 1%에 지나지 않는다. 행정안전부가 "오는 2025년까지 행정-공공기관의 정보 시스템 1만여 개를 클라우드 시스템으로 전환하겠다"고 밝힌 것이 2021년 7월이었으니, 미국 등 주요국과의 비교는 당치 않을 것 같다. 늦은 출발 외에도 아직 해결해야 할 문제는 많다. 그중 최대의 우려는 보안이다. 가령 클라우드 운영 기업이 랜섬웨어나 디도스(DDoS) 같은 사이버 해킹을 당하면 어떻게 될까? 피해는 그 한 기업에 그치지 않는다. 미국 IT 기업이 랜섬웨어 공격을 당해 1,500개 고객사가 전산 마비를 겪은 실제 사례가 불과 1년여 전의 일이다. 오바마 정부의 무한 신뢰를 무작정 흉내 낼 일은 아니다. 다양한 해커 그룹이 클라우드 서비스를 노리고 있음은 IBM의 연구 결과에도 포함돼 있다.

클라우드 기업 자체에 대한 신뢰 여부도 문제다. 클라우드 서비스 주체는 마음만 먹으면 고객의 데이터를 훤히 들여다볼 수 있으니까. 특히 내수시장이 거대하여 클라우드 시장 진출에 유리했던 알리바바, 화웨이, 텐센트 등 중국 기업에 대해선, 이러한 우려가 커질 수밖에 없다. 최근 유럽이 개인정보 보호법(GDPR)을 제정하고 '데이터 거버넌스'란 이름으로 기업의 정보 보안 책임을 강화하는 것도 이런 맥락에서 나온 최소한의 안전장치다. 미국을 포함한 외국 IT 기업이 유럽의 데이터를 쓸어갈 수 있다는 가능성이 두려운 것이다.

하지만 이러한 보안 우려에도 클라우드 확산이라는 큰 흐름을 막을 수는 없다는 것이 클라우드 전문가들의 한결같은 전망이다. 민간 부문이든 공공 부문이든 데이터는 역시 클라우드에 맡기는 흐름이 대세가 될 거란 얘기다. 우리나라의 데이터 주권을 잃지 않으려면, 국내 클라우드 기업들의 성장을 장기적으로 북돋우려면, 정부는 공공 클라우드로의 전환을 체계적으로 서둘러야 할 것이다.

05 공포지수 혹은 변동성지수 혹은 VIX지수

VIX: Volatility Index

"무서워도 이겨내야 합니다."

미국 S&P500지수 옵션의 향후 30일간 변동성을 나타내는 지표 혹은 투자기대 지수를 의미하는 용어. 통상 주식시장에서 주가에 영향을 미치는 요소로 (1) 시장 상황에 대한 정보 (2) 주식의 수급 (3) 투자자들의 투자심리를 꼽는데, 공포지수는 그중에서 투자심리를 수치로 나타낸 지수라고 보면 되겠다. 1993년 듀크 대학의 Robert E. Whaley(로버트 웨일리) 교수가 미국 주식시장의 변동성을 나타내기 위해 개발했다.

VIX지수에는 어떤 의미가 담겨있을까?

예를 들어 어느 시점에 변동성지수 혹은 VIX지수가 30이라고 하자. 이게 무슨 뜻일까? 앞으로 한 달 동안 주가가 30%의 등락을 거듭하리라고 예상하는 투자자들이 많다는 의미다. 나아가 VIX지수는 올라간다는 얘기는 앞으로 주가 변동성이 더 커질 거란 기대심리, 즉 불안심리가 시장을 지배한다는 뜻이다. VIX지수를 흔히 '공포지수(fear index)'라 부르는 까닭이 바로 여기에 있다.

보통 변동성지수는 주식시장과 반대 방향으로 움직인다. 이 지수가 높아지면, (즉, 시장 변동성이 커질 거란 예측이 지배적이라면) 불안심리가 높아져 주식을 팔고 빠져나가려는 투자자가 많다는 뜻이 되고 주가는 하락하는 경향을 보일 것이기 때문이다. 그러다가 VIX지수가 최고점에 이르면 공포심리가 절정에 달하여 주식을 팔 사람은 모두 팔아버린 상태가 된다. 이처럼 매도세가 소진되면 사람들은 주가가 대충 바닥을 쳤다는 뜻으로 받아들이게 된다. 이즈음이면 곧 증시가 반등할 가능성이 크다는 신호로 읽히는 것이다.

최근 VIX지수의 동향과 앞으로의 움직임은?

● ● ●   최근 10년 VIX지수와 S&P500지수의 움직임

[자료: 시카고 옵션거래소]

잠시 앞의 차트를 들여다보면서 최근 10년을 아우르는 VIX

지수의 움직임을 읽어보도록 하자. 파란색 선이 VIX지수를, 갈색 선이 S&P500지수의 움직임을 나타낸다.

우선 2012년부터 2020년까지 무슨 마법에라도 걸린듯 거침 없이 상승을 이어왔던 S&P500지수가 한눈에 들어온다. 그러다가 2020년 초에 급격한 폭락을 보이는데, 이 사태는 굳이 설명이 필요치 않아 보인다. 코로나-19의 본격적인 확산 때문이었다. 전 세계적으로 전쟁보다 더 엄혹한 사망자 발생과 경기 침체에 화들짝 놀란 정부들이 부랴부랴 대대적인 유동성 완화(돈 풀기) 정책으로 초토화한 경제 되살리기에 나선 결과, 주식(자산)시장은 코로나 이전에 못지않은 수준으로 올라가기 시작했다. 이러한 시장의 상승세는 2022년 초반까지 이어지다가, 러시아-우크라이나 전쟁 발발로 갑자기 방향을 바꾸는가 싶더니, 세계를 휩쓰는 인플레이션 공포, 미국을 비롯한 주요국의 급격한 금리 인상, 기후변화로 인한 피해 급증 등의 악재 속에 8월 말에는 연초 대비 30% 가까이 하락한 상태에서 악전고투하고 있다. 향후 S&P500지수의 움직임에 대해서는 낙관론과 비관론이 팽팽하게 맞선 채 여전히 오리무중이다.

반면, VIX지수는 2010년대 초반부터 신종 코로나가 퍼진 2020년까지 간간이 40 수준을 넘나드는 '반짝' 공포심리가 몇 차례 나타났을 뿐, 대체로는 10~20 수준을 꾸준히 유지했었다. 그러다가 2020년 초 코로나 사태가 본격화하자 순식간에 무려 80선을 뚫고 치솟았던 모양을 볼 수 있다. 이런 극도의 공포심리는 이후 2년에 걸쳐 (위에서 설명한 바와 같이 이 기간 S&P500지수가 상승했던 것과 똑같은 이유로) 서서히 진정되면서 2022년 9월의 25 수준까지 내려와 있다. 지금부터 VIX지수는 어느 방향으로 얼마만큼 움직일까? 이에 대한 예측은 S&P500지수의 미래에 대한 예측과 꼭 마찬가지로 비관과 낙관의 양보 없는 대치 국면이다.

지금 전 세계를 짓누르고 있는 인플레이션의 악몽과 위에서 언급한 여러 악조건을 고려한다면, 2022년 9월 13일 현재 23.64로 측정되는 미국 주식시장의 VIX지수는 '뜻밖에도' 낮은 수준이 아닐까, 하는 생각이 든다. 위의 차트에는 포함되지 않았지만, 글로벌 금융위기가 최고조에 달했던 2008년 10월 24일에는 장중 한때 89를 넘어섰던 VIX지수가 아니던가. 노벨 경제학상 수상자인 로버트 실러 예일대 교수도 지금 자산시장에 "서부 개척 시대 같은 거품"이 일고 있다고 경고하지 않았던가. 최근 주식과 가상화폐와 부동산 등 자산의 가격이 모두 곤두박질치는 상황을 보면 VIX지수는 바닥권 진입의 징조로 해석되는 40~50 정도가 되어야 하지 않겠는가. 불확실의 요소가 많고 의견이 분분한 만큼, 상당한 시간이 지나서야 비로소 의미 있는 예측이 가능할 것 같다.

우리나라 주식시장에서의 변동성지수 혹은 공포지수는 어떨까? 미국 증시나 자산시장에서의 VIX지수와 크게 다르지 않은 움직임을 보일 것이다. 우리 경제의 대외교역에 대한 높은 의존도라는 근원적 특성을 생각할 때, 우리나라만의 독특한 VIX지수를 상정하기란 불가능하기 때문이다. 우리의 산업 구조가 제조업 위주여서 상대적으로 충격을 덜 받을 수 있다는 반론도 있다. 주식시장의 경우, 우리나라는 개인 매수세가 여전히 커서 상승 여력이 클지 모른다는 낙관론도 있다. 그러나 지금까지 우리 시장의 역사적 사실은 그런 반론을 받아들이기에는 너무나 확실한 대외 의존성을 보여주고 있다.

공포지수 혹은 변동성지수 혹은 VIX지수

06

구매관리자지수

PMI: Purchasing Managers' Index

"경기가 어디로 움직일 것인지, 이걸로 압니다."

제조업이나 서비스업 등 산업 현장을 누비는 구매관리자들이 체감하는 경기의 주도적인 방향을 보여주는 지수. 즉, 구매관리자들이 보는 시장 상황이 확대냐, 정체냐, 위축이냐를 간결하게 보여주는 경기동향지수(diffusion index)라고 이해하면 되겠다. 미국의 경우, 업스트림과 다운스트림을 아우르는 19개 산업의 구매관리자들을 상대로 매월 실시하는 여론조사에 기반을 두어 측정한다. 기업의 의사결정권자들, 시장분석가들, 투자자들은 PMI 수치와 그 움직임 그리고 구성요소 등에서 쓸모 있는 통찰을 얻을 수 있다. 그래서 미국에서는 PMI가 경제활동 전반을 보여주는 핵심지표 가운데 하나로 받아들여진다.

PMI는 어떻게 결정되는가?

PMI는 미국의 ISM(Institute for Supply Management: 공급관리협회)

이 매월 400여 기업에 보내는 설문에 대한 고위 임원들의 응답을 근간으로 정하여 발표하되, 국가 경제에 대한 기여도에 따라 가중치를 부여한다. 설문의 구체적인 내용은 1) 신규 주문, 2) 재고 수준, 3) 생산량, 4) 공급 인도량, 5) 고용 수준의 5가지 영역을 다루며, 비즈니스 조건이 어떻게 변하고 있는지에 관한 질문들이 포함된다.

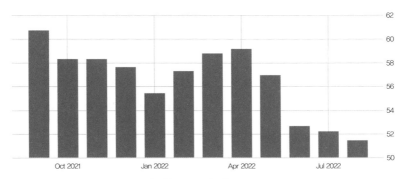

● ● ● 미국의 제조업 PMI 2021년 9월~2022년 8월

[자료: Markit Economics]

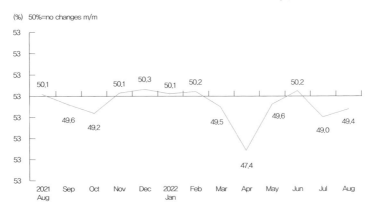

● ● ● 중국의 제조업 PMI 2021년 8월~2022년 8월

[자료: 중국 국가통계국]

PMI는 0에서 100 사이에서 결정되며, 50이 넘으면 해당 산업의 경기가 지난달보다 좋아지는 추세, 그 아래면 그 산업의 경기가 나빠졌음을 의미한다. 물론 PMI 100으로 다가갈수록 일선 관리자들의 경기 전망이 대단히 낙관적이라 하겠다. ISM은 제조업과 서비스업을 구분해서 각각의 PMI를 발표한다. 미국 제조업의 경우 PMI는 2021년 후반부터 2022년 5월까지 56~61 수준을 유지하다가 6월부터 하락을 거듭해 8월엔 51.5까지 밀렸다. 위의 도표에서 쉽게 확인할 수 있다. 같은 기간 중국 제조업의 PMI는 2022년 4월의 하락을 제외하고는 대체로 49~50 수준에 머물러 있다. 참고로 한국 제조업은 2022년 7월~8월 사이 PMI가 49.8에서 47.6으로 줄곧 하락 추세를 면치 못하는 중이다.

PMI의 의미 있는 적용

하지만 꼭 염두에 두어야 할 것이 있다. PMI 수치 자체만으로 경제의 향방을 가늠한다는 것은 쉽지도 않을뿐더러 그 자체에 중대한 의미가 있는 것도 아니라는 점이다. 가령 어느 기업의 실적을 평가할 때 매출이나 영업이익 같은 절대 수치만 보고서는 제대로 경제적 의미를 찾아내기가 어렵다. 그보다는 이 기업에 대한 증권가(시장)의 전망치와 그 수치가 어떻게 비교되느냐, 실제 수치가 전망치보다 훨씬 양호했느냐, 혹은 (수치는 괜찮아 보인다 해도) 시장의 전망에 미치지 못했느냐, 하는 데서 진정 의미 있는 평가가 이루어지지 않겠는가. 이와 마찬가지로 경제전문가들의 기대치와 PMI를 서로 비교해서 평가해야만 바람직한 함의를 얻어낼 수 있을 것이다.

투자자들도 주요 경기동향지수의 하나인 PMI를 주목하고 이를 경제전문가들의 전망과 비교해나가면서 경기 변화의 신호를 포착한다면, 이에 따라 주식-현금-부동산 등 자산의 비중을 조절하고 전체 포트폴리오를 재구성함으로써 유연하게 대응할 수 있다.

구매관리자지수

07

국부펀드

Sovereign Wealth Fund

"우리나라 경제부터 구하자."

싱가포르의 'Temasek(테마섹)', 사우디아라비아의 'PIF', 중국의 'CIC', 노르웨이의 'NBIM'... 어디선가 한 번쯤은 들어봤을 법한 이름들이다. 모두 국부펀드, 그러니까 정부가 소유하고 관리하는 공공자금을 출연해 설립한 각국의 투자 기구다. 주로 무역 흑자나 외환 보유로 인한 외화(대부분 미국 달러) 자산을 굴려 수익을 낸다. 다른 기관에 자금을 맡기거나 직접 다양한 대상에 투자해 수익을 내기도 한다.

1940년대까지만 해도 국부펀드는 14개뿐이었으나, 1980년대부터 국부펀드의 신설이 급격히 늘어나 지금은 155개로 늘어나 있다. 그 규모도 엄청나다. 예컨대 꼬마 도시 싱가포르의 국부펀드 테마섹만 해도 우리나라 한 해 예산과 맞먹는 4,844억 달러를 글로벌 금융시장에서 굴린다. 2021년 8월 현재 전 세계 국부펀드의 운용

규모는 10년 전의 2배로 늘어나 9조 1,000억 달러, 즉, 1경580조 원에 달한다. 이는 3조 달러 수준으로 알려진 헤지펀드의 3배 크기다.

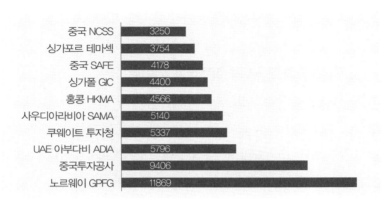

●●● 세계 주요 국부펀드 자산 TOP10(단위: 억 달러)

새로운 경제용어는 아닌데?

전혀 새로운 용어라고 할 수 없는 국부펀드가 왜 표제어의 하나로 선택되었을까? 글로벌 투자계의 '큰손'인 국부펀드들의 행태가 최근 현저히 달라졌기 때문이다. 지금까지 높은 수익을 창출한다는 명목으로 추구해왔던 해외의 새로운 산업과 개발도상국에의 투자를 대폭 줄이고, 대신 자국 내 투자를 급격히 늘리고 있다는 얘기다. 스탠더드 차터드(영국), 에어비앤비(미국), 알리바바(중국) 등의 주주였던 테마섹이 최근 국영 항공사 싱가포르항공에 89억 달러를 투자한 것이 바로 그런 예다. 터키 국부펀드 TWF가 자국 내 시중은행, 보험사, 이동통신 사업자 등에 58억 달러를 투자한 것도 마찬가지다. 아일랜드 ISIF는 2020년 5월 이후 모든 투자의 90%를 코로나-19에 상처받은 자국 기업에 할당했다. 국부펀드가 자신의 가치를 국민에게 보여주려는 시도라 할 수도 있고, 국부를 증진하는 자신의 역할을 스스로 재정의한 것이라 할 수도 있다.

국부펀드는 왜 국내로 컴백하고 있을까?

간결하게 답하자면, 신종 코로나 대유행 때문이다. 싱가포르 항공이 팬데믹으로 대규모 적자 위기에 처했기 때문에, 테마섹이 수익 창출보다 일단 '구조'에 나선 것이다. 같은 이유로 위기를 맞은 조선사 Sembcorp Marine(셈코프 머린)를 위한 유상증자에도 선뜻 참여했다. 국부펀드 국제포럼(IFSWF)이란 기구에 따르면 2020년 글로벌 국부펀드들이 자국 기업과 프로젝트에 신규 투자한 자금은 127억 달러로, 2019년의 3배에 달한다. 또 국내외 투자가 모두 가능한 국부펀드들이 자국에 투자한 비율은 팬데믹 이후 전체의 44%로 급격히 늘어났다. 대유행이 시작되기 이전 3년간 이 비율이 22%에 불과했던 것과는 대조적이다. 말하자면 국부펀드가 자국의 '개발은행' 같은 역할을 떠맡아 내수 경기 회복에 팔을 걷어붙였다고 봐도 좋겠다. 세계 구석구석을 훑으며 주식, 채권, 부동산 등에 투자해 수익률 제고에만 힘써온 것과는 확연히 다른 모습이다. 코로나-19와 이로 인한 경제적 충격이 완전히 가시기 전까지 국부펀드들의 '고국으로의 컴백'은 이렇게 계속될 것 같다.

또 요즘의 국부펀드는 단순히 투자자에 머물지 않고, 정부의 정책 대응에 직접 관여하기도 하는 추세다. 1조 3,000억 달러가 넘는 세계 최대 국부펀드 노르웨이 NBIM은 원래 해외 자산에만 투자하는 펀드로 유명한데, 2020년 말 370억 달러를 자국 정부에 긴급 지원해 경제전문가들을 놀라게 했다. 칠레의 ESSF도 비슷한 시기 정부에 41억 달러를 투자해줬고, 2021년에도 60억 달러 이상을 추가 지원해주었다. 그밖에도 정부의 코로나-19 회복기금에 출자한 아일랜드 ISIF, '스푸트니크' 백신 개발을 위한 자금 조성에 투자해 가상의 제약 회사가 된 러시아의 RDIF 등, 국부펀드의 회귀 사례는 한둘이 아니다.

한국의 국부펀드는 어떨까?

우리나라에는 한국투자공사(KIC)가 200조 원 이상의 자금을 굴리는 국부펀드로, 현재 세계 10~11위 정도에 해당한다. 다만 싱가포르, 터키, 노르웨이처럼 국내 투자에 썩 적극적이진 않다. 국고에서 위탁받은 자산은 외국에서 외화 표시 자산으로 운용하라고 법으로 규정해놓았기 때문이란다. 하긴 KIC만 그런 것은 아니어서, 싱가포르나 홍콩 국부펀드 역시 딱히 법적 규제가 없음에도 자금을 대부분 해외 자산에 투자한다.

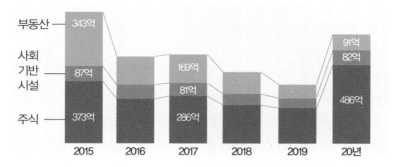

●●● **국부펀드의 주요 투자 대상**

(단위: 달러) [자료: 국부펀드 국제포럼]

자금 운용의 성향에 따라 국부펀드는 크게 (1) 저축형, (2) 경제개발형, (3) 재정안정화형, (4) 절충 또는 혼합형의 4가지로 구분된다. 한국의 KIC는 이 중 저축형에 속한다. 가장 전통적인 형태의 국부펀드다. 국가의 재정을 강화하고 미래 세대를 위해 저축할 수 있게끔 국가의 잉여자금이나 외환보유고를 잘 운용하는 것이 주된 임무라는 뜻이다. 국부펀드가 정부 입김에 휘둘린 탓에 잘못된 투자로 손실이 날 수도 있고, 무엇보다 국내 경제의 덩치에 비해 국부펀드 규모 자체가 워낙 커 자본시장을 교란할 위험까지 있으니 저축형의 의도는 이해가 간다.

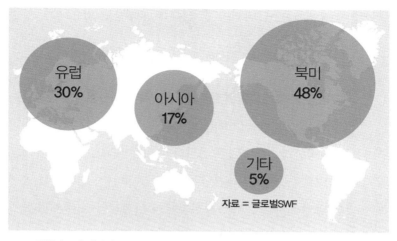

유럽
30%

아시아
17%

북미
48%

기타
5%

자료 = 글로벌SWF

● ● ● 국부펀드의 지역별 투자 분포, 2020년 7월 기준

[자료: 글로벌 SWF]

　　하지만 전 세계에서 저축형 국부펀드는 전체의 24%인 26개로 그리 많지 않다. 가령 테마섹, TWF, ISIF, RDIF 등은 경제개발형이어서, 자국 내 개발 프로젝트나 산업 육성을 위한 투자가 가능하다. 사우디아라비아의 PIF, 아랍에미리트, 카타르를 필두로 하는 절충 또는 혼합형 국부펀드가 가장 많다. 폭락한 미국과 유럽의 주식에 투자해서 큰 수익을 내는 동시에, 자국 기업을 위한 팬데믹 구호자금도 지원한다. 다만, 팬데믹 이후엔 이런 구분이 별 의미가 없어 보인다. 국내 투자를 할 수 없게 막혀있더라도 국부펀드들은 자국 지원의 방법을 어떻게든 찾아내며, 정히 투자가 어려우면 정부에 직접 돈을 대주기도 한다. 노르웨이와 칠레의 국부펀드가 그랬다. 국부펀드는 정부 소유의 자금이니까, 그리고 연기금처럼 미래 언젠

가는 가입자에게 돈을 내줘야 할 의무(확정 채무)도 없으니까, 가능한 일이다.

국부펀드 운용 스타일의 변화에 대한 시장과 전문가의 반응은?

국부펀드가 개발은행처럼 변하는 데 대해서는 찬반 의견이 날카롭게 대립한다. (1) 찬성: "펀드의 주인은 정부고, 존재 목적은 국익이다. 코로나-19 같은 대형 위기의 극복이나 경제 발전에 공헌하는 것은 당연하지 않은가?" 찬성파에게 이상적인 모델은 개발형 국부펀드다. 그들은 앞서 예로 든 싱가포르 테마섹이나, 자국 소프

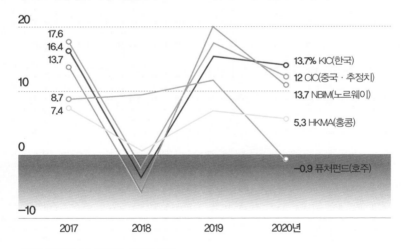

주요 국부펀드 수익률 비교 ※2020년 CIC 수익률은 추정치

13.7% KIC(한국)
12 CIC(중국 · 추정치)
13.7 NBIM(노르웨이)
5.3 HKMA(홍콩)
−0.9 퓨처펀드(호주)

● ● ● **주요 국부펀드의 연도별 수익률 비교**

[자료: 글로벌 SWF]

트웨어-폐기물 처리-게임 산업 등에 화끈하게 투자한 캐나다 CDPQ를 모범적이라고 믿는다. 국가 발전에 보탬이 되므로 개발형 펀드들은 수익률에 민감할 필요도 없다. 국가 위기 상황에서 재무적 지표가 무에 중요하냐고 묻는다. 미국 국부펀드연구소가 조사한 바로는, 개발형 펀드들의 기대 수익은 연평균 2~3%로, 일반 국부펀드 평균 수익률(연 3~10%)보다 낮다. 위의 수익률 비교 차트를 보면 큰 그림을 파악할 수 있다.

(2) 반대: "국부펀드가 '국고'의 일부는 아니잖은가? 국회 동의나 민주적 절차도 안 거치고 정부 마음대로 집행하는 것이 정당한가? 자본주의 시장 영역에 국가가 개입하면 부작용이 생기지 않겠는가?" 요컨대 반대파는 국부펀드의 운용이 정치적 압력에 휘둘릴 가능성을 걱정하는 것이다. 그래서 국부펀드 투자와 성과, 특히 국내 대규모 투자의 결과를 투명하게 공개해야 한다고 주장한다. 일부 권위주의 국가의 '국가 자본주의'라는 망령에 대한 두려움과도 무관치 않아 보인다. 실제로 국부펀드의 투명성이란 잣대로 러시아, 이란, 오만 등이 저조한 점수를 받았고 이들은 모두 국부펀드를 개발형으로 운용하는 나라들이다.

국부펀드가 친환경 투자에 소홀하다는 볼멘소리도 나온다. 애당초 국부펀드가 미래 세대를 위한 현재의 부의 이전이라는 배경에서 탄생했는데도, 상황이 좀 어렵다고 자국의 단기적 이익이나 경제 살리기에만 몰두하고, 미래에 대재앙을 몰고 올 지구온난화 등 근원적 문제에는 너무 무관심하다는 불평이다. 그런 불평을 뒷받침하는 통계 수치도 있다. 포트폴리오의 10% 이상을 기후 관련 투자에 배정한 국부펀드는 기껏 8개라든지, 글로벌 국부펀드 수익의 3분의 2가 석유-천연가스 생산에서 나온다는 조사결과가 있으니 말이다.

08

그랜플루언서
Granfluencer

"할아버지라고 놀리지 마세요."

할머니 할아버지를 가리키는 그랜마(Granma), 그랜파(Granpa) 와 '인플루언서'를 합친 신조어. A세대로 불리는 노년에 속하면서도 10~20대들이 주로 쓰는 소셜미디어에서 콘텐트를 수동적으로 소비하는 데 머물지 않고 직접 생산하는 크리에이터-인플루언서를 가리킨다. 지금 틱톡이나 유튜브에서는 구독자 수십만~수백만 명인 '그랜플루언서'들이 눈에 띄게 늘고 있다.

크게 보면 우리 사회의 고령화가 가져온 변화의 하나라고 할 수 있다. LG전자가 70대 실버 크리에이터들을 모델로 내세워 시니어 고객을 위한 동영상 매뉴얼을 만든다. 틱톡에 올라온 20초짜리 영상에는 80만 개의 하트와 2만 개의 댓글이 달린다. 그 외에도 많은 기업이 중장년 또래들과 적극적으로 소통하는 이들 그랜플루언서에게 러브콜을 보낸다. 그들은 MZ세대 못지않은 콘텐트 생산 능

● ● ● 소셜 미디어를 뒤흔들고 있는 그랜플루언서의 해외 사례

력을 과시할 뿐만 아니라, 주변 친구들에게도 열성적으로 권유해 이런 변화에 불을 붙인다.

그랜플루언서가 다루는 이슈도 정치, 문화, 패션, 요리, 여행, 귀농 등 다양하다. 40만 명이 넘는 구독자를 이끌고 유튜브 채널을 운영하는 60대 베테랑 농부. 과일과 채소 농사를 위한 생생한 노하우를 영상으로 전하는 실버 크리에이터. MZ세대의 전유물이라는 틱톡에서 중·장년을 위한 패션 팁을 퍼뜨리는 60대 크리에이터와 그를 따르는 33만 명의 팔로어들. 이들은 모두 인플루언서 개념의 확장에 힘을 보태고 있다.

09

그린 스완
Green Swan

"넋 놓고 있다가는 기어코 당한다."

2022년 가을, 유럽은 고단하다.

안마당에서 터진 러시아-우크라이나 전쟁의 끝이 당최 보이지 않는 것만도 죽을 맛인데, 전례를 찾기 어려운 폭염에 가뭄에 산불까지, 대륙이 온통 휘청이고 있다. 그뿐인가, 천연가스 파이프를 잠갔다 열었다, 고양이 생쥐 다루듯 하는 러시아의 심술에 다가올 겨울은 한없이 춥게 생겼다. 특히 압도적인 경제력으로 유럽을 이끌어온 독일은 전통의 친러 성향이 혹독한 부메랑으로 돌아와 불의의 일격을 입은 데다, 극단의 가뭄으로 수로를 통한 물자수송이 중단 위기를 맞는 등, 여기저기서 경고음이 들린다. 이것도 모자라 전 세계를 휩쓸고 있는 인플레이션, 글로벌 공급망 불안, 22년 만의 금리 인상, 달러 강세의 물결은 쉽사리 끝날 기미가 보이지 않는다. 한때 달러의 1.5배까지 올랐던 유로화 가치가 달러 아래로 떨어지기까지 했으니, 유럽 각국이 느낄 법한 무력감이 남의 일 같지 않다.

이처럼 유럽을 강타하고 있는 여러 악재 가운데 특히 '기후변화로 인해 발생하는 경제나 금융의 위기 가능성'을 언론들은 '그린 스완'이라는 신조어로 표현한다. 가령 최근 전 국토의 90% 이상이 가뭄에 시달렸던 포르투갈을 비롯해 이탈리아, 스페인 등 남유럽이 극심한 가뭄을 겪고 있으며, 서유럽뿐만 아니라 헝가리, 크로아티아 등 동유럽까지 폭염과 산불이 잇따르고 있다. 영국의 일부 대도시들은 축축 늘어진 전선으로 인해 빈번한 화재를 겪고 있다고 한다. 이런 이상기후는 인간의 '안일함'에 편승하여 지구촌 구석구석 번지고 결국은 우리의 뒤통수를 호되게 내려치리라는 것이 그린 스완의 메시지다.

이 용어를 처음 사용했던 국제결제은행(BIS)의 2020년 1월 보고서는 오래 축적된 기후변화가 경제 전반의 수요-공급에 충격을 줄 것이라고 일찌감치 진단했다. 예컨대 기온이 급격히 높아지거나 하락하면 노동생산성이 떨어질 수 있다. 때를 가리지 않는 폭풍이나 특이 기후는 공급망을 끊어버리고 세계의 경제성장을 저해할 것이다. 기후변화에서 비롯된 실물경제의 다양한 위기를 경고한 이 보고서는 주요국 중앙은행에 '그린 스완'을 철저히 관리하라고 충고했다. 실물경제에 타격을 준 기후변화는 결국 금융위기로 치닫기 때문이다.

경제적으로 어떤 의미를 품고 있는가?

애써 상상력을 동원하지 않더라도 '그린 스완'이란 용어는 이미 잘 알려진 '블랙 스완'을 떠올리게 한다. '백조는 당연히 하얀 동물'일 거란 편견을 무너뜨렸던 나심 니컬러스 탈레브의 '블랙 스완'은 한 번도 일어난 적이 없어서 예측할 순 없지만 일단 발생하면 엄청난 충격을 주는 사건 또는 위기를 가리킨다. 2008년 글로벌 금융위기 즈음 인구에 회자하던 용어다. 이에 비하면 그린 스완은 '예측 불가'의 정도가 그만큼 심하진 않아도, 서서히 슬며시 다가와 결정타를 날리는 위기여서 웬만큼 정신 바짝 차리고 대비하지 않고서는 피할 수 없다.

그런가 하면, 그린 스완을 다른 관점에서 보는 학자들도 없지 않다. 슬그머니 다가와 또렷하게 인지하기 어려운 재난의 심각성을 부각해주고, 위기를 대하는 개인과 사회의 경각심 수준을 현저히 높일 수 있기 때문이다. 또 미처 대비하지 못해 맞닥뜨린 재난과 파국을 극복하는 과정에서 그린 스완의 재인식은 새로운 기회를 만들어낼 수 있다. 장기적인 회복과 재생을 추구하는 데 도움이 될 수 있는, 어찌 보면 희망적인 개념일 수도 있다는 얘기다.

그린 스완, 경제에 국한되지 않는다

기후변화로 인한 그린 스완의 타격은 얼핏 농수산업, 광업 등 1차산업에서 두드러질 것 같지만, 그 범위는 실로 무한정이다. 식료품 가격 상승으로 개인의 삶에 영향을 미치는 것은 물론이거니와, 에너지 수급에도 불균형을 일으켜 물류와 제조를 어지럽히고, 끝내는 하이테크 산업, 금융과 보험 및 투자에도 차질을 빚는다. 기후변화가 가져올 경제 전반에 대한 악영향은 실로 광범위하다.

그린 스완의 위기는 경제에 가하는 타격을 넘어 국방 및 외교를 아우르는 정치 지형도 그냥 두지 않는다. 마리오 드라기 이탈리아 총리가 물러나고 극우성향 총리가 등장한 것이나, 에마뉘엘 마크롱 프랑스 대통령이 20년 만에 연임에 성공하고도 의회 과반 확보에 실패한 것, 그리고 올라프 슐츠 독일 총리의 사회민주당이 지지율 폭락을 겪은 것 등이 모두 그린 스완의 영향과 무관하지 않다. 물가 안정과 더불어 기후변화 대응을 최우선 정책과제로 삼자는 크리스틴 라가르드 유럽중앙은행(ECB) 총재의 제안도 그런 맥락에서 읽을 수 있다.

우리는 그린 스완에 어떻게 대응하고 있는가?

태풍, 홍수, 폭염과 한파, 가뭄, 우박, 겨울 폭풍, 산불 등의 재해가 점점 잦아지고 커지면서, 매번 인명 피해에다 수십억 수백억 달러의 경제적 손실까지 발생한다. 제2의 금융위기를 걱정하는 것도 무리가 아니다. 파키스탄과 스리랑카를 비롯한 남아시아, 중동, 호주, 아메리카 대륙에 이르기까지 이런 기후변화는 전 지구적 위기이므로, 그린 스완의 조짐도 비단 유럽만의 걱정이 아니다. 우리나라만 해도 불과 한 달 전 물난리와 연이은 태풍이 남긴 생채기가 아직도 생생하잖은가.

다소 늦은 감이 있지만, 한국도 지난 6월 말 18개 금융기관, 36개 기업, 2개 민간 기관이 참여한 '한국 TCFD 얼라이언스'가 발족하면서 그린 스완을 막으려는 본격적인 대응에 시동을 걸었다. '기후변화 재무정보공개 태스크 포스'를 뜻하는 TCFD는 기후변화로 인한 재무 리스크를 파악해 선제 관리할 수 있도록, 재무제표에 기후위기 대응방안을 반영하자는 의도로 출발했다. 실제로 금융안정위원회는 기후변화에 대응할 지배구조-전략-위험관리 목표를 세울 것을 금융기관에 권고하고 있다.

기후변화와 그린 스완에 대한 경각심을 높이려는 정부의 노력에는 박수를 보내야겠지만, 국내 기업들과 민간 금융기관의 발걸음은 여전히 더디다. 지금까지 106개 기관이 TCFD에 참여했음에도, 막상 재무제표에 기후변화 대응방안을 적용해 보고하는 기업은 겨우 41개로 아직 미미하다. 정부는 '방석만 깔아주고' 뒷짐만 지는 일이 없어야겠고, 기업들은 기후위기가 바로 생존의 위기임을 인식해 그린 스완에 비상한 각오로 대비해야 할 것이다.

그린 택소노미 혹은 녹색 분류체계

Green Taxonomy

"말도 많고 탈도 많았지만, 원전도 포함됩니다."

10

20대 대통령선거를 앞두고 벌어진 후보 TV 토론회에서 이재명 후보가 윤석열 후보에게 던진 질문에 '그린 택소노미'라는 용어가 나와 잠깐 화제가 되었다. 그때나 지금이나 일반인들에겐 썩 익숙하지 않은 이 용어는 '환경에 부담을 주지 않고도 지속 가능한 경제활동이 무엇인지 정의하고, 어떤 산업 분야가 친환경인지 아닌지를 분류하는 체계'를 가리킨다. 이 분류 시스템에 따라 녹색 투자를 받을 수 있느냐가 정해지기도 해, 친환경 기술과 산업에 더 많은 자금이 흘러 들어가게 만드는 물길 역할을 한다. '친환경 투자를 위한 지침서'라고나 할까.

그린 택소노미는 원래 유럽에서 생긴 시스템이다. 2015년 파리협정에 따라 유럽연합은 2030년까지 온실가스 배출량을 1990년의 55%로 줄인다는 목표를 세웠고, 이를 위해 유럽 집행위원회가 정한 것이 바로 그린 택소노미라는 녹색 분류체계다. 이 체계의 기본 방향을 이해하기 위해 아래 도표를 보자. EU의 분류체계가 추구하는 6가지 '환경목표(environmental objectives)'를 요약해 나타내는 표다. (1) 기후변화 줄이기, (2) 기후변화에 적응하기, (3) 환경에 부담을 주지 않고 수자원과 해양자원을 사용하고 보호하기, (4) 순환경제로 옮아가기, (5) 공해 방지하고 억제하기, (6) 생물다양성과 생태계 보호하고 복원하기의 6가지 미션을 그린 택소노미의 목표로 삼고 있음을 알 수 있다.

●●● EU 그린 택소노미의 기준인 6대 '환경목표'

[자료: eu-taxonomy.info]

이 택소노미 하에서 어떤 기업이 '지속 가능한 경제주체'로 분류되려면(인정받으려면) 위 6가지 목표 중 적어도 한 가지에 공헌함과 동시에 다른 5가지 목적을 절대 위반하지 말아야 한다. 가령 기후변화를 줄이는 활동을 하면서 동시에 생물다양성을 해친다면 '지속 가능' 기업이 될 수 없다, 혹은 그린 택소노미에 포함될 수 없다는 얘기다. 기후변화에 대응할 목적의 투자 예산이 1조 유로(약 1,330조 원)에 달하는 만큼, EU 그린 택소노미의 마무리는 전 세계 친환경 산업에 막대한 파급력을 미칠 것이다.

택소노미 결정 과정에서 가장 뜨거웠던 감자는?

어떤 산업이나 경제활동을 '그린'으로 분류할 것인가? 얼핏 수월한 결정일 것처럼 들릴지 몰라도, 꼭 그런 건 아니다. 특히 원자력과 천연가스를 그린 택소노미에 포함할 것이냐는 오랫동안 대단히 '뜨거운 감자'였다. 원자력을 포함해야 한다는 프랑스와 천연가스를 넣자는 독일의 대립이 날카로웠고, 환경단체들은 그 둘이 모두 파리협정 위반이라고 격렬히 반대했다. 바이오에너지를 포함하자는 목소리도 나왔다.

2022년 2월 EU 집행부는 일종의 절충안으로 원전과 천연가스를 모두 포함할 것을 결정하지만, 6월 들어 유럽의회 2개 위원회가 이 결정을 뒤집는 결의안을 채택했다. 그러나 이후 개최된 EU 전체회의에서는 원전과 천연가스가 모두 그린 택소노미에 포함되는 것으로 최종 결정되었다. 이 두 분야에서 경쟁력을 지닌 다수의 국내 기업들도 안도의 한숨을 내쉰 것은 두말할 나위 없다. 이렇게 마무리된 그린 택소노미는 2023년 1월 1일부터 공식 시행된다.

그린 택소노미, 얼마나 효과적일까?

그린 택소노미 혹은 녹색 분류체계

말도 많고 탈도 많았던 택소노미, 얼마나 효과적일지에 대한 예측도 각인각색이다. 딱히 구속력이 없어서 더욱더 입씨름이다. 기껏해야 탄소중립을 위해 금융기관과 투자자들에게 원론적인 동기를 부여하는 정도에 그친다는 평가도 많다. 예를 들어 환경보호와는 당최 상관이 없는 석탄 발전소를 짓는 데 자금을 대겠다고 나선다 한들, 그린 택소노미의 힘으로 막을 방도가 없다. 그렇다고 자유시장 논리를 무시하면서 이런 측면에서 규제를 고집할 상황도 아니다.

　　차라리 '탄소 국경세' 같은 페널티 성격의 세금을 매기는 편이 더 효과적이라는 주장도 나온다. 일단 그린 택소노미보다 현실적으로 더 효과적이라는 데는 이의가 없다. 그러나 반대 의견을 펼치며 그린 택소노미를 옹호하는 측도 있다. 강제적 요소는 확실히 부족하지만 유럽은행감독청(EBA) 정도가 개입한다면 구속력을 가질 수도 있고, ESG를 기준 삼아 강력한 드라이브를 건다면 친환경 에너지로의 전환에 실제로 속도가 붙을 수 있다는 것이다. 나아가 은행이나 기타 금융기관이 보유한 대출 및 투자 지분 총액 가운데 녹색 자산(green asset)으로으로 불리는 친환경 자산의 비율이 얼마인지를 공개하게 되면, 투자자들 사이에서 투명성도 높아지고 '껍데기만 친환경'인 그린 워싱도 줄어들 것이라고 본다.

　　어쨌거나 EU의 그린 택소노미는 세계 주요국에도 전해져 각국이 나름의 택소노미를 제정하게 된다. 한국 역시 탈원전을 추진한 문재인 정부가 2021년 말 원전을 빼는 대신 재생에너지와 LNG를 넣은 K-택소노미를 발표한 바 있다. 그러나 윤석열 정부가 들어서면서 원전을 K-택소노미에 포함하고, 탄소중립을 위해 원전을 활용하는 방향으로 바꾸고 현재 수정안을 준비 중이다. 실제로 우리는 재생에너지의 역사가 길지도 않거니와 태양광-풍력발전 시설을 급격히 늘리려 했다가 실패한 이력도 있어서, K-택소노미는 한국적 상황에 맞게 구성해야 할 것이다.

그린 택소노미 혹은 녹색 분류체계

11

그린플레이션
Greenflation

"환경보호가 목적이었는데 물가만 뛰었습니다."

전 세계가 탈(脫)탄소를 추진하는 과정에서 원자재 가격이 오르는 현상을 '그린플레이션'이라고 한다. 친환경에 대한 압박이 소비자와 기업의 비용을 끌어올림으로써 인플레이션을 유발한다는 얘기다. 기후변화 대응에 최선을 다할수록 전반적 비용이 상승하는 역설이라 할 수 있다. 친환경 경제로의 전환 과정에서 그린플레이션(그린+인플레이션) 우려가 커지고 있긴 하지만, 그린플레이션이 경제 전반에, 그리고 특히 투자 활동에, 미치는 영향은 단순하지 않다. 세심하게 고려하지 않으면 일시적 영향을 근원적인 것으로 착각할 수 있다.

예컨대 2021년 친환경 활동의 원재료가 되는 리튬, 구리, 니켈, 알루미늄 등의 가격이 치솟으면서, 태양광이나 풍력에너지 관련 친환경 기업의 마진이 줄어들었다. 이렇게 되자 친환경 에너지 생산이 불안정해지고, 반대로 천연가스를 비롯해 석탄, 원유 가격이 올라갔다. 덩달아 셰브런, 토탈 등의 전통 에너지 기업 주가가 상승하고 이들을 담고 있는 ETF 역시 상승했다. 원자재 가격이 강세를 보이는 국면에서는 친환경 ETF보다 화석연료 ETF가 상대적으로 강세를 보인다.

영국 로이터통신이 친환경 체제로의 전환을 물가상승의 큰 원인으로 분석한 일도 있긴 하지만, 장기적으로 친환경 종목의 성장성은 여전하다. 그린플레이션 현상에도 불구하고 (혹은 그 때문에) 궁극적으로 친환경 정책에 더 속도를 붙일 거라는 분석도 나온다. 석유에 밀려 투자가 급감한 석탄의 가격 상승이 오히려 '석탄의 퇴장'을 가속화한 역사적 사실처럼 말이다.

석탄과 석유 가격이 일시적으로 급등했다고 이 분야 기업들이 설비투자를 늘릴 리는 만무하다. 대세는 친환경으로 굳어져 있으니까. 오히려 각국 정부는 그린플레이션 때문에 원전을 포함한 친환경 에너지로의 전환을 서두를 수밖에 없을 것이다. 이 같은 기대가 반영되면 친환경 ETF는 다시 가치가 오르는 것이다.

● ● ● 3개월 선물 기준으로 본 구리와 알루미늄 가격의 급등 (단위: 톤당 달러)

[자료: London Metal Exchange]

친환경 경제의 한계 때문에 그린플레이션이 생기기도 한다. 2021년 유럽에서는 바람이 충분히 불지 않아 풍력발전이 예년만 못했고, 전력 공급에 차질이 생겼다. 이에 따라 천연가스와 석탄 발전이 줄줄이 증가했다. 태양광 등의 에너지원도 기후에 극도로 민감하므로, 이런 에너지원에서 생산된 유휴 전력을 효율적으로 저장해두는 배터리 기술이 발전하지 않는 한, 그린플레이션은 고질적인 문제로 남을 것이고, 물가 변동성 역시 커질 가능성이 높아 보인다.

어떤 상품이든 가격이 오르면 공급자들은 일반적으로 생산량을 늘린다. 하지만 친환경 규제라든지 ESG 트렌드를 의식해서인지, 선뜻 원자재 생산을 위한 투자를 늘리려 하지 않는다. 공급 문제부터 풀기가 어렵다는 얘기다. 그만큼 그린플레이션 문제는 쉽게 해결할 수 없어 보인다. 유가가 한창 뛰고 있는 중에도 원유 메이저들은 석유 탐사나 설비투자에 돈을 쓰지 않고 오히려 신재생에 너지 전환에 집중하는 모습이다. 예전에 선진국 중심으로 이뤄지던 친환경 규제가 최근 신흥국까지 확산하면서 이런 경향은 더 심화하고 있다.

그린플레이션에 부채질을 하는 요소가 또 있다. 기업들이 탄소배출권 구매에 막대한 비용을 들이고 있다는 점이다. 이런 비용은 시차를 두고 최종 상품의 가격에 반영되기 마련이다. 물론 제조원가 상승을 소비자에게 떠넘기지 못하는 기업은 이익을 방어하기 어렵게 된다. 투자 유망 기업을 고를 때 선택받기 어려울 것이다. 이렇듯 그린플레이션은 결국 투자시장에도 영향을 미친다.

12 글로벌 게이트웨이

Global Gateway

"중국과 서방의 어깨싸움이 점입가경입니다."

EU가 2022년부터 2027년까지 전 세계 인프라스트럭처, 디지털, 환경보호 등의 사업에 3,000억 유로(약 400조 원)를 투자하여 글로벌 네트워크를 강화하겠다는 전략이다. 2021년 12월에 발표된 이 거대 프로젝트는 (1) 세계 주요국과의 산업 공급망 넓히기, (2) 글로벌 교역 늘리기, (3) 빈곤국과 개발도상국의 산업과 기후변화 대응 지원하기를 주된 목표로 삼고 있다.

미-중 주도권 싸움의 부산물?

유럽과 기타 지역 사이에 '일방적 의존이 아닌, 지속 가능한 강력한 연결 고리'를 구축해 새로운 미래를 만들자는 명분이지만, EU의 글로벌 게이트웨이는 중국의 '일대일로(一帶一路)' 전략을 견제하기 위해 고안됐다는 인상이 짙다. 유럽의 앞마당이나 다름없는 아프리카와 중동에서 이미 2014년부터 영향력을 키워온 중국과 불꽃 튀기는 승부가 예상된다. 중국을 저지하려는 움직임의 선봉에 서있는 미국 역시 비슷한 전략을 펼치고 있어서, 글로벌 게이트웨이는 결국 '서방 vs 중국' 어깨싸움의 한 축이 될 것 같다. 참고로 미국은 일대일로에 맞서 '더 나은 세계 재건(Build Back Better World)'이라는 이름의 글로벌 프로젝트를 추진 중인데, 이에 대해서는 내가 2021년에 펴낸《명쾌하고 야무진 최신 경제용어 해설》에 자세하게 설명되어 있다.

중국은 차관 형태로 중앙아시아, 동남아, 아프리카 국가들의 사회기반 시설에 투자해왔는데, 이 과정에서 자신들에게 유리한 대출 조건을 내걸고, 사업 수주 역시 중국 기업에 몰아주는 등 불평등한 계약을 일삼아 일대일로 참가국 상당수가 '부채 함정'에 빠져 허우적대는 사례가 속출했다. 덕분에 서구로부터 저개발 국가를 경제적으로 종속시켜 글로벌 패권 추구에 악용하고 있다는 비난을 받아온 터다.

일대일로와의 차별화

글로벌 게이트웨이는 무엇보다 경제성장이 아니라 민주주의의 보편적 가치 실현을 위한 투자를 표방한다. 어떻게 민주적 가치가 치우치지 않고 지속 가능한 혜택을 제공하는지 보여줄 요량이다. 중국처럼 투자받는 나라를 부채 함정으로 몰아가는 일이 없게끔, 공정하고 유리한 조건을 제시할 거라고 약속한다. 그래서 저개발국의 에너지, 교통, 교육, 디지털, 공중보건 인프라를 다지는 데 투자하고, 아울러 연구-개발 역량 육성도 지원할 계획이다.

EU '글로벌 게이트웨이'		중국 '일대일로'
중금 자금 마련 방식에서 아시아 인프라 투자은행, 신은행 기금 등 중국 주고 금융기관	목표	중국 '일대일로'
2027년까지 300억 유로 (역 400조 원)	규모	현재까지 2조 달러 (약 2360조 원) 이상
에너지, 교통, 디지털, 보건, 인프라와 연구개발	지원 분야	철도, 항만, 고속도로 등
EU 산하 금융기관, EU 회원국 정부와 국책 은행, EU 내 민간 금융회사, 지속 가능한 발전을 위한 유럽 펀드	자금 마련 방식	아시아 인프라 투자은행, 신개발은행, 기금 등 중국 주도 금융기관

● ● ● 닮은 듯 서로 다른 '글로벌 게이트웨이'와 '일대일로'

우르줄라 폰데어라이엔 EU 집행위원장의 말마따나 '중국보다 더 나은 진정한 대안'으로서 창출된 것이 글로벌 게이트웨이라 하겠다. 미국보다 출발은 좀 늦었지만, EU는 우선 보스니아-알바니아-터키를 잇는 횡단 교통망이라든지, 이탈리아와 그리스의 항만 개발 등, 역내의 사업부터 지원할 예정이다. 말할 것도 없이 이들은 이미 중국의 일대일로에 참여했거나 제안을 받아온 나라들이다.

세계를 향한 투자와 지원에 윤리적인 접근을 가미하겠다는 글로벌 게이트웨이가 앞으로 어떻게 펼쳐질지, 흥미롭게 지켜볼 일이다.

13

금융불안지수, 금융취약성지수

FSI: Financial Stability Index

FVI: Financial Vulnerability Index

"부채가 많으면 약해질 수밖에 없습니다."

금융 상황이 전반적으로 얼마나 안정되어 있는지 (혹은 불안한지) 파악하기 위해서 한국은행이 실물경제 및 금융 관련 지표들을 반영하여 산출하는 지수가 금융불안지수(FSI)다. 이 지수가 8 이상 22 미만이면 '주의', 22 이상이면 '위기' 단계라고 해석한다. 가령 2022년 6월 22일 한국은행의 발표에 따르면, 우리나라 FSI는 전년 8월에 0.9를 기록한 이후 9개월 동안 줄곧 높아져 3월에 8.9에 도달하면서 '주의' 단계에 접어들었고 5월에는 13을 기록했다.

이와 비슷한 개념인 금융취약성지수(FVI)는 자산가격의 변화, 신용 축적도, 금융회사의 위기 복원 능력 등을 반영해 분기별로 산출하는 지수다. 예컨대 2022년 1분기 FVI는 52.6으로서 최근 15년 평균치(37.4)에 비해서 크게 높은 수준이다. 이 기간 우리나라 금융환경이 그만큼 더 취약해졌다고 해석할 수 있다. 결과를 발표한 한국은행의 우려이기도 하다. 아울러 한국은행은 여전히 높은 외부의 위험으로 미국의 급격한 금리 인상이라든지 러시아-우크라이나 전쟁 및 중국의 봉쇄령 같은 요소를 들었고, 내부적으로는 최근 몇 년 사이에 급증한 자영업자 대출과 가계의 주택대출이 우리네 금융 시스템에 충격을 줄 불안 요소라고 경고했다. [**주택대출 = 주택담보대출 + 전세대출] 참고로 현재 주택대출을 짊어져 경제적 충격에 특히 취약한 가구들의 대출금은 약 1250조 원에 육박하고 있는데, 이는 전체 가계대출 규모의 67%에 해당하는 금액이다.

이참에 대략적으로라도 알아두자. 2022년 1분기 현재 우리나라의 가계 부채는 약 1,860조 원, 기업 부채는 1,610조 원으로, 이 둘을 합친 민간 부채는 GDP의 2.2배에 가깝다. 최근에는 정부가 코로나 금융지원을 연장한 탓에 가계 부채는 증가세가 둔화했고, 반면 원자재 가격이 전반적으로 크게 오르는 바람에 기업대출은 더욱 빠르게 늘고 있다. 그뿐인가, 2022년 9월 채무상환 연기와 손실보전금 지급이 예정대로 끝나면, 자영업자들의 채무상환 부담이 급격하게 커질 것으로 보여 금융 당국이 크게 우려하고 있다.

14

긱 워커

Gig Worker

"누가 뭐래도 회사에 얽매이긴 싫어!"

고용하는 자의 필요에 따라 단기로 계약을 맺고 일하는 노동자. 원래 gig은 1920년대 미국의 재즈클럽들이 단기로 채용하는 연주자를 부르는 이름이었다. 지금은 분야를 가리지 않고 어떤 기업이나 조직에 얽매이지 않고 원하는 만큼 일하고 쉬고 싶을 때 쉬는 근로자들을 가리키는 용어가 되었다. 초단기 임시 노동자라는 뜻이다. 과거에도 물론 존재했던 근로 형태지만, 기술이 고도로 발전하고 각종 온라인 플랫폼에서 일거리를 쉽게 찾을 수 있게 되면서 그 숫자는 빠른 속도로 늘고 있다. 우리나라도 긱 워커 220만 명 시대에 도달한 상태다.

직장을 구하는 대신 원할 때 요청이 들어오면 삽화를 그려주고 돈을 받는 일러스트레이터. 일감이 없어도 상관없다. 오토바이를 몰고 나가 음식이나 물건을 배달하면 가욋돈을 벌 수 있으니까.

한 달 총수입이 그럭저럭 300만 원까지 올라간다. 고정된 일터에서 상사나 동료에 부대낄 일도 없고, 극심한 스트레스도 안 받아 마음이 편하다고 하니, 긱 워커들의 생존 논리를 이해할 만하다. 원하지 않을 때조차 굳이 일해야 하는 법도 없으니, 매력적인 보수는 아닐지라도 이를 만족스러워하는 사람들이 생길 수 있겠다.

아예 '긱 워커' 자청하는 MZ세대

2002년 6월 어느 취업 포털이 성인 남녀 2,848명을 상대로 한 여론조사에서 긱 워커로 일할 의향이 있는지를 물었더니 58.6%가 '그렇다'고 답했다. 그리고 그들은 '원하는 기간 동안, 원하는 시간에 자유롭게 일할 수 있어서'라든가 '직장 내 인간관계, 조직 문화에 신경 쓰지 않아도 되니까' 같은 이유를 가장 많이 제시했다. 오랜 세월 동안 한국이나 일본의 직장문화를 대변해왔던 '평생직장' 개념은 이미 희미해졌다. 젊은이들은 정규직에 목매지도 않는다. 오히려 긱 워커를 선호하는 경향이 뚜렷해진 거다.

대학을 갓 졸업하고 정규직 자리를 찾는 대신, 가령 프리랜서 번역 일과 카페 아르바이트를 적당히 조합해 살아가는 편을 택하는 이들이 적지 않다. 안정보다는 자유가 더 소중하다는 태도다. 특히 다양한 분야의 플랫폼 기업이 생겨나면서 기술-지식 기반의 융통성 있는 일거리 찾기가 훨씬 쉬워졌고, 따라서 소위 '긱 워커 시대'는 빠르게 현실이 되고 있다. 긱 워커의 종류도 다양해서 배달-청소-돌봄 같은 단순 노동부터 조사업무나 외국어 통-번역 등의 전문 노동에 이르기까지 너른 범위를 망라한다. 2021년 말 고용노동부가 처음으로 실시한 플랫폼 노동 실태조사에서는 '최근 3개월간 긱 워커'였던 사람이 219만7천 명에 달했고, 이 중 MZ세대는 55.2%를 차지했다.

긱 워커가 늘어나면서 생기는 문제는?

한마디로 이들을 어떻게 보호해줄 것인가, 하는 문제다. 정규직이 아니다 보니, 근로기준법이 정한 권리를 누리지 못하는 경우가 허다하기 때문이다. 2021년 플랫폼 종사자 가운데 고용보험 가입 비율은 29.1%, 산재보험 가입 비율은 30.1%에 지나지 않는다는 고용부 통계 수치도 있다. 육체적-정신적 노동으로 소득을 창출하긴 하는데 각종 수당, 퇴직금, 휴가 등의 혜택에서 제외되기 일쑤다. 심지어 일한 대가(보수)조차 제대로 받지 못하는 사람도 적지 않은(22.0%) 수준이다. 엄연한 사회적 쟁점이 될 만한 이슈다.

다행히도 최근 정부가 긱 워커들을 보호하기 위해 논의하는 과정에 착수했다고 한다. 고용부가 노동전문가, 학자, 연구원들을 아우르는 자문 기구 '노무 제공자 권리보장 제도화 포럼'을 출범시킨 것이다. 긱 워커 등 플랫폼 종사자들을 위해 어떤 개선 방안을 내놓을지 두고 볼 일이다.

15

깔세

"월세 미리 다 낼 테니까 석 달만 살게 해주세요."

처음 듣는 말이라 부동산 시장을 꽤 잘 안다는 친구에게 '깔세'가 뭐냐고 물었다. '임대료를 미리 깔아놓고 장사하는' 것이라고 답한다. 그래도 도무지 이해가 안 돼 멍하니 쳐다보는 나에게 친구는 고개를 흔들고는 구체적인 예를 든다.

"네가 전세로 사는 아파트 주인이 3월 말에 계약이 끝나면 갱신을 해줄 수 없다고 해. 자기가 직접 들어와서 실거주할 거라나. 그래서 넌 급급히 인천에 있는 아파트를 샀어. 근데, 새 아파트는 8월 말이나 되어야 입주할 수 있대. 그래서 넌 집주인에게 부탁하지, 이사 나갈 때까지만 사정 봐달라고. 주인은 딱 잘라 거절하다가 네가 워낙 애원하니까, 전세계약서 안 쓰고 주소부터 옮기며 5개월 치 월세 전액을 미리 내는 조건으로 겨우 합의해주거든. 이런 게 깔세야."

이런 깔세가 생기는 배경은?

원래 깔세는 폐업 등의 이유로 공실이 생긴 공간(점포나 사무실)을 몇 달 치 월세를 한꺼번에 내고 초단기로 빌리는 것을 가리키는 속어다. 그런데 2021년 하반기부터 수도권 아파트 임대차 시장에서 이런 초단기 월세 거래가 확산했다. 이렇게 깔세가 주택시장까지 번진 이유를 이해하려면 2020년 7월의 계약갱신청구권(2+2년)과 전·월세 상한제(5%룰)를 담은 주택임대차법 개정으로 거슬러 올라가야 한다. 이 개정법이 시행되기 전만 해도 세입자와 집주인이 서로 협의하고 사정 봐주면서 이사 날짜를 조율하는 일이 흔했다. 하지만 지금은 집주인이 선의를 베푼답시고 전세 계약 만료 후에도 임차인이 일정 기간 거주하도록 했다가는, 자칫 전세 계약이 자동으로 2년간 갱신돼버릴 수 있다. 시장 상황에 맞지도 않는 임대차법과 집주인 실거주 규제 때문에 깔세 같은 기형적인 임대차 계약이 성행하고 있는 셈이다.

양도세 규제 강화도 깔세를 부추긴 원인으로 꼽힌다. 예전에 1주택자는 10년 보유만 해도 매각 차익의 80%까지 양도세를 면제받을 수 있었다. 그러나 이제 주인이 그런 혜택을 받으려면 10년간 반드시 실거주까지 해야 한다. 이런저런 이유로 다른 지역에서 살던 집주인은 실거주 요건을 채우기 위해 세입자를 내보낼 수밖에 없다. 그렇게라도 해서 실거주하지 않으면 양도세 폭탄을 맞을 판이니 어쩔 수 없지 않은가. 그러면 세입자는 새 거주지를 구하는 과정에서 울며 겨자 먹기로 깔세까지 찾게 된다.

얼핏 듣기에도 깔세는 아슬아슬한 거래인데?

깔세 관행은 위험할 수 있다. 집주인에게도, 세입자에게도 리스크가 있다. 무엇보다 깔세는 보통 계약서를 쓰지 않는 거래다. 대체로 전입신고도 안 한다. 이래서야 세입자가 어떻게 법적 권리를 보장받겠는가. 게다가 세입자는 임대료 전액을 미리 지급한다. 집주인이 그 월세를 미리 받아 챙기고는 집을 다른 사람한테 팔아버리면 어떡할 건가. 금전적 손실도 난감하지만, 새 집주인이 당장 나가라고 요구하면? 세입자는 딱히 대항할 방법도 없다.

집주인 입장도 난처할 수 있다. 깔세 세입자가 약속한 기간보다 더 살겠다며 버티면, 계약서도 없는데 어떻게 내쫓을 건가. 현행 임대차법상 갱신 계약은 무조건 2년을 보장하게 돼 있어 명분도 없다. 약속은 '몇 달만'이었지만 세입자가 '계약이 갱신되었음'이라고 주장할 수 있다. 실제로 세입자가 나중에 말을 바꾸는 통에 벌어진 분쟁 사례가 한둘이 아니다. 이 경우, 분쟁조정위는 세입자 편을 들기 쉽다. 세입자를 배려했던 집주인은 뒤통수를 맞은 처지가 된다.

임대인과 임차인을 모두 만족시킬 수 있는 부동산정책은 드물다. 그렇더라도 당국은 시장의 목소리에 더욱더 세심하게 귀를 기울여야 할 것이다.

16

껄무새

"아, 아깝다, 그때라도 사놓을걸!"

투자하다 보면 '그때 살걸' '눈 딱 감고 팔걸' '굳게 지킬걸' 같은 후회의 표현을 누구나 자주 쓰게 된다. 이처럼 '~할걸'이란 말과 반복한다는 의미의 '앵무새'가 합쳐져서 생긴 유행어가 '껄무새'다. 우스갯소리처럼 들릴 수 있는 용어지만, 어떤 투자자산의 가격이 오르기 전에 사지 못하거나 떨어지기 전에 팔지 못하고 가슴을 치는 개인투자자들이 모습이 투영되어 짠하다. 특히 2022년 내내 폭락을 거듭한 주식시장을 고려한다면, 얼마나 많은 껄무새들이 얼마나 많은 '팔아치울' 기회를 놓쳐버렸을까. 비트코인을 비롯한 가상화폐는 또 어땠을까. 가장 참혹한 껄무새들을 가장 많이 탄생시키지 않았을까. 루나와 테라 사건에 재빨리 발을 빼지 못하고 눈물 쏟은 껄무새 투자자들은 말할 것도 없고.

테슬라는 거꾸로 제때 '사지 못해' 땅을 치고 후회하는 껄무새

를 양산했다. 2019년 말까지만 해도 액면분할 후 80달러대를 오가
던 테슬라 주가가 2021년 말에는 1,200달러를 넘는 등 무려 15배
넘게 뛰었으니, 그런 폭등을 바라보며 그저 헛물만 켜는 껄무새들
이 얼마나 많았겠는가. 이후 테슬라 주가는 다시 500달러대까지 밀
렸으니, 다양한 이유로 '~할걸'을 외친 껄무새들만 남았을 테다.

한때 삼성전자의 주가가 가볍게 10만 원을 넘길 거라는 장밋
빛 예측이 난무한 적이 있다. 당시엔 '6만 전자, 아니, 7만 전자라도
사놓을걸'이라는 후회가 개인투자자 사이에 많았다. 하지만, 웬걸,
적잖은 주식 전문가들의 논리를 비웃으며 지금까지도 5만 원대를
헤매고 있지 않은가. 주가의 예측이란 게 얼마나 허무한지를 웅변
으로 보여주는 사례라고 나는 생각한다.

'~팔걸'이라며 매도 타이밍을 놓쳐 껄무새가 되는 사례도 많
았다. 코로나-19 치료제 관련주로 신데렐라가 되었던 신풍제약이
그랬다. 2020년 초 7,000원이던 주가가 무려 30배 급등, 그해 9월
21일 장중 21만4천 원까지 치솟았다. 하지만 이후 주가는 급락, 고
점 대비 80% 넘게 빠지는 수난을 겪었다. 그 와중에 얼마나 많은
껄무새들이 머리를 쥐어뜯었을까.

껄무새가 되지 않으려면 어떻게 해야 할까? 투자자들의 궁극
적인 질문일 것이다. 아쉽게도 정답은 없다. 워런 버핏도 자신의 투

자 결정을 후회한 적이 없지 않을 테니까. 그저 한 가지 충고를 한다면, 실력과 줏대를 최대한으로 구축하라는 것이다. 거시경제의 상황, 관심 있는 산업의 현재와 미래, 타깃으로 삼은 기업의 비즈니스 모델과 재무 성과와 경영진 등을 꼼꼼하게 공부하고 연구하고 업데이트하여 실력을 갖추고, 시장 상황이 좀 바뀐다고 해도 내가 추구하는 투자의 패턴을 꿋꿋이 지켜나가는 줏대를 가지라는 뜻이다.

다크 패턴
Dark Pattern

"이런 엉큼한 속임수, 소비자가 만만합니까?"

소비자를 교묘하게 속이거나 유인해서 특정한 상품을 사거나 어떤 서비스에 가입하게 만들 목적으로 디자인된 UI(User Interface; 사용자 인터페이스)를 일컫는다. 우리말로 '소비 유도 상술'쯤으로 번역할 수 있는 이 엉큼한 짓들은 '앤티-패턴(anti-pattern)' 혹은 '기만하는 계략(deceptive design)'이라고 부르기도 한다.

다크 패턴으로 논란을 일으킨 국내 기업의 예로는 쿠팡을 들수 있다. 유료 회원제인 '와우 멤버십' 가격을 올렸는데, 구매상품 결제 조건 안내 문구 바로 아래에다 '와우 멤버십 월회비 변경 동의'라는 문구를 붙여놓고 그 아래 '동의하고 구매하기'라는 버튼을 달아놓은 것이다. 구매자가 자세히 들여다보지 않는 한, 그저 상품 구매에 동의한다고 착각할 뿐, 멤버십 연장에 동의하는 줄은 까맣게 모를 지경이었다.

2020년 미국 대통령선거 당시, 트럼프 후보 측은 지지자들이 기부금을 매월 자동으로 반복해서 보내도록 유인하는 다크 패턴을 이용해서 말썽이 되기도 했다. 달리 표현하자면 다크 패턴은 사용자 가치를 희생시켜 주주가치를 높이려는 상업적 패턴이다. 미국에서는 Electronic Frontier Foundation이라는 재단과 〈Consumer Reports〉라는 잡지가 소비자들로부터 다크 패턴에 관련된 정보를 수집하기 위해 제보 핫라인을 설치하기도 했다.

다크 패턴에는 어떤 종류가 있나?

Bait-and-switch(미끼 상술): 무료 (혹은 크게 할인된) 제품이나 서비스가 전혀 없거나 거의 없음에도 그것을 크게 광고해놓고는, 사용자가 관심을 보이면 훨씬 비싸거나 품질 낮은 유사 제품과 서비스를 제시하는 패턴. 막판에 배송료, 수수료 등의 추가 비용을 내지 않을 수 없게 만들기도 한다. 우리나라에서도 중고차 브로커들이 흔히 써먹던 수법이다.

Misdirection(잘못 유도): A라는 프로그램을 설치하려는 사용자에게 A와는 관계도 없는 다른 프로그램을 설치하게끔 '다음(계속)'이나 '동의'를 클릭하도록 유도하는 패턴. 사용자는 반은 강제로, 반은 습관적으로 이런 수법에 말려들고 만다. 이런 유혹을 거절하고 건너뛸 수 있는 클릭은 눈에 잘 띄지도 않게 배치해놓는다.

Roach motel(바퀴벌레 모텔): 들어가는 경로는 아주 쉽게 해놓고, 빠져나오는 경로는 엄청 어렵게 만드는 패턴. 계약이나 회원 가입은 간단한데, 해지하거나 탈퇴하려면 이런저런 서류를 만들고 출력해서 (심지어) 우편으로 보내야 한다는 식으로 설정해놓은 커뮤니티가 좋은 예이다.

Privacy Zuckering(개인정보 저커링): 사용자를 교묘하게 속여 개인정보를 (사용자의 의사에 반해) 제공하도록 만드는 패턴. 사용자는 미처 깨닫지 못한 상태에서 그런 정보를 주기도 하고, 정보 제공을 거부-포기하는 옵션이 교묘하게 가로막혀서 실수로 개인정보를 주기도 한다.

Confirmshaming(수치심 유발): 사용자에게 수치심을 안겨 뭔가를 하도록 유도하는 패턴. 치밀하게 계획된 언어로써 사용자가 수락하지 않고는 못 배기게 만드는 수법이다.

기타: '한 달 무료 체험' 클릭을 유도한 뒤 반복적으로 수수료 청구, 소비자 동의 없이 추가 상품을 장바구니에 넣고 직접 제외하지 않는 한 저절로 구매되도록 유도, '마감 임박'이나 '한 개 남았어요' 같은 문구로 구매를 유도, 후기나 댓글이 광고가 아닌 것처럼 속여 소비자가 믿게 만듦.

다크 패턴은 일종의 마케팅?

원래 UI란 모바일 뱅킹 앱이나 은행 ATM 등의 화면 구성처럼 사용자가 컴퓨터를 편리하게 사용할 수 있게 해주는 환경이다. 필요에 따라 글자 크기도 키우고 버튼도 간결하게 만드는 등, 사용자가 편리하게 쓰도록 하는 배려가 UI의 당연한 진화다. 그런데 거꾸로 다크 패턴은 이런 자연스러운 추세를 거슬러 교묘하게 소비자를 속이는 데 몰두한다. 최저가라고 유혹해놓고 막상 결제 시 추가 금액을 붙인다든지, '오늘까지만 60% 할인' 따위의 미끼를 던지거나, '우리 쇼핑몰 설치'처럼 원하지도 않는 설정이 자동으로 이루어지게 하는 것 따위가 모두 일상에 녹아있는 다크 패턴이다.

이런 다크 패턴을 두고 단순히 여러 가지 마케팅 수단 중 하나라고 주장하는 이들도 없지 않다. 그러나 소비자의 정상적인 의사 결정을 저해하고 부지불식간에 부당한 손해를 입힌다는 점에서 다크 패턴은 결코 마케팅의 범주에 넣을 수 없다. 설사 불법이 아니라 할지라도 규제해야 마땅한 기업들의 교묘한 속임수라고 할 수밖에 없다.

다크 패턴은 세계적으로도 점차 주요 이슈로 커지고 있다. 유럽연합은 다크 패턴을 금지하는 내용을 담은 디지털 서비스법(DSA)을 도입하기로 했으며, 미국 연방거래위원회도 다크 패턴 제재를 강화할 계획이다. 하지만 우리나라에서는 아직 이를 규제하자는 움직임조차 없어서, 전자결제가 일상화되고 온라인으로 거의 만사가 해결되는 시대를 미처 따라가지 못하는 모양새다.

18

대차대조표 불황

"자산 가치 하락, 언제 끝날지 모릅니다."

자산을 불리려면 2가지 방법이 있다. 슬기로운 투자 혹은 사업을 해서 풍성한 수익을 창출하거나, 누군가로부터 빚을 내서 자산을 매입하거나. 그런데 경기가 불같이 타오르는 호황일 때 빚을 얻어 자산을 매입했는데, 그 자산의 거품이 터지면서 가치가 추풍낙엽처럼 떨어진다면 어떻게 될까? 자산(가치)은 사라지고 빚만 남는다. 빚은 저절로 줄어드는 법이 없으니까. 이 지경에 이르면 기업이든 가계든 허리띠를 졸라매고 빚 줄이기에 몰두하게 되어, 그 결과 소비는 줄고 경기는 위축된다. 바로 이것이 '대차대조표 불황'이다.

2022년 3월 초 영국 주간지 〈이코노미스트〉는 한국의 경제를 다룬 기사에서 1980년대에 대차대조표 불황을 경험했던 일본의 경제를 소환했다. 거품이 꺼지기 전인 당시의 일본과 현재 한국의 경제가 상당히 비슷하다고 진단한 것이다. 특히 1980년대 후반의 일본과 지금의 한국이 모두 묘하게도 금융 위험에 노출되어 있다고 지적했다.

한국과 일본의 유사점은 사실 약간의 시차는 있지만 '어쩌면 이렇게 비슷할까'라는 탄식이 나올 정도다. 한국은 일본이 과거에 그랬던 것처럼 수출로 부를 축적해 이젠 구매력 기준 1인당 국내총생산(GDP)에서 일본을 넘어섰는가 하면, 생산가능인구 역시 1990년대 중반 이후의 일본과 꼭 같이 줄어들고 있다. 대통령선거에서까지 주요 쟁점이 된 비싼 집값도 일본이 일찌감치 겪었던 문제(토지 가치가 GDP의 5.4배였음!)와 닮은꼴이다. 서구의 선진국들보다 더 빠른 인구 고령화에서도 한국과 일본은 난형난제다. 부채는 또 어떤가? 한국의 경우, 기업과 가계 모두 경쟁이나 하듯 대출을 늘려온 통에, 2021년 9월 기준 가계부채는 GDP 대비 107%에 달했다. 이는 58%의 독일이나 79%인 미국보다 훨씬 높은 수치이며, 달갑지 않은 이 빚의 무게 역시 일본의 1980년대를 떠올리게 한다.

대차대조표 불황을 불러일으키는 자산 가치의 하락은 이미 시작되었고, 그 속도는 무시무시할 정도로 빠르며, 인플레이션을 동반한 불황까지 가세하여 그 하락의 종점이 어디쯤일지는 예측조차 할 수 없다. 일반 투자자들이 할 수 있는 일이라고는 우리나라 정부와 한국은행, 모든 금융기관과 감독 당국이 지혜를 발휘하여 경기를 과도하게 죽이는 일 없이 인플레이션을 잡고, 궁극적으로는 경제성장의 실마리를 되찾기만을 바라는 것뿐이다. 그리고 이런 와중에 일본의 기나긴 침체에서 우리가 소중한 교훈을 얻음으로써 그들과 똑같은 터널로 들어가지 않는 길을 발견한다면 불행 중 다행이라 하겠다.

19

대체해산물
Alternative Seafood

"대체육으로도 부족해서 이젠 대체해산물까지?"

소고기, 돼지고기, 닭고기 등 육류를 대체하는 음식이 대체육이라면, 생선을 대신하는 음식이 대체해산물이다. '대체'라는 수식어가 암시하듯이, 이는 얼핏 보기에 생선이나 해산물 같아도 사실은 토마토, 감자, 무 등으로 만든 대체 음식물이다. 대체육이 몇 년동안 사람들의 관심을 끌면서도 아직은 본격적으로 규모 있는 시장을 형성하기 전인데, 이미 대체해산물까지 나와 대체 음식물의 범주를 넓히면서 국내외 식품업계의 새로운 화두로 떠오르고 있다.

사실 여부는 여기서 논할 바가 아니지만, 해산물이 육류보다

건강에 이롭다는 인식에 사람들은 대체로 동의한다. 그래서인지, '육류의 대체품'보다는 '해산물의 대체품'을 위한 개발은 한발 늦게 이루어졌다. 어쩌면 최근 미세 플라스틱이나 중금속으로 인한 해양 생태계 파괴가 넷플릭스의 다큐멘터리에서 다루어지는 등 뜨거운 화제로 대두되자, 대체해산물을 향한 관심도 높아지지 않았을까. 어쨌거나 대체육과 마찬가지로 대체해산물 시장도 급속도로 성장하리라는 것이 업계의 공통된 전망이다. 현재 전 세계 120여 개 기업이 대체해산물 제품을 만들고 있다.

한국에도 대체해산물 비즈니스가 이미 시작되었나?

물론이다. 세계적으로도 이 분야의 선두그룹에 속할 정도다. 가령 '베러미트'라는 대체육 브랜드를 이미 내놓았던 신세계푸드는 최근 대체해산물 사업에 본격적으로 뛰어들어 비즈니스 확장에 발빠르게 나섰다. 일부 편의점에서는 벌써 식물성 참치를 넣은 '채식마요 삼각김밥'과 '채식마요 김밥'을 판매하고 있는데, 인기가 좋아서 기존 채식 제품들보다도 매출이 4배 이상 높다고 한다. 대체 단백질 식품을 개발하는 어떤 스타트업은 콩에서 추출한 단백질을 주원료로 활용해 참치의 고소하고 담백한 맛을 구현해냈다. 이 대체 참치 통조림은 이미 국내 주요 급식업체에 공급되고 있다. 국내 대형마트에서 식물성 참치 통조림을 만날 날도 그리 멀지 않은 것 같다.

대체해산물이
소비자들의 관심을 본
격적으로 끌기 시작한
것은 스페인의 스타트
업 Mimic Seafood(미
믹 시푸드)가 Tunato(튜
나토)라는 제품을 출시

하면서부터다. 주로 토마토와 해조류 추출물 등으로 만든 이 가짜
참치가 등장하자, 우리나라의 동원F&B 같은 기업들은 국내에서도
관련 시장이 커질 것으로 생각해 지대한 관심을 보였다고 한다. 실
제로 미국에선 통조림이나 파우치 형태의 비건 참치가 대중화되었
다고 해도 과언이 아니다. 일본에서도 최근 비건 참치 통조림이 선
을 보였다.

대체해산물은 어떻게 만들어지나?

대체해산물은 주로 2가지 방법으로 만든다. (1) 식물성 원료
로 진짜 해산물과 비슷한 식감과 맛을 낸다. '식물성 대체해산물'이
라는 것이다. (2) 어류나 해산물에서 채취한 줄기세포를 배양한 다
음 이를 3D 프린팅 방식으로 만들어낸다. '세포 배양 해산물'이라는
타입이다. 대표적으로 풀무원이 최근에 투자한 미국 스타트업과
함께 세포 배양 해산물의 대량생산과 상용화를 추진하고 있다.

제조방식이야 어느 쪽이든, 대체해산물은 바다와 강에서 잡은 진짜 해산물과 같이 철분, 비타민 B12, 오메가-3 지방산 등을 고스란히 함유하고 있다. 그러면서도 당연히 미세플라스틱, 수은 같은 오염 물질이나 콜레스테롤은 들어있지 않은 것이 장점이다. 그뿐인가, 신선 음식물에 대한 수요가 갈수록 높아지는 와중에 대규모 산업형 어획에 대한 의존도를 낮추는 데도 커다란 도움이 된다.

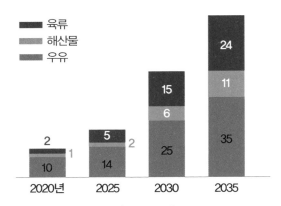

● ● ● 급증하는 전 세계 대체단백질 소비량 (단위: 백만 톤)

[자료: 한국무역협회 국제무역통상연구원]

대체단백질의 글로벌 소비량이 경중경중 뛰어오르는 가운데, 식물성의 대체해산물에 대한 투자 역시 급증세다. 미국의 한 조사기관에 따르면 2022년 상반기 미국의 식물성 대체해산물 투자 규모는 7,000만 달러(약 842억 원)로, 지난 2년간 투자 규모와 맞먹는다. 실제로 매출로 이어진 성과는 어땠을까? 같은 해 미국 내 대체해산물 매출은 전년 대비 23% 증가한 1,200만 달러(약 150억 원)를 기록했다.

실제로 어떤 대체해산물이 가장 많은 투자를 받고 가장 많이 만들어지고 있을까? 세계적으로 소비량이 가장 많은 참치다. 위에서 언급한 미믹 시푸드와 미국 Ocean Hugger Foods(오션 허거 푸즈)가 이미 토마토를 활용한 식물성 참치회를 출시했고, 세계 1위 식품기업인 스위스 Nestlé(네슬레)도 Vuna(부나)라는 브랜드로 식물성 참치의 판매를 개시했다.

참치 다음은 두 번째로 소비가 많은 새우다. 미국에서는 이미 곤약을 활용해 만든 새우와 게 등이 시장에 모습을 드러냈다. 식물성 새우 제조업체로는 미국의 New Wave Foods(뉴 웨이브 푸즈)가 잘 알려져 있다. 가까운 미래에는 품질 높고 지속 가능한 식물 기반의 연어까지 개발되어 나올 것임에 틀림없다.

20

더블 딥
Double Dip

"모두 회복된 줄로 잠깐 착각했습니다."

불황에 빠졌던 경기가 '반짝' 회복하는 것처럼 보이다가 다시 불황에 빠지는 현상을 '더블 딥'이라고 부른다. 이 영어 표현은 물론 그 외에도 몇 가지 뜻이 있긴 하지만, 경제용어로 쓰일 땐 '경기의 이중 침체'라는 의미다. 경제 성장률을 그래프로 나타낼 때 더블 딥은 알파벳 W를 닮은 모양이 된다고 해서, 'W자형 회복'이라고도 불린다. 더블 딥 현상을 겪은 전형적인 사례는 1980년대 초의 오일 쇼크였다. 당시 우리나라를 포함한 세계 주요국들은 불황에 빠졌다가 잠시 회복한 뒤, 미 연준의 가파른 금리 인상으로 다시 깊은 불황의 늪으로 들어갔다. 1981년 하반기에 시작된 이 두 번째 불황은 1982년 말까지 계속되었다.

그런데 그런 더블 딥이 2022년 세계 경제에 검은 구름을 드리우고 있다. 이제 3년 차에 접어든 사상 초유의 코로나 팬데믹 시대.

거의 패닉에 빠졌던 각국 정부가 아낌없는 유동성 확장 정책을 휘두른 데다 코로나 백신이 때맞춰 확산한 덕분에 잠시 경기가 살아나는가 싶었다. 그 2021년은 거대한 착각이었을까? 널리 퍼진 낙관론에도 불구하고 2022년 초부터 더블 딥의 우울한 가능성이 고개를 들었다. 코로나 확산에 따른 공급망 붕괴가 장기화하는가 싶더니, 이어 러시아가 전쟁을 일으키고, 인플레이션의 망령이 지구촌을 뒤덮자 물가를 잡기 위한 필사적 노력이 급격한 금리 인상으로 나타나면서 소위 역환율전쟁이 벌어지면서, 경기 침체는 갈수록 심해지고 있다. 물가 급등이 무서워 금리를 올리자니 신음하는 경제가 마음에 걸리고, 경기 침체를 멈추자니 치솟는 물가가 눈에 밟히는 진퇴양난의 상황이다.

포스트 코로나 전략은 망가지는 건가?

2022년, 각국 정부와 중앙은행은 진정한 시험대에 올랐다. 이 난국을 어떻게 돌파할 것인가? 경제팀과 중앙은행의 고민이 깊어지고 있다. 지금 들불처럼 번지는 인플레이션은 대체로 '공급 측면의 요인' 때문이다. 좀처럼 보기 드문 타입의 인플레이션이란 얘기다. 그래서 대응하기가 더 어렵다. 지난 2년간 코로나 창궐에 대응하느라 꺼내 들었던 정책들은 얼어붙은 지금의 경제에 전혀 도움이 안 된다.

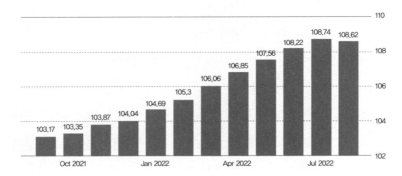

● ● ● 한국의 최근 1년간 소비자물가지수 변화 [자료: tradingeconomics.com]

코로나 사태로 급격히 위축된 경제활동을 어떻게든 되살리려는 노력은 그나마 단순하고 쉬웠다. 경쟁하듯 금리를 (심지어는 마이너스까지) 낮추고, 국고를 활짝 열어 생계 보조금 등 현금성 지원을 쏟아붓고, 동시에 백신 보급을 착착 늘리며, 세계 경제는 느리지만 탄탄한 성장으로 일사불란하게 나아가는 듯했다. 그러나 한 번 무너진 공급망은 회복이 어려워 되살아난 수요를 따라잡지 못하고, 그간 막대한 '돈 풀기'가 부추긴 전반적인 인플레이션은 2021년 후반기부터 세계 경제가 맞닥뜨린 음흉한 괴물이 되었다. 2022년에는 세계 경제를 코로나 이전 상태로 되돌린다는 계획은 수치스러울 정도로 멀어 보인다. 더블 딥의 위험이 코앞에 닥친 것이다.

2022년 9월 현재 전 세계 경제의 기조는 이렇게 요약할 수 있다. "경기 침체 등 어떤 희생을 치르더라도 인플레이션은 잡아야겠

투자의 길이 보이는 **트렌드 경제용어 2023**

다" 1970년대 인플레이션에 소극적으로 대응했다가 깊은 스태그플레이션의 수렁에 빠졌던 트라우마 때문일까. 각국의 중앙은행은 인플레이션 방어에 몰두하고 있다. 급한 불은 인플레이션이고, 경기 회복은 그다음이다. 이렇게 되고 보니 더블 딥이란 용어가 더욱 생생한 느낌을 불러일으키며 우리를 옥죄고 있는 현실이다.

미국	8.3%
EU	9.1%
중국	2.5%
호주	6.1%
독일	7.9%
영국	9.9%
프랑스	5.9%
일본	3.0%
한국	5.7%
러시아	14.3%
사우디아라비아	3.0%
싱가포르	7.5%

●●● 2022년 8월 현재 주요국의 물가상승률

[자료: tradingeconomics.com]

인플레이션과 경제성장이라는, 서로 반대 방향으로 내달리는 두 마리 토끼를 다 잡아야 하는 모순적 상황. 인플레이션을 잡으려면 금리 인상과 재정 축소라는 억압의 카드를 꺼내야 하지만, 그랬다가는 풀 죽은 경제가 더욱더 위축될 것이다. 잠시 회복의 기미를 보이던 경기를 밀어 올려 코로나 이전보다 나은 성장궤도에 올려놓으려면 유동성을 늘려주거나 저금리를 유지해야 할 판이지만, 이미 너무 많은 돈을 풀어버린 탓에 재정 여력도 바닥일 뿐만 아니라, 그랬다가는 인플레이션은 완전히 고삐 풀린 망아지가 될 것이 뻔하다. 괜한 우려가 아니다. 2021년 후반에 시작된 물가상승이 2022년 8월 즈음에 이르러 어떤 모습인지, 위의 표를 보면 쉽게 알 수 있다.

몇 가지 통계 수치로 생각해보자. 2020년 10월과 2021년 3월 사이(2021 회계연도 전반기) 미국의 재정 적자는 사상 최대인 1조 7,000억 달러를 기록했다. 마지막 한 달의 재정 적자만도 6,600억 달러에 이르렀다. 1년 전보다 4.6배 커진 규모다. 이처럼 국가 부채 문제가 자못 심각해지면서, 바이든 대통령의 핵심 공약이었던 'Build Back Better(더 나은 재건)' 부양책은 예산의 대폭 축소(3조5,000억 달러에서 1조 7,000억 달러로)에도 불구하고 민주당 내부의 반발에 부딪히는 등 고전을 면치 못했다. 전 세계로 시야를 넓혀도 마찬가지다. 2020년 말 기준 전 세계 국내총생산(GDP) 대비 부채 비율은 365%로 2019년 말보다 45%포인트 급증했다. 코로나와의 전투가 한창 치열했던 2020년 한 해만도 전 세계 총부채는 16조 달러 가까이 늘었다. 전례 없는 금리의 인하까지 감행된 가운데 벌어진 이 엄청난 유동성의 살포가 실물경제의 확대로 착실하게 뒷받침되지 못할 때, 공포의 인플레이션 외에 무슨 결과를 기대하겠는가.

시대를 막론하고 '긴축'은 인기 없는 정책이다. 그러나 1970년대 스태그플레이션의 소용돌이에도 불구하고 경기 침체의 고통을 최소화하면서 인플레이션을 때려잡았던 Paul Volcker(폴 볼커) 전 연준 의장의 뚝심과 카리스마를 생각해볼 일이다. 그는 15개월 사이 연방기금 금리를 12.2%에서 22%로 올리는 극약 처방을 통해 14%가 넘었던 물가 상승률을 3년 만에 3%대까지 낮췄다. 인기 없는 정책을 밀어붙일 수 있었던 이 난세의 영웅 덕분에 세계 경제는 회복했다. 2022년의 위기에서도 각국의 진정한 실력이 판가름 날 것이다. 우리 정부와 중앙은행에도 만병통치약은 없다. 웬만큼 머리를 싸매지 않고서는 '이러지도 저러지도 못할' 상황의 타개는 너무나 힘들 것이다. 신중하면서도 인기에 영합하지 않는 과감한 정책으로 이 난국을 타개해주길 바랄 뿐이다.

21

데쓰 크로스, 골든 크로스
Death Cross, Golden Cross

"장기 가격과 단기 가격이 서로 칼을 겨누고"

주식이나 코인 같은 자산의 단기 가격 혹은 최근 가격이 중-장기 평균 가격보다 밑으로 떨어지는 현상이다. 흔히 장기에 걸쳐 자산가격이 하락 국면에 접어들 때 발생한다. 요즘은 주로 주식과 가상화폐(코인) 가격 하락과 연관해서 자주 사용한다. 좀 더 전문적으로는 단기 이동평균선이 장기 이동평균선을 하향 돌파할 때를 데쓰 크로스라 부른다. 그래프로 그려보면 크로스(X자나 십자가)를 닮은 모양이 나타난다. 말할 것도 없이 투자자들 사이에선 '공포의 단어'가 아닐 수 없다. 반대로 이러한 자산의 단기 시세가 중-장기 평균을 뚫고 위로 올라가는 시점, 즉, 자산의 장기 가격이 상승 국면에 접어드는 때를 가리키는 용어가 '골든 크로스'다.

● ● ● **차트로 본 데쓰 크로스의 정의**

[자료: Capital.com]

　　미국 주식의 지수 추이를 나타내는 위의 차트를 보면서 좀 더 구체적으로 알아보자. 우선 이동평균선부터 이해해야겠다. 이동평균선은 직전 며칠 동안의 비트코인 가격을 평균한 값(이걸 '이동평균'이라 함)을 죽 연결해 만든 선이다. 위 차트에서 '50-day moving average'라는 빨간색 평균선이 최근 50일간 평균값을 죽 연결한 라인이다. 주식이든, 비트코인 같은 코인이든, 다른 자산이든, 가격 상승기에는 단기 이동평균선이 당연히 장기 이동평균선 위에서 움직인다. 그러다가 가격이 내려가는 시기엔 그 반대다. 위 차트에서 9월 말~10월 초부터 가격이 급락하는 그런 기간이다. 위 차트를 보면 2개의 곡선 중 위에서 움직이던 50일짜리 이동평균선이 서서히 떨어지면서 결국은 아래쪽에서 올라오던 '200-day moving average'

라인 밑으로 떨어지고 만다. 그 지점이 바로 데쓰 크로스다.

반대로 단기 가격이 다시 오르고 장기 가격이 주춤하거나 하락하면, 아래 차트의 우측에서 보는 바와 같이 골든 크로스가 닥치는 것이다. 파란색의 50일짜리 이동평균선이 바닥을 찍고 오르는데 반해 200일짜리 장기 평균선은 힘을 잃는다. 그러다가 단기 이동평균선이 그것을 뚫고 오르는 시점이 생기는데, 그것이 골든 크로스다.

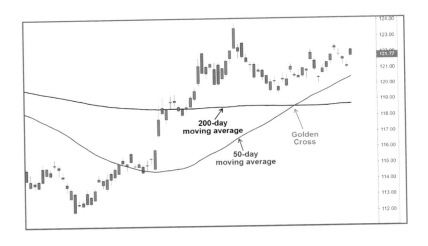

2022년 9월 말, 전 세계의 자산시장은 그저 추락하는 정도가 아니라 (어느 언론의 표현처럼) 거의 발작에 가까운 수준으로 떨어져 있다. 데쓰 크로스는 오래전에 도래했고 얼마 동안 더 하락할지, 전문가들조차 예측을 거부할 만큼 안개 속이다. 부채를 많이 얻은(레버리지가 높은) 투자자들은 이미 급격히 오른 금리를 견디지 못해 헐값

에라도 자산을 팔며 엄청난 손실을 감내하고, 그나마 빚이 적은(레버리지가 낮은) 투자자는 허리를 바싹 숙이고 사태를 관망하며 견딜 수 있을 때까지 손실을 견뎌내고 있을 뿐이다.

22

동수서산東數西算 프로젝트

"모두 국가 균형발전을 위해서입니다."

동수서산이란 용어에서 '수(數)'는 데이터를 가리키고, '산(算)'은 연산 능력 혹은 컴퓨팅 능력을 뜻한다. 나아가 '동(東)'은 중국의

●●● 동수서산 프로젝트의 일환으로 차이나 모바일이 서부지역에 건설한 데이터 센터 내부

개방정책으로 산업이 발전했고 디지털 환경이 이미 양호한 중국 동부지역을, '서(西)'는 여전히 낙후되어서 디지털 인프라가 보잘것없는 서부 내륙 지역을 가리킨다. 그러니까 동쪽에서 생성되는 막대한 데이터를 서쪽으로 옮겨서 컴퓨팅 네트워크를 구축하겠다는 전략이 바로 '동수서산 프로젝트'다.

서부의 어디에다 인프라를 구축하고 있는가?

동수서산 프로젝트를 본격적으로 가동한 중국 정부는 8개의 소위 컴퓨팅 '허브(枢纽)'를 건설하고, 10개의 데이터센터 '클러스터(集群)'를 조성한다고 2022년 2월에 발표했다. 마침내 디지털 인프라스트럭처 구축에 발 벗고 나선 셈이다. 덩샤오핑의 개혁개방정책 이후로 동부지역에만 치중되어왔던 디지털 환경을 낙후된 서부에까지 확대함으로써 고질적인 불균형 상태를 해소하겠다는 목표가 담겨있다. 동수서산을 추진하려면 광케이블, 5G 이동통신망 등이 필수다. 반드시 대용량 데이터를 초고속으로 전송해야 하기 때문이다. 이 때문에 동수서산 프로젝트는 앞으로 중국의 AI, 5G, 로봇, 산업인터넷 등 디지털 경제가 고속성장하는 계기를 제공할 것이다. 다만 동수서산 프로젝트를 위해서 매년 4,000억 위안(약 74조 원)의 투자가 필요할 것으로 전망된다.

이들 컴퓨팅 허브는 아래 지도에서 노란색 원으로 표시된 징진지(京津冀), 창싼쟈오(长三角), 아오강아오(奥港澳), 구이저우(貴州),

청위(成渝), 깐쑤(甘肅), 닝샤(宁夏), 네이멍구(内蒙古) 등 8개 지점에 구축된다. 앞의 4지점은 이미 경제가 상당히 발전한 곳들, 뒤의 4지점은 여전히 낙후된 곳들이어서, 이 두 지역을 연결한다는 구상이다. 디지털 산업의 핵심인 데이터센터는 전력을 많이 소모하는데도 전력이 부족한 동부지역에 모여있고, 반면 중서부지역은 전력자원이 풍부함에도 데이터 센터는 드물다는 식의 불균형이 해소될 전망이다. 그리고 지도에서 녹색으로 표시된 10개의 데이터센터 클러스터는 각 컴퓨팅 허브와 연계해서 조성하는 중이다.

● ● ● '동수서산'의 8개 컴퓨팅 허브와 10개 데이터센터 클러스터

[자료: 중국 국가발전개혁위원회 홈페이지]

투자의 길이 보이는 **트렌드 경제용어 2023**

동수서산은 4대 공정과 어떤 관계인가?

중국이란 나라의 땅덩어리는 한국의 약 96배에 달한다. 국토
가 워낙 넓다 보니 물, 전력, 광물, 천연가스 등 주요 자원이 어느 지
역에 쏠린 경우가 많다. 자원 재분배를 위한 정부의 끈질기고 막대
한 노력이 필요한 이유다. 그동안 중국은 균형 잡힌 국토 개발과 자
원 재분배를 위해 4개의 초대형 프로젝트를 진행해왔다. (1) 남부
의 풍부한 담수 자원을 북부로 끌어오는 남수북조(南水北調), (2) 서
부의 넉넉한 전력을 동부로 보내는 서전동송(西電東送), (3) 서부의
풍부한 천연가스를 동부로 전송하는 서기동수(西氣東輸), 그리고 (4)
동수서산의 4가지 거대 프로젝트를 합쳐서 '4대공정(四大工程)'이라
고 부른다. 따라서 동수서산은 4대공정의 한 부분이라고 볼 수 있
다. 4대공정의 내역을 아래의 표로 간단히 이해하고 넘어가자.

중국 4대 공정 개괄

	남수북조 (南水北調)	서전동송 (西電東送)	서기동수 (西氣東輸)	동수서산 (東數西算)
프로젝트 구상	1950년대	1986년	1998년	2021년
프로젝트 시작	2002년	2000년	2000년	2022년
프로젝트 초기 투자규모	2014년까지 2434억 위안 투자	5200억 위안	1500억 위안	4000억~5000억 위안
개요	양쯔강 유역의 물을 건 조한 북부지역에 공급. 동부노선, 중부노선, 서 부노선 등 3개 라인으 로 구성	북부, 중부, 남부에서 3개의 전송망 구축. 서부대개발 중요공정	1라인, 2라인, 3라인 등 3개의 파이프 라인 구 축. 서부대개발 중요공 정	징진지등 8개 지역에 국가 컴퓨팅 허브 건설 및 10개 국가데이터 센 터 클러스터 조성

*자료: 증권시보
그래픽: 이지혜 디자인 기자

23

드라이브쓰루 MFC

Drive-Thru Micro-Fulfilment Center

"차에서 내리지도 않고 물건을 바로 받는다고?"

우선 MFC라는 개념부터 챙겨두자.

주로 전자상거래 업체가 비용 및 운송 시간을 최소화하기 위해서 최종 소비자와 좀 더 가까운 곳에 제품을 보관하고 배포하기 위해 사용하는 소규모의 창고 설비를 가리키는 용어가 MFC이다. 그래서 '마이크로'다. 이러한 MFC들은 고도로 자동화되어 있어서 효율을 극대화할 수 있다. 전통적인 물류창고에 비해 훨씬 작은 크기여서(미국의 경우 MFC는 대개 930 평방미터 정도로서, 대형 창고의 30분의 1 수준임) 비즈니스에 따라 독특한 혜택을 준다.

'드라이브쓰루'는 널리 알려져 있다시피, '차에서 내리지 않고서도'라는 의미로서 소비자에겐 가장 빠르고 편한 서비스 방식이다. 그러므로 드라이브쓰루 MFC는 차에서 내리지 않고도 주문한 물건을 찾을 수 있는 도심의 소규모 스마트 물류센터를 지칭한다.

저장 공간 부족과 물류 처리 지연 등 기존 MFC의 한계를 첨단 IT로 해결해, 요컨대 기존 MFC가 한 단계 진화한 형태다. 인공지능과 빅데이터를 이용해 지역 소비자들의 입맛에 맞는('하이퍼로컬') 제품을 실시간 업데이트하고 미리 확보해둔다. 무엇보다 공간 효율이 탁월하다. 물건을 쌓고 빼내는 모든 작업을 첨단 로봇이 해주고, 로봇이 가져온 물건은 MFC 앞에 기다리는 택배기사나 고객에게 전달된다. 물류업계의 차세대 도심형 스마트 솔루션인데, 아이디어는 자동 주차시스템과 비슷하다.

드라이브쓰루 MFC는 신선식품의 물류에도 적절하다. 전체 공간의 일부를 냉동-냉장창고로 구성할 수도 있다. MFC 한 개가 반경 5㎞ 정도의 배송을 맡을 수 있다는 사실을 고려한다면, MFC 10개만 있어도 서울 전역에서 한두 시간 이내 물품을 배송할 수 있을 것이다. 그래서인지, 부동산업계는 도심 곳곳의 빈 건물을 MFC로 활용하는 방안에 관심이 높다.

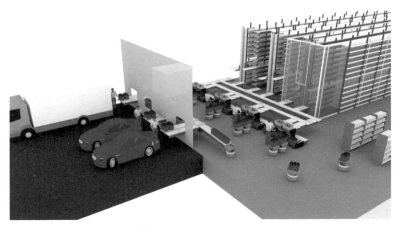

● ● ● 드라이브쓰루 MFC의 개념도

MFC의 단점이 있다면?

하이퍼로컬 물류의 장점을 살리고 배송 시간을 줄이면서 비용도 절감할 수는 있지만, MFC 나름의 어려움도 있다. 이런 소규모 창고를 이용할 것인가의 여부를 결정할 때, 꼭 따져봐야 하는 이유다.

(1) 많은 양을 일시에 보관할 수 없으므로, 계속해서 재고를 보충해줘야 한다. 대체로 MFC는 1~2일분의 재고 정도만 저장해둘 수 있어서, 항상 선제적으로 재주문을 해주는 자동시스템을 갖추는 게 필수 요소다. 또 빈번한 재주문은 비용 증가의 요소이기도 하다.

(2) 예측이 어려운 소비자 수요에 의존해야 한다. 코로나19로 인한 시장의 급변이 증명하듯이, 수요는 늘 변하고 전례 없

는 상황에 영향을 받기도 한다. 고로, 공간이 작은 MFC의 제한된 재고량에 의존하다 보면 예측하지 못했던 수요 폭증(어떤 막강한 인플루언서가 내 제품을 호평했다고 상상해보라)에 재빨리 대응할 수 없다.

(3) 재고가 바닥 날 위험이 비교적 크다. 공간이 한정되다 보니 MFC는 항상 최적 수준의 재고를 보유하기가 어렵다. 갑자기 커다란 수요 변화가 생기면 공급망 전체가 어쩔 줄 모르고 패닉에 빠지기 쉽다.

(4) 고객의 위치에 의존하게 된다. MFC의 가장 큰 혜택이 주요 고객들과 좀 더 가까이 재고를 보관해둔다는 것인데, 이 시스템은 고객의 위치에 극도로 의존하기에 시장의 변화나 고객 프로파일의 변화에 부정적인 영향을 받을 수 있다. 끊임없는 재평가가 필요할 수도 있다.

(5) 효율 극대화를 위해 고도로 자동화되어 있다. 이건 물론 좋은 일이다. 그러나 모든 타입의 제품을 보관하기엔 적절치 않다는 의미이기도 하다. 특히 가구나 가전제품처럼 대형상품은 자동화 시스템에 큰 부담이 될 수 있다. 만만치 않은 약점이다.

우리나라의 드라이브쓰루 MFC 현황은?

알다시피 전자상거래에 관한 한, 한국은 두 번째 가라면 서러

운 시장이다. 물류 시스템 내 첨단 로봇의 활용, 하이퍼로컬 주문 분석과 수요예측 및 대응, 배송 시간 최소화, 공간 효율 극대화 등에 대한 갈증은 언급할 필요조차 없다. 그래서 물류 자동화 시장의 규모도 2020년의 7,600억 원에 이르기까지 최근 몇 년 동안 꾸준히 성장해왔다. 참고로 글로벌 물류 자동화 시장은 2020년의 485억 달러에서 매년 10.6% 성장해 2026년에는 889억 4,000만 달러에 이를 것으로 전망된다.

지금부터 스마트 물류 경쟁도 MFC를 기반으로 한층 격화할 것이고, 드라이브쓰루 MFC 역시 빠른 속도로 확산할 전망이다. 현재 국내 MFC의 선두주자는 2022년 4월 서울 강남 중심부에 MFC를 처음 구축한 메쉬코리아로, 부릉이라는 배달 서비스를 운영한다.

최근 11번가와 CJ그룹이 투자
한 바로고라는 스타트업도 하
이퍼로컬 물류 플랫폼인데,
서울 권역에 MFC를 세운다는
계획이다. 국내 온라인 주문
은 그야말로 넘치고, 외곽 물
류센터만으로는 이를 신속하
게 소화할 수 없다. '총알배송'

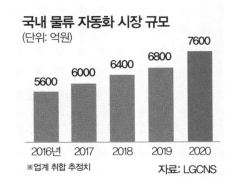

국내 물류 자동화 시장 규모
(단위: 억원)

5600 6000 6400 6800 7600

2016년 2017 2018 2019 2020

※업계 취합 추정치   자료: LGCNS

같은 듣기에도 숨 가쁜 퀵 커머스 경쟁이 치열해지면서 MFC가 적
절한 대안으로 떠오르고 있다.

　　노르웨이의 세계적인 물류 자동화 업체 AutoStore AS(오토스
토어)와 손잡고 MFC 체제를 구축할 예정인 LG CNS 역시 이 분야에
서 앞서가고 있다. 이 회사는 경기 의왕과 부산에 있는 롯데마트 물
류센터에 오토스토어의 로봇 자동화 시스템을 성공적으로 시범 적
용한 바 있다. 모든 유통업체가 꿈꾸는 빠른 배송을 위해서는 주문
이 예상되는 물건을 예측해 미리 확보해야 한다. LG CNS는 AI를
활용해 특정 지역, 특정 기간의 수요 패턴 예측의 정확도를 극대화
한다. 이를 바탕으로 그때그때 가장 인기 높은 제품 위주로 드라이
브쓰루 MFC를 채우는 것이다.

24

등대공장
Lighthouse Factory

"우리는 제조업의 미래를 밝히는 희망의 등대"

4차 산업혁명의 핵심 기술로 꼽히는 인공지능, 클라우드, 사물인터넷 등을 적극적으로 이용해 제조업의 효율과 재무적 성과를 극대화하는 공장을 '등대공장'이라 부른다. 어두운 바다를 밝혀 뱃길을 안내하듯, 제조업 미래를 밝히는 혁신 공장이란 뜻이다. 이런 공장들은 첨단 기술의 미래지향적인 도입이 어떻게 새로운 수준의 제조를 통해 더 낫고 더 깨끗하고 더 지속 가능한 세계를 창조할 수 있는지 보여준다.

다보스 포럼으로도 불리는 세계경제포럼(WEF; World Economic Forum)이 컨설팅 기업 맥킨지(McKinsey Consulting)와 공동으로 2018년부터 전 세계 공장들을 심사해 매년 두 차례씩 등대공장을 선정·발표하고 있다. 2021년 9월 현재 총 90개 기업이 선정됐고, 한국에선 포스코가 처음으로 2019년 등대공장에 선정됐다. 이어

2021년에는 전력-자동화-스마트 에너지 전문기업 LS일렉트릭의 청
주 스마트공장이 글로벌 제조산업 미래를 선도할 '세계등대공장'이
란 현판을 달게 되었다. 디지털 전환을 위해 노력해온 LS그룹이 그
간의 성과를 인정받은 셈이다. 가장 최근인 2022년 3월에는 로봇과
5G 통신 전용망을 활용한 자동화와 혁신을 통해 "13초마다 냉장고
1대를 뚝딱 만들어내는" 경남 창원의 LG 스마트파크 공장이 등대
공장에 선정되기도 했다.

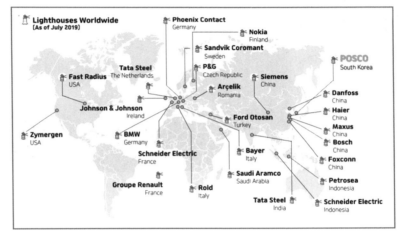

● ● ● 전 세계 등대공장 현황 (2019년 7월 기준)

　　전기설비를 주로 생산하는 LS일렉트릭의 경우, AI와 IoT 기
술의 단순 적용을 뛰어넘어 고객의 다양한 요구에 대응하는 다품종
소량 생산과 맞춤형 생산의 유연성이 후한 점수를 얻었다. 부품 공
급-조립-운반-포장 등 모든 공정의 자동화는 물론이고, 생산라인에

119

등대공장

서 하루 50만 건까지 생성되는 방대한 데이터를 기반으로 '불량 검사'를 하고 스스로 개선하는 기능도 WEF의 높은 평가를 받았다. 일찌감치 지속 성장에 필수적인 ESG 경영을 선포했을 뿐 아니라, 에너지 관리 솔루션을 자체 개발해 실제 공장에 적용함으로써 에너지 효율을 높인 성과도 등대공장에 선정된 또 다른 이유다.

••• 한국 최초의 세계등대공장인 포스코

요컨대, 등대공장은 첨단 기술을 적극적으로 활용하는 스마트공장이고, 자동화를 넘어서서 '스스로 진화하는' 공장이며, 제조 강국 생태계의 조성을 지향하는 공장이다.

25

디지털세
Digital Tax

"사업장이 없다고 해서 세금을 안 내면 곤란합니다."

빠르고 쉬운 이해를 위해 구체적인 사례를 들어 설명하자. 구글은 미국 기업이다. 본사가 있는 미국은 물론이고 고정사업장이 없는 우리나라에서도 엄청난 규모의 매출을 일으킨다. 그럼, 우리 정부는 한국에서 발생한 구글의 이익에 대해서 세금을 거둘 수 없을까? 지금까지의 조세체계에서는 구글 같은 초거대 IT 기업이 세계 방방곡곡에서 이익을 얻어도 세금은 본사나 서버가 있는 국가에서만 징수했다. 그래서 구글 같은 회사들은 나라마다 제각각인 법인세율을 이용(악용)해, 세율이 낮은 국가에 서버를 두어 세금을 줄여왔다. 이 같은 폐단을 없애 본사 소재지뿐만 아니라 매출을 많이 올린 국가도 세금을 물리자는 새로운 시스템을 디지털세 혹은 '구글세'라고 부른다.

디지털세의 도입은 원래 OECD의 주도 아래 대형 IT 기업들의 조세 회피 행태를 막기 위해 추진되었지만, 차츰 그 대상이 다국적 기업으로 확대됐다. 말할 필요도 없이 기업 측의 저항은 만만찮았지만, 2021년 10월 말 OECD와 G20가 디지털세 관련 합의안을 발표하고 각국의 입법 과정을 거쳐 2023년부터 적용하자고 뜻을 모았다. 합의의 골자는 글로벌 IT 기업에 대한 과세권을 매출이 발생한 국가에 주고(Pillar 1이라 부름), 나라마다 천차만별인 법인세율을 최저 15%로 정한(Pillar 2라 부름) 것으로 요약된다. 하지만 여러 가지 의견 차이로 인해 디지털세의 시행은 빨라도 2024년 이후로 연기될 전망이다. 디지털세 도입이 가능할지조차 의문이라는 경제인들도 적지 않다. 미국에서는 공화당 상원의원들이 반대하고 있어 집권당인 민주당이 우세하더라도 디지털세 도입은 어려울 것으로 보인다. 의견 일치를 보여주었던 EU도 폴란드의 반대로 순탄치 않다. 단, Pillar 1(필라1)은 국제적인 합의가 필요해 어렵지만, Pillar 2(필라2)는 각국 입법을 통해 시행할 수 있는 상황이다.

디지털세 납부는 어디에 어떻게?

우선 Pillar 1의 주된 내용을 보자. 글로벌 기업이 해외 시장에서 제품이나 서비스를 공급하여 연결매출액이 연 200억 유로를 넘고 이익률이 10% 이상이라면, 그 소재국(매출 발생국)에 디지털세를 내야 한다. 기업의 본사나 주사업장 위치가 어디이든 상관없다. 여기서 10%의 이익을 '통상이익률'로 간주하고, 그 초과분에 대해서만 25%의 디지털세를 각 시장 소재국에 내게 하자는 요지다. 즉,

통상의 이익 수준을 달성하지 못하는 기업에는 디지털세를 부과하지 않겠다는 얘기다.

최종 소비자가 소재한 국가에 과세권을 부여하되, 제품 유형별로 세부 기준을 두자는 취지로 논의가 계속되고 있다. 궁극적으로는 매출이 어느 나라에 귀속되는 것으로 보느냐, 하는 데 달려있다. 기업의 완제품은 최종 소비자에게 배송된 배송지 (또는 소매점) 주소를 기준으로 정하고, 부품의 경우는 해당 부품을 조립한 완제품이 최종 소비자에게 전달된 배송지가 속한 관할권으로 매출이 귀속되도록 했다.

예를 들어보자. 기업 A가 반도체를 중국에 수출하고, 중국에서 이 반도체로 휴대전화기를 만들어 미국으로 수출한다. 그러면 미국이 기업 A에 세금을 부과할 권리를 갖는다는 식이다. 그밖에도 제품이 아닌 서비스는? 다른 무형자산은? 기업 간 거래(B2B)와 기업과 소비자 간 거래(B2C)의 구분은? 판매-양도-라이선싱 같은 거래유형 간 차등은? 등등의 쟁점이 남아있다. OECD-G20 포괄적 이행체계는 이런 이슈들에 대한 의견을 두루 모아 최종안을 수립할 계획이다.

Pillar 2는 디지털세의 '최저' 세율을 15%로 정한 다음, 어느 국가가 다국적 기업의 소득에 대해 그보다 낮은 세율을 적용하는 경우, 그 차이만큼 다른 국가에 과세권을 부여하자는 내용이다. 이는 연결매출액 7.5억 유로 이상인 기업을 대상으로 하되, 정부 기관, 국제기구, 비영리 단체, 연금 펀드, 국제해운 소득 등은 제외하기로 한다.

디지털세가 우리나라에 미칠 영향은?

일단 OECD가 합의한 내용에 의하면, 매출액과 이익률 등을 고려할 때 우리나라에서는 삼성전자가 디지털세 납부 1호 기업이 될 가능성이 크다. 다만 향후 논의에 따라 디지털세 대상 기준은 현재의 200억 유로에서 100억 유로로 낮아지며 적용 범위가 더욱 넓어질 수도 있다. 그런 경우 디지털세 납부 대상에 오를 국내 기업은 3~5개 정도로 늘어날 수 있다. 그렇지만 어느 국가의 과세 권리에도 이런저런 제한이 생기고, 또 이중과세를 방지하는 장치도 마련되기 때문에, 설사 곧 디지털세가 시행되더라도 기업 부담이 금세 현저히 늘어나지는 않을 것 같다. 해외에 디지털세를 내는 기업에는 그만큼을 국내 법인세에서 공제해주고, 시장 소재국에 이미 세금을 내고 있는 경우엔 그 국가에 주어질 디지털세 과세권 규모를 제한하는 방안도 마련되어 있다.

26

디지털 트윈 혹은 디지털 쌍둥이
Digital Twin

"이 정도면 복제의 끝판왕이라고 하겠지요."

"컴퓨터에다 현실의 지구를 고스란히 디지털로 복사한다. 복사된 가상의 지구를 통해 인류의 미래를 엿보고, 일어날 것으로 예측되는 큼직큼직한 기후 재난을 몇 년 앞당겨 인지한다. 그리고 예측된 그 재난에 맞설 대책을 미리 만들어 현실의 지구에 적용한다."

공상과학영화 줄거리가 아니다. 소설 속 시간여행도 아니다. '디지털 트윈'이라는 기술을 이용해 디지털화한 지구 얘기, 진짜 지구의 복제(쌍둥이) 얘기다. 디지털 트윈은 현실에서 존재하는 사물을 그대로 가상 세계에 복사해 시험하고 시뮬레이션하는 기술이다. 단순히 외형만 복사하는 게 아니라, 그 사물이 내포하는 각종 변수와 안팎의 모든 조건까지 디지털화하여 복사한다. 제조업은 말할 것도 없고 물류 및 생산 네트워크의 통제에 이용되는가 하면, 교통 시설과 건설-토목업 등에도 이미 도입돼 활용되고 있다.

125

●●● 디지털 트윈 개념도 (오른쪽이 왼쪽의 가상 쌍둥이다)

이렇게 설명하면 메타버스와 같은 개념처럼 들릴지도 모르지만, 그렇지 않다. 메타버스는 현실 세계와 완전히 별개로 만들어진, 흉내만 낸, 가상의 세계다. 디지털 트윈은 그와 달리 현실 세계의 상태를 디지털 공간에 실시간으로 고스란히 반영한다. 사람이나 자동차뿐 아니라 공장과 도시 심지어 지구까지 실물과 똑같이 복제해 가상 공간에서 실험하고 가동하는 것이다.

실제로 디지털 트윈은 어떻게 이루어지는가?

구체적인 예를 들어보자. 국내에서 이 분야의 선두주자인 네이버는 일찌감치 자율주행용 디지털 트윈을 시도했다. 우선 로봇-차량-비행기를 이용해 자율 주행 상용화의 핵심 기술인 입체 고정밀 지도를 제작했다. 이어 서울시, 부평역, 인천공항, 국립중앙박물관 등 현실 공간의 '쌍둥이'를 가상 공간에다 복제하고, 현실에서는 진행하기 어려운 여러 가지 실험을 할 수 있었다. 아직 설계 단계에 있는 건물이나 교량이나 공장이나 도로 등이 완공되었을 때 교통이나 환경이나 경제활동이 어떤 영향을 받는지를, 디지털 트윈의 시뮬레이션으로써 미리 밝혀내는 것이다. 네이버는 '아크버스'라는 이름의 디지털 트윈 플랫폼까지 구축했고, 나아가 일본 내 도시들의 디지털 트윈을 만드는 프로젝트를 소프트뱅크와 손잡고 시작할 계획이다.

현대자동차는 차량 설계와 주행 테스트에 디지털 트윈 기술을 활용해 세계 최고 수준의 디지털 트윈 공장의 구축을 꿈꾸는가 하면, 현대중공업은 대형 LNG 운반선의 성능을 미리 검증하고 가상 시운전까지 하는 디지털 트윈 개발에 한창이다. 카카오모빌리티는 디지털 트윈용 모바일 지도 제작 시스템 '아르고스'를 출시하고 고정밀 지도를 제작하는 스타트업을 인수해 네이버를 추격하고 있다. '디지털 트윈 얼라이언스'란 기치 아래 구독형 디지털 트윈을 서비스 패키지로 만들어 중소 제조업체들에 배포하려는 회사(SK텔레콤)도 있다. 가령 실제로 공장 설비나 안전시설을 짓기 전에 미리 가상 공간에서 실험해, 위험도 막고 비용도 줄이겠다는 것이다. IT 업계의 전망에 의하면, 디지털 트윈 기술은 아무래도 스마트 공장과 도심 자율 주행 분야에서 가장 먼저 상용화될 것 같다.

디지털 트윈 혹은 디지털 쌍둥이

디지털 트윈 설루션 경쟁이 치열하기는 해외에서도 마찬가지다. 마이크로소프트, GE, Dassault Systems(다쏘시스템) 등 글로벌 기업들이 산업 현장 혁신을 위한 '디지털 쌍둥이'에 푹 빠져 크기조차 가늠하기 어려운 이 신세계를 선점하려고 다투는 중이다. 시장조사 기관 Roots Analysis(루츠 어낼리시스)에 따르면, 전 세계 디지털 트윈 시장은 2026년 333억 달러, 2035년 1,153억 달러로 성장할 전망이다.

지구를 디지털 트윈으로 복제하면 여러 위기를 예방?

디지털 트윈 기술을 확대하여 지구의 가상 쌍둥이를 만든다면? 너무나 당연하고 자연스러운 욕심이다. 인류를 괴롭히는 자연재해나 기후변화로 인한 재앙의 피해를 최소화할 수 있을 테니까 말이다. 새 밀레니엄이 시작된 후 2019년까지 거의 20년 동안 홍수나 태풍 같은 자연-기후 재난은 모두 7,348차례나 발생했다. 거의 3조 달러에 이르는 경제적 피해는 말할 것도 없고, 이재민 만 42억 명에다 123만 명이 목숨을 잃었다. 디지털 트윈 지구로 세밀한 시뮬레이션이 가능해진다면, 그 엄청난 피해를 예방하거나 최소화할 수 있지 않겠는가?

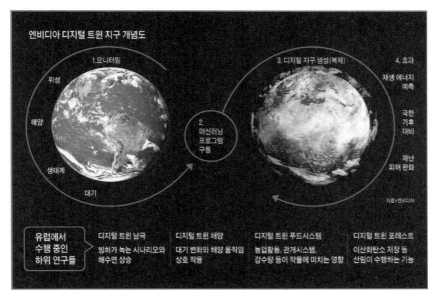

내 안의 디지털 트윈 지구 개념도 (이미지 내 텍스트)

- 1.모니터링
- 위성
- 해양
- 생태계
- 대기
- 2. 머신러닝 프로그램 구동
- 3. 디지털 지구 생성(복제)
- 4. 효과
- 재생 에너지 예측
- 극한 기후 대비
- 재난 피해 완화
- 자료=엔비디아

유럽에서 수행 중인 하위 연구들

| 디지털 트윈 남극 | 디지털 트윈 해양 | 디지털 트윈 푸드시스템 | 디지털 트윈 포레스트 |
| 빙하가 녹는 시나리오와 해수면 상승 | 대기 변화와 해양 움직임 상호 작용 | 농업활동, 관개시스템, 강수량 등이 작물에 미치는 영향 | 이산화탄소 저장 등 산림이 수행하는 기능 |

●●● 엔비디아의 디지털 트윈 지구 개념도

　　디지털 트윈 추진에서 최대 규모인 미국 반도체 기업 엔비디아는 지구 쌍둥이의 실현에도 가장 적극적이다. 'Earth-2(어쓰-2)'라는 이름의 수퍼컴퓨터를 개발해 메타버스 플랫폼 옴니버스에 디지털 트윈 지구를 만들고 있다. 수십 년 뒤의 지구 기후를 시뮬레이션해서 변화를 예측하고 재난의 충격을 완화하는 대책을 만들겠다는 의도다. 이는 실시간 쌍방향 소통의 디지털 트윈 기술로 만들어진, 전례 없는 데이터 기반의 '제1원칙' 시뮬레이션으로 가능하다.

　　엔비디아가 예상하는 발전 단계를 보면, 2020년대 초반 대기 흐름을 관찰하는 단계에 진입했고, 2030년대 중반의 폭풍 관찰 단

디지털 트윈 혹은 디지털 쌍둥이

계를 거쳐 2060년이면 구름 움직임을 파악할 수 있는 단계까지 진화한다. 2010년대 후반 일본에서 폭풍과 대기 소용돌이를 해상도 1km 단위로 시뮬레이션하여 강우량 예측 능력을 높였다고 하니, 엔비디아의 예측처럼 수 미터 단위로 해상도가 높아지면 특정 지역의 산불이나 홍수를 미리 알고 대피할 수 있을 것이다.

디지털 트윈 노력은 유럽에서도 뚜렷하다. 2020년 초에 이미 'Destination Earth(데스티네이션 어쓰)'라는 이름의 디지털 트윈 지구 개발 프로젝트를 발진했다. 강수량이나 온도를 예측하고 농업 활동, 물 가용성, 기반 시설 등 인간 시스템까지 결합하는 플랫폼을 만든다는 목표다.

지구온난화로 인한 기후 악화를 미리 파악할 수 있어 탄소 제로 전환의 핵심 사업이 될 수도 있다. 엔비디아가 하드웨어 개발에 집중한다면, 데스티네이션 어쓰는 소프트웨어 진보에 중점을 둔다. 사용자가 관심 있는 분야의 데이터만 골라 사용하며 고급 지식이 없는 일반 사용자도 쉽게 접근할 수 있는 인터랙티브 플랫폼을 지향한다.

유럽은 분야별 선도 연구도 이미 진행 중이다. 가령 남극의 빙하, 해양, 대기, 생태계를 결합한 소위 '디지털 트윈 남극'이 구축되어 있어서, 가상의 남극을 통해 빙하가 녹는 위치를 추적하고 빙봉이 녹는 정도와 해수면 상승 가능성 등을 연구한다. '디지털 트윈

오션'에서는 축적된 데이터로 해양 사건을 예측하는 AI 기술을 개발하고, '디지털 트윈 푸드'로는 농업 활동의 상호작용과 작물-강수량 관계를 예측하며, '디지털 트윈 포리스트'는 산림의 성장도가 탄소 균형에 미치는 영향을 연구하도록 돕는다. 이런 분야별 연구를 조금씩 엮어 2023년까지 2개, 2025년까지 5개의 디지털 트윈을 만든 다음, 2030년 완전체로 통합한다는 목표다.

디지털 트윈 혹은 디지털 쌍둥이

27

디파이 혹은 분산금융

DeFi: Decentralized Finance

"가상화폐보다 더 센 녀석이 왔네!"

이 책을 쓰고 있는 지금 가상화폐는 여러 달 동안의 거듭된 가치 급락으로 '엄동설한' 속을 헤매고 있다. 가상화폐를 논한다는 자체가 거의 무의미할 정도로 몰락한 상태다. 같은 블록체인 기술을 기반으로 하는 NFT 시장도 직전의 '천당'에서 바닥 모를 '지옥'으로 추락해 있다. 그러나 코인의 미래에 대해서는 여전히 양극을 달리는 주장이 서슬 퍼렇게 대치 중이다. 낙관

디파이 시장 규모

853억9000만달러
(약 95조 800억원)

800억
단위: 달러 총예치금액(Total Value Locked) 기준

600억

400억

200억

8억 9500만 달러
(약 1조원)

2020년 5월 11일　　　12월　　　2021년 5월 11일

● ● ● 디파이 시장 규모의 확대 [자료: DeFi Pulse]

론자들의 예상처럼 머지않은 미래에 코인은 화려하게 다시 비상할지도 모른다.

'디파이' 혹은 '분산금융(decentralized finance)'은 '2세대 블록체인'을 이용하며 비트코인 같은 가상화폐로 투자하기 때문에, 태생적으로 코인과 엮여있다. 그래서 그 미래도 코인의 궤도를 크게 벗어나지 않을 것이다. 쉽게 말해서 디파이는 가상화폐를 예치(예금)하고 이자를 받는 일종의 온라인 금융상품이라고 이해하자. 한때 연간 이자가 10~20%에 달해 (특히 젊은) 투자자들의 눈길을 끌었고, 가상화폐에 넣어두었던 돈을 빼 디파이에 투입하는 사람이 확 늘기도 했다. 일부 코인 예치 상품의 경우 연 최고 수익률이 복리 기준 28.7%에 이르기도 한다. 이런 이자 농사((Yield Farming)가 디파이 시장의 폭발적 성장에 결정적인 역할을 했다. 디파이 시장의 급증은 수치로도 확실히 증명된다. 디파이에 투자(예치)된 전 세계 자산 규모는 2020년 5월 약 9억 달러에서 단 1년 만에 약 95배인 853억9천만 달러로 팽창했다. 심지어 20년 정도 후엔 디파이가 현존하는 금융기관을 모두 합친 것보다 훨씬 커질 거라는 전망까지 나온다.

디파이 투자상품의 다양성은 어떨까? 초기 디파이는 예금과 대출의 간단한 상품으로 출발했다. 지금도 디파이 투자자들이 가장 많이 이용하는 상품은 역시 가상화폐 예금이다. 이후 비트코인이나 이더리움 같은 가상화폐를 담보로 다른 가상화폐를 대출해주는 상품, 보유한 가상화폐를 다른 가상화폐로 바꿀 수 있는 스왑 상품 등이 나와있다. (지금의 가상화폐 겨울과는 달리, 한창 광풍이 불었을 땐 코인 가치 폭증으로 뜻밖의 추가 수익도 제법 쏠쏠했다) 나아가 지금은 외환, 보험, 신탁 등 거의 모든 형태의 금융 서비스로 확장하고 있다. 금, 은, 원자재, 달러 등 실물 자산 가치를 가상화폐화(토큰화)해 추종하는 파생금융상품까지 등장했을 정도다. 덕분에 기껏해야 송금과 결제 정도에만 쓰였던 가상화폐의 용도도 기존 금융 서비스 전반으로 넓혀질 수 있었다.

디파이의 장점을 든다면?

(1) 투명하다. 2세대 블록체인 기술 덕분에 가능해진 스마트 콘트랙트의 모든 코드가 오픈 소스로 공개되어 누구나 이 서비스를 평가하고 검토할 수 있다. 실제 거래 내용도 완전히 열려있어 투명하게 확인하고 활용할 수 있다. 전통 금융 서비스에서는 누릴 수 없는 큰 장점이다.

(2) 누구에게나 열려있다. 선진 금융의 인프라가 없는 나라에서도 인터넷만 연결되면 누구나 사용할 수 있다. 그래서 써본 사람들은 그냥 인터넷 금융처럼 느껴진다고 말한다.

(3) 비용이 저렴하다. 전통 금융에서는 중앙화된 주체가 이런저런 수수료를 떼가지만, 디파이는 중개자가 없으므로 싸게 이용할 수 있다. 물론 무료는 아니겠지만 말이다.

　　인터넷에는 가상화폐별로 수천 개의 디파이 상품이 소개되어 투자자를 부른다. 현재로선 정부 규제도 아예 없다. 연결할 수 있는 전자지갑만 있으면 누구나 회원 가입을 하고 원하는 디파이 상품에 바로 투자할 수 있다. 그러다 보니 전통 금융업계는 디파이를 '유사 수신 행위'로 지목하며 정부 감독권 밖에 있어서 안전장치도 없고 위험성하기 짝이 없다고 비난한다.

기존 금융서비스와 디파이 비교

구분	전통 금융기관	핀테크	가상화폐 거래소	디파이
거래수단	법정화폐		법정 · 가상화폐	가상화폐
관리 주체 (신뢰 대상)	금융기관	핀테크 기업	거래소	블록체인 기술
익명성	실명거래		익명 거래	익명 거래
거래장부 저장 위치	중앙서버		거래소 서버와 블록체인 네트워크	블록체인 네트워크
운영 방식	폐쇄적(내부자 간 의사 결정)			개방적(사용자 간 온라인 투표)
국내 규제법	자본시장법 등	전자금융 거래법	특정금융정보 거래법	없음

반대로 디파이의 약점 혹은 리스크는?

　　가상화폐나 마찬가지로 디파이의 '숨은 위험'도 결코 사소하지 않다. (1) 무엇보다 '가스비(gas fee)'라고 부르는 거래 수수료가 높다. 금액이나 예치 기간과 상관없이 거래마다 부과된다. 복잡한 가상화폐 스왑-예치-출금 과정에서 수십만 원씩 수수료가 나가기도 한다. 일정 규모 이상의 돈을 일정 기간 이상 예치하지 않으면 오히려 손해를 볼 수도 있다.

(2) 연 이자율이 실시간으로 변한다. 시장 상황도 영향을 미치는 데다 상품 종류나 중개 플랫폼에 따라 이자율 결정 방식도 다르기 때문이다. 코인 예치 이자율이 하루 만에 절반 이하로 뚝 떨어지기도 한다. 전통 금융시장의 예금처럼 1인당 일정 한도의 원금 보장도 없다. 블록체인의 스마트 콘트랙트 기능으로 굴러가는 시장이어서, 그 네트워크에 문제가 생긴다든지 가상화폐 가격이 급락하면 원금 손실을 각오해야 한다.

(3) 예치해놓은 자산이 도난당하는 사고도 간간이 발생한다. 해킹이나 사기행각이 벌어지는 것이다. 디파이 상품에 필수인 블록체인은 일단 네트워크에 올라가면 수정이 안 돼, 특히 보안이 중요하다. 제대로 설계되지 않은 디파이는 그래서 해킹 공격에 노출되기 쉽다. 2020년 한 해에만 17개의 디파이 플랫폼에서 해킹이 발생해 1억 5,000만 달러가 넘는 피해를 불러왔다고 한다. 문제가 생겨도 책임 소재조차 불분명하다. 책임은 오롯이 사용자 개인의 몫이다. 고객 서비스 센터도 없다. 탈중앙은 '탈책임'을 뜻하는 말이 아니겠는가.

(4) 더욱 위협적으로 변화해가고 있는 디파이지만, 가상화폐처럼 정부 규제에 취약할 수 있다. 정부가 강력한 금지로 방향을 잡으면 순식간에 시장이 사라질 수도 있다. 신원확인도 신용확인도 없이 가상화폐라는 담보만 있으면 누구나 투자할 수 있다는 사실 자체가 언제라도 강력한 정부 규제를 불러올 만한 상황이다.

개인투자자에게 디파이는 아직도 쉽지 않은 금융 서비스다. 시장도 확대일로에 있긴 하지만, 내용이나 보안 면에서 갈 길이 멀다. 그러나 금융기관 자체가 필요 없어지는 개념이라, 기존 금융 시스템을 근원적으로 파괴할 잠재력을 안고 있다. 비트코인보다 더 파괴적이라는 평가도 나온다. 디파이는 금융업의 혁신인가, 위기인가를 가늠하기조차 난감하다. 아무리 투자에는 용기와 모험도 필요하다지만, 디파이 투자에는 극도의 신중함과 보수성이 필요해 보인다.

28

디폴트 옵션

Default Option

"수익을 희생해도 원금만 지키는 게 능사일까?"

컴퓨터를 사용할 때 '디폴트'는 대개 '초기 설정'을 의미한다. 경제(혹은 투자)에서 '디폴트'라고 하면, '사전에 지정해놓은'이라고 이해하자. 요즘 특히 퇴직연금과 연관해서 사용하는 '디폴트 옵션'은 미리 연금 운용 방식을 정해놓은 '사전지정운용제'를 가리킨다. 좀 더 풀어 설명하자면, 연금 가입자가 별도로 운용 방법을 선택하지 않는 한, 사전지정된 포트폴리오로 자동 운용되는 제도다. 이 용어가 오르내리는 이유는 지금까지 국내 퇴직연금 자산의 90%가 원리금 보장형에 쏠려있었기 때문이다. 그런 극히 보수적인 운용 방식 때문에 최근 5년간 퇴직연금의 연평균 수익률은 1.85%에 불과했다. 같은 시기 연금 적립금의 절반 이상을 위험자산에 투자하는 미국, 영국, 호주 등 연금 선진국의 5~7%와 또렷이 비교된다.

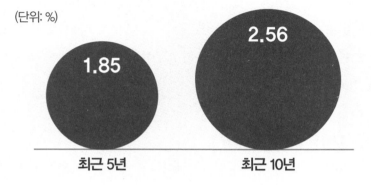

（단위: %）

2.56

1.85

최근 5년　　　　　　최근 10년

• • • 우리나라 퇴직연금의 (연 환산) 수익률

'퇴직연금'의 정확한 뜻부터 알고 넘어가자. 근로자의 퇴직금을 금융기관에 맡기고, 근로자나 기업의 지시에 따라 운용해서, 근로자가 퇴직할 때 일시금 또는 연금으로 받게 하는 제도가 퇴직연금이다. 재직 중인 근로자는 확정급여형(DB형), 확정기여형(DC형), 개인형(IRP) 가운데 마음대로 유형을 고를 수 있고, 퇴직한 후 수령 방식은 연금과 일시금 중 선택할 수 있다. 그런데 여기서 근로자의 취향에 따라서 연금을 운용하는 스타일이 달라진다. 무엇보다 손실 발생이 싫고 원금 보장을 필수로 간주하는 근로자는 보수적인 운용을 바랄 것이고, 약간의 리스크가 있더라도 높은 수익을 희망하는 근로자는 다소 공격적인 운용을 바랄 것이다.

디폴트 옵션의 필요성이 대두된 것은 연금의 낮은 수익률로 근로자의 노후를 제대로 보장해줄 수 없기 때문이었다. 퇴직연금

디폴트 옵션

이 제 역할을 해오지 못했다는 얘기다. 2021년 여름 국회에서 연금 수익률을 높이기 위한 디폴트 옵션 도입에 여야가 합의했고, 2022년 7월 12일부터 장기 운용을 요구하는 DC형 퇴직연금과 IRP에 먼저 도입되었다.

연금도 엄연한 투자다?

2021년 말 우리나라 퇴직연금에는 총 295조 6,000억 원이 적립되어 있었다. 이 가운데 80% 이상이 수익을 거의 못 내는 원리금 보장형이었으며, 심지어 별도의 운용 지시가 없어 그냥 방치된 금액도 적지 않았다. 그해 원리금 보장형 연금이 올린 수익률이 고작 연 1.68%였던 점도 놀랄 일이 아니다. 그냥 묶어둔 자금은 죽은 돈이요, 활발하게 투자해 수익을 올려야 살아있는 돈 아니겠는가.

물론 디폴트 옵션이 도입되지 않은 상황에서도 DC형 연금은 가입자가 직접 펀드나 ETF에 투자해 수익을 올릴 수 있다. 그러나 만에 하나 연금을 까먹으면 어떡하나 하는 우려에다, 금융 지식이나 관심 부족으로 인해 연금 자산 대부분이 빈둥

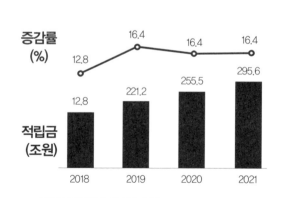

● ● ● **(#40) 퇴직연금 적립금 추이**

[자료: 금융감독원]

빈둥 놀고 있었다. 다만 코로나-19 사태가 시작된 후 주식투자를 보는 눈이 달라지면서 연금을 적극적으로 투자하는 근로자가 현저히 늘어나고, 증권사의 연금 적립금도 가파르게 증가했다. 연금으로 해외 펀드에 투자하는 이들까지 생겼고, 해외 자산을 높은 비중으로 편입한 글로벌 펀드는 퇴직연금의 중요한 투자 대상이 되고 있다.

해외 연금 선진국들은 오래전에 디폴트 옵션을 도입했다. 그들은 생애 주기에 따라 주식-채권 비중을 조절해주는 TDF나 안정적인 배당을 자랑하는 리츠 등에 연금을 투자해 연평균 5~7%의 수익률을 기록하고 있다. 이제 한국도 '원금 사수'에 목을 매는 지나친 보수적 운용을 지양하고 연금 운용도 엄연한 투자임을 인식해 수익률(과 노후보장의 효율)을 높이는 노력을 기울여야 할 것이다. 원금을 사수하자는 구태의연한 인식을 바꿀 필요에는 전문가들도 대부분 동의한다. 연금이 '죽은 돈'이어서는 곤란하니, 지나치게 예-적금에만 매몰될 필요가 없다는 얘기다.

디폴트 옵션은 어떻게 도입되나?

근로자가 속한 회사는 우선 연금제도를 손질해 디폴트 옵션을 도입한다. 이후 회사가 지정한 퇴직연금 사업자(은행, 보험사, 증권사 등)는 정부의 심사를 거쳐 승인받은 사전지정 운용 방법을, 그러니까 포트폴리오를, 가입자에게 제시한다. 근로자는 그 포트폴리오 중 하나를 선택하면 된다. 만약 근로자가 딱히 운용 방법을 택해 지시하지 않으면? 퇴직연금 가입일로부터 4주가 지나도 별도 운용 지시가 없으면, 사업자가 미리 정한 포트폴리오에 따라 적립금을 운용한다고 근로자에게 통지한다. 그 후 2주 이내에 근로자가 여전히 별도 지시하지 않으면, 사전지정된 사업자의 포트폴리오로 자동 운용된다.

디폴트 옵션이 도입되더라도 물론 근로자는 여전히 원리금 보장형을 선택할 수 있다. 이를 허락하면 디폴트 옵션 도입 취지가 무색해지겠지만, 원금 손실 우려 등으로 반대하는 목소리가 높아 원리금 보장형도 디폴트 옵션에 포함했다. 참고로 이미 디폴트 옵션을 도입한 일본에서도 원리금 보장형이 여전히 디폴트 옵션의 75%를 차지한다. 기억해두자, 디폴트 옵션 제도는 근로자에게 선택의 옵션을 늘려줄 뿐이다. 확정급여(DB)형이 아닌 DC형 가입자는 적극적인 운용을 통해 임금상승률(연평균 4%) 이상의 수익률을 달성해야만 DB형 연금에 견주어 손해를 보지 않는다.

디폴트 옵션에는 어떤 상품이 승인되어 있는가?

디폴트 옵션 도입으로 근로자가 선택할 수 있는 상품은 (1) 은퇴 시점에 맞춰 주식과 채권 비중을 알아서 조절해주는 TDF, 자산 배분-혼합형인 밸런스 펀드, 스테이블 밸류 펀드(SVF), 부동산 인프라 펀드, 머니 마켓 펀드(MMF), 사회간접자본 펀드(SOC) 등 다양한 펀드 (2) 예금-이율보증보험계약(GIC) 등 원리금 보장형 상품 (3) 위의 2가지를 혼합한 포트폴리오 상품으로 크게 나눌 수 있다. 국내 투자자들에게 적합하다고 가장 많은 추천을 받는 상품은 단연 TDF다. 국내에 도입된 기간이 짧아 장기 수익률이 검증되진 않았지만, 전체 TDF의 5년 수익률이 46% 정도이니 상당히 훌륭한 수준이다.

디폴트 옵션

29

딥 테크
Deep Tech

"뾰족한 시장을 정조준하는 뾰족한 기술"

금융기관이 0.000001초 단위로 매수와 매도를 반복한다는 초단타 매매를 위해서 주문형 반도체만 설계하는 창업 기업. 초소형 로켓의 설계부터 주요 부품에다 소프트웨어까지 직접 만드는 스타트업. 차량의 카메라와 라이다를 통해 입력된 영상에서 차-사람-도로 신호 등을 구별하는 소프트웨어에만 집중하는 중소기업. 유튜브 자막 자동 생성, 스마트폰 스캐닝, 디지털 폰트로 만드는 손글씨 등, 시장은 작아도 성공 가능성이 큰 분야의 AI만을 개발하는 기업.

공학이나 과학의 심도 있는 R&D를 기반으로 한두 개의 특정 기술만을 '좁고 깊게' 파고드는 이러한 경향의 비즈니스를 '딥 테크'라 부른다. 최근 우리나라에서도 딥 테크 스타트업들이 속속 등장해 눈길을 끈다. 배달의민족이나 쿠팡 같은 과거의 유니콘(기업가치 1조 원 이상)들이 온라인-오프라인 연계 서비스를 중심으로 컸다면,

딥 테크 스타트업들은 혁신 기술을 기반으로 하드웨어와 소프트웨어를 창조하면서 유니콘을 꿈꾼다. 애당초 거대한 시장을 노리고 덤벼들기보다 틈새시장(niche market), 즉, '뾰족한' 특수 시장을 타깃으로 삼아 압도적인 '뾰족한' 기술로 승리하겠다는 의도다.

미국에서는 이미 2010년대 후반에 이러한 특징을 지닌 실리콘밸리의 스타트업들이 두각을 나타내면서, 벤처투자업계에서 그들을 일컫는 딥 테크라는 용어를 쓰기 시작했다. 이젠 한국에서도 자율주행, 반도체, 로켓 공학, 인공지능 등 다양한 분야에서 딥 테크 기업들이 등장해 글로벌 시장에 도전장을 던지는 모습이다. 특정 기술에 대한 특허나 타의 추종을 불허하는 성과를 갖고 있어서, 가령 쿠팡이나 마켓컬리 등의 일반적인 서비스 기업들과는 달리 모방이 쉽지 않다.

딥 테크 창업이 활발해지는 이유는?

숨 가쁘게 빠른 기술의 발전이 하나의 변곡점에 도달했기 때문으로 볼 수 있다. 여태까지 주로 실험실에 머물러 있으면서 상업 성과는 다소 거리가 있었던 기술 개발의 노력이 이제는 넉넉한 시장성까지 장착하게 되었다는 얘기다.

위에서 예로 들었던 초소형 로켓 개발사가 이 영역에서 딥 테크 스타트업이 된 것은 원래 1톤이 훌쩍 넘었던 인공위성의 무게가 계속 줄어 이젠 100kg도 안 되는 제품이 나온 데다, 그런 소형 위성

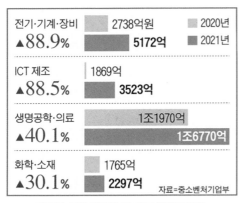

전기·기계·장비
▲88.9%
2738억원 2020년
5172억 2021년

ICT 제조
▲88.5%
1869억
3523억

생명공학·의료
▲40.1%
1조1970억
1조6770억

화학·소재
▲30.1%
1765억
2297억
자료=중소벤처기업부

● ● ● 2021년 국내 분야별 딥 테크 벤처투자액

[자료: 중소벤처기업부]

을 발사해주는 해외 스타트업이 생겨났기 때문에 가능했다. 마찬가지로 대만의 TSMC 같은 초거대 반도체 기업이 위탁생산을 해줄 정도로 반도체 산업이 성숙해졌기 때문에 값싼 저성능 차량용 반도체라는 니치 마켓에만 집중하는 딥 테크가 존재할 수 있는 것이다. 전체 시장의 75%를 글로벌 거대기업이 장악하도록 놔두어도 25%에만 몰두하는 딥 테크는 얼마든지 생존하고 번성할 수 있다는 뜻이다.

딥 테크 분야에 젊은 피가 돌면서 활기를 띠자 눈치 빠른 시중의 자금도 그런 기업으로 쏠리는 모양새다. 자연스러운 현상이다. 2021년만 해도 전기, 기계, ICT 제조, 화학, 소재 등 딥 테크 스타트업에 투자된 돈이 무려 1조 원을 넘는다고 중소벤처기업부는 밝히고 있다. 표에서 보는 바와 같이, 분야마다 성장률도 30~88% 수준으로 대단히 높다. 당장은 매출과 영업이익이 적거나 심지어 없을 수도 있다. 하지만 두드러지게 독보적인 기술은 미래의 탁월한 이익과 혁신을 기약하기 때문에 투자자들을 유혹하는 것이다.

레그테크, 섭테크, 컴프테크

RegTech: Regulation Technology,
SupTech: Supervisory Technology, CompTech: Compliance Technology

"규제가 곧 비용이다, 그것도 엄청난 비용!"

먼저 레그테크는 Regulation(규제)과 Technology(기술)의 합성어다. 다양한 IT 기술, 특히 가장 큰 비중으로 활용되는 AI를 위시하여 빅 데이터, 블록체인, 클라우드 등을 동원해서 규제 관리를 돕는 기술을 뜻한다. 이 정도로는 의미가 간결하고 산뜻하게 다가오지 않을 듯하니, 쉽게 풀어보자. 어떤 산업에 종사하든 기업은 헤아릴 수 없이 많은 정부나 지자체 등의 규제를 준수해야 하고, 그걸 지키지 못하면 페널티를 물어야 한다. 때로는 어마어마한 금액의 벌금이 된다. 게다가 글로벌 시장에 진출해 해외 비즈니스라도 하려 들면, 해당 국가들이 구축해놓은 각종 규제의 벽까지 가외로 넘어야 한다. 이 역시 실패하면 막대한 벌금에 직면한다. 이쯤 되면 "규제=비용"이라는 등식이 성립되고, 그런 비용을 피하기 위한 '규제 준수'는 첨단 기술(즉, 레그테크)을 활용해서 관리해야 할 고도의 난제가 되는 것이다.

정말 규제가 그렇게 심각한 사안일까? 고개를 갸우뚱하는 사람도 없지 않을 테다. 하지만 규제를 지키지 못해 한 해 8조 원이 넘는 벌금을 두들겨 맞은 사례까지 있으니, 그럴 수밖에 없다. 미국 투자은행 골드만삭스가 실제로 겪은 일이다. 그들은 2020년 미국-홍콩-말레이시아 등지에서 이런저런 규제를 어긴 대가로 모두 62억 5,000만 달러의 벌금을 내야 했다. 그해 순이익의 무려 3분의 2에 해당하는 액수였고, 골드만삭스 153년 역사상 가장 많은 벌금이었다. 기업들의 활동이 갈수록 글로벌화하고 디지털화하고 있어서, 규제는 점점 더 복잡해지고 까다로워지고 지키기 어려워질 것임을 누구나 예측할 수 있다.

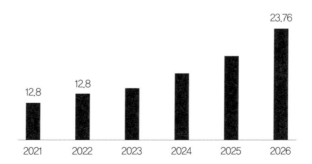

•••• **글로벌 레그테크 시장의 성장 전망 2021~2026 (단위: 10억 달러)**

[자료: The Business Reseach Company]

레그테크는 복잡해진 기업 활동을 효과적으로 감독해야 규제 당국에도 필수이고, 촘촘해진 규제망과 천문학적 과징금을 피해야 하는 기업에도 절체절명의 과제일 수밖에 없다. 레그테크는 금융을 비롯한 각종 산업에 대한 규제에 기술적으로 진보된 해결책을 제시함으로써 규제 환경을 뿌리째 뒤바꾸고 있다. 그러므로 거래 방식이 섬세해지고 세계화가 확산하고 심화할수록 레그테크 산업 의 고속 성장은 불가피할 것이다.

레그테크를 몇 가지로 크게 나눈다면?

레그테크는 크게 2가지 측면으로 나눌 수 있다.

(1) 정부나 지자체 등 규제 행위의 주체가 좀 더 쉽고 효과적으로 '감독(supervise)'할 수 있도록 도와주는 '섭테크(SupTech)'. 가령 유럽의 은행감독청(EBA; European Banking Authority)이 최근 발표한 'EuReCa(유레카)'라는 데이터베이스를 대표적인 예로 들 수 있다. 유로존의 금융기관들이 자금 세탁과 테러 자금 조달을 막기 위해 다양한 자료를 수집-분석하고 조기 경보까지 울려주는 중앙집중형 시스템이다. 머신 러닝 기술을 기반으로 여러 가지 규제 관련 데이터를 종합 분석하는 플랫폼 'Project Ellipse(프로젝트 엘립스)' 역시 섭테크의 좋은 예다. 국제결제은행(BIS; Bank for International Settlements)이 싱가포르 통화청(MAS; Monetary Authority of Singapore)과 손잡고 개발해 최근 가동을 시작했다.

최근 우리나라의 이 분야 스타트업들은 다양하고 흥미로운 섭테크 서비스를 공개한 바 있다. 거의 혁명 수준의 변화라고 할 수 있는 디지털 전환(DX) 시대에 핀테크로 인한 위험을 예측하고 방지

레그테크, 섭테크, 컴프테크

하는 기술, 최근 언론에도 흔히 오르내리는 자금세탁방지를 위한 전문 솔루션 등이 눈에 띈다. 특히 가상통화 취급 업체, 해외 송금 업자, 전자금융업자 등을 위한 맞춤형 자금세탁방지 솔루션도 있다. 그 외에 마약, 테러, 제재 등과 관련된 30여 변수를 실시간 반영한 '국가위험지수'를 산출해 리스크를 효과적으로 감지하는 소프트웨어라든지, 금융업계의 보안을 확고히 하고 AI 기반으로 보험금의 착오 지급을 방지하는 서비스도 선보였다.

(2) 다른 하나는 당국의 규제를 받는 기업들과 금융기관들이 그런 규제를 좀 더 효율적으로 '준수하도록(comply)' 도와주는 '컴프테크(CompTech)'다. 말하자면 규제 준수에 드는 비용을 최소화하는 기술이라고 보면 되겠다. 예컨대 Wolters Kluwer N. V.(볼터스 클루버)라는 이름의 네덜란드 기업이 개발한 OneSumX(원섬엑스)라는 소프트웨어가 좋은 예다. 전 세계 50여개국의 업데이트된 규제사항을 인공지능으로 모니터링해 고객들에게 어떤 영향을 미칠 것인지 알려준다. 현재 중국 3대 은행의 하나인 中国银行(중국은행), 일본의 주요 은행인 미즈호, 스페인의 상업은행 BBVA 등이 이 소프트웨어를 활용하고 있다. 위에서 예로 든 골드만삭스가 규제 준수 실패로 큰 손실을 본 다음, AI를 활용해 자금세탁방지 기술을 만드는 영국 기업에 거액을 투자한 것도 컴프테크의 필요성을 여실히 보여주는 일이다.

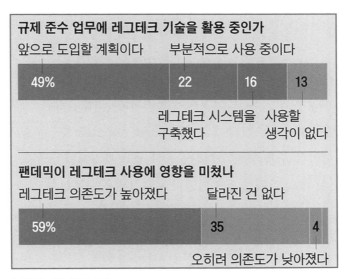

규제 준수 업무에 레그테크 기술을 활용 중인가

앞으로 도입할 계획이다　　　부분적으로 사용 중이다

| 49% | 22 | 16 | 13 |

레그테크 시스템을　사용할
구축했다　　　　생각이 없다

팬데믹이 레그테크 사용에 영향을 미쳤나

레그테크 의존도가 높아졌다　　　달라진 건 없다

| 59% | 35 | 4 |

오히려 의존도가 낮아졌다

●●● 늘어나는 레그테크 수요

[자료: Thompson Reuters, 2021년 전 세계 450개 기업 설문조사에서]

레그테크의 수요와 공급 상황은?

우선 레그테크의 공급 측면을 보자. 2022년 상반기 기준 전 세계에서 볼터스 클루버처럼 레그테크 소프트웨어를 만드는 기업은 462개사에 달한다. 이 중에는 규제 준수 현황과 규제사항의 업데이트와 모니터링을 하는 기업이 가장 많다. ID 식별과 관리로 고객 신원확인 기술에 집중하는 기업도 적지 않다. 이 밖에도 잠재 위험을 감지하고 예측해주는 위기관리 기업들이 있는가 하면, 규제 데이터를 자동 분석-보고해주는 기업, 블록체인 기술로 거래 세부사항을 감시하는 트랜잭션 감시 기업 등이 포진해 있다.

수요 측면은 어떨까? 레그테크는 지금도 세분화하고 고도화하는 중이다. 규제가 촘촘해질수록 그런 규제를 준수하는 데 드는 비용도 급격히 늘어난다. 이러다 보니 우리나라 기업들도 각종 규제에 대한 자체 관리를 줄이거나 포기하고, 전문기업의 서비스형 소프트웨어(SaaS)를 사다 쓰는 쪽으로 나아가는 추세다. 2021년 하반기 한국의 주요 은행과 자산운용사 등을 대상으로 조사한 결과, 86%가량이 외부 레그테크 기업의 프로그램을 사용한다고 답했다. 자체 기술과 함께 쓴다고 답한 기업도 많았다. 아무튼 레그테크에 대한 수요 및 지출은 매년 35%씩 늘어난다는 전망이 우세했다.

규제하는 당국의 관점에서도 수십억, 수백억 개에 이르는 방대한 데이터를 빠르게 처리하는 AI 기술은 그야말로 가뭄의 단비다. 레그테크에 대한 그들의 수요 역시 엄청나게 늘어난다는 얘기다. 횡령, 배임, 사기, 마약, 범죄, 자금 세탁 등등에 대한 온갖 복잡하고 엄청난 데이터를 사람이 취급할 수 있는 단계는 이미 지나갔다. "이 모든 데이터를 검토한다는 것은 담당자 한 사람이 매주 셰익스피어 전집을 두 번씩 완독하는 것과 같다"는 어느 은행 총재의 비유는 그저 우스갯소리가 아니다. 그래서 독일 금융감독청은 레그테크 기업들과 협력을 심화했고, 태국 중앙은행은 이사회 회의록 분석에 AI를 도입했으며, 이탈리아 중앙은행과 싱가포르 통화청은 AI를 활용해 채무 불이행을 예측하고 신용을 평가했으며, 미국의 규제 당국은 딥러닝으로 시장 조작을 감시하는 프로젝트를 실행한

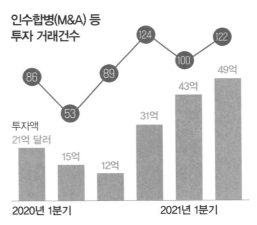

것이다.

　　우리나라 금융감독원에도 레그테크는 중차대한 이슈다. 규제가 제대로 준수되지 않으면 갖가지 사고가 터진다. 지난 5년간 금융사 임직원이 빼돌린 횡령 금액만 1,091억 원이라고 하지 않는가. 부실한 준법 감시 및 내부 통제 시스템이 도마 위에 오를 수밖에 없고, 적절한 레그테크를 요구하는 목소리가 높아질 수밖에 없다. 감독원은 이미 2018년에 통신사와 손잡고 AI 기반의 '기계 독해 기술'을 위한 시범 사업을 시작했다. 2020년부터는 사모펀드의 약관 심사 같은 일에 시범 적용하고 있는데, 섭테크이지만 동시에 컴프테크로도 활용된다고 한다. 새로운 금융상품을 출시하고자 하는 금융기관이 당국에 관련 보고서를 제출할 때, 규제 분석과 전산 데이터 추출 및 보고서 작성 등을 이 기술이 자동으로 수행해주는 식이다.

　　레그테크 시장이 급성장하면서 더 많은 투자금이 몰려드는 것도 자연스러운 현상. 투자자문사 Fintech

인수합병(M&A) 등 투자 거래건수

86
53
89
124
100
122

투자액
21억 달러
15억
12억
31억
43억
49억

2020년 1분기　　　　　　2021년 1분기

● ● ● (#44) 레그테크에 대한 글로벌 투자 증가세

[자료: Fintech Global]

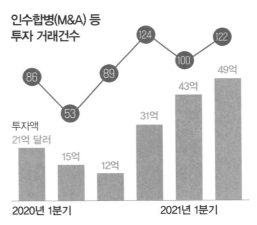

레그테크, 섭테크, 컴프테크

Global(핀테크 글로벌)에 따르면, 레그테크에 대한 전 세계 투자 규모
는 2021년 2분기 기준 49억 달러로 전년 동기의 3배 넘게 급증했
다. 규제가 없는 산업이란 상상조차 할 수 없는 현실이므로, 합리적
이고 효과적인 규제를 실행하려는 당국이나 효율적이고 가장 저렴
하게 그런 규제를 준수하고자 하는 기업들이 다 같이 자동화된 기
술로 전환하면서 레그테크 시장의 덩치를 빠르게 키워나가고 있
다. 세계경제포럼이 2021년 전 세계 레그테크 시장을 76억 달러 규
모로 추산한 데 이어, 오는 2025년에는 550억 달러로 팽창할 것으
로 전망된다.

   고속 성장하는 레그테크 산업을 우려하는 목소리도 없는 것
은 아니다. (1) 우선 규제 관련 기술을 다루는 레그테크 산업은 누
가 어떻게 규제하느냐, 그들은 규제 사각지대에 있는 게 아니냐, 하
는 걱정이다. 규제 준수를 지원하는 산업이 정작 규제 무풍지대에
놓여선 안 될 일이다. (2) 소프트웨어에 오류가 생겨 동시다발적으
로 혼란이 발생하면 소비자에게 피해가 발생하지 않느냐, 하는 걱
정이다. 같은 서비스를 다수의 고객이 함께 쓰기에 그런 위험은 더
현실적이다. 그런 경우 고객들이 취할 수 있는 보호 수단도 아직은
마땅치 않다. (3) 레그테크의 핵심 기술인 AI를 얼마나 신뢰할 수
있느냐도 문제다. 데이터 학습량이 AI 수준을 좌우하는데, 어떤 데
이터로 학습하느냐에 따라 AI 역시 인간의 편견에 영향을 받지 않
겠는가. 매년 수백만 미국인에 영향을 미치는 건강 관리에 쓰이는

AI 예측 도구가 인종적 편견을 보인다든지, 신용카드 발급을 위한 AI 알고리즘이 여성을 차별한 혐의로 조사를 받는 등의 사례가 발생하는 이유다.

레그테크, 섭테크, 컴프테크

31

로보 사피엔스

Robo Sapiens

"더 적은 돈으로 더 많이 생산하는 법을 배웠답니다."

● ● ● 미국 제조업체들이 사용하는 자율주행 모바일 로봇

"세계 경제는 이제 로보 사피엔스의 시대로 접어들 것이다."

　　미국의 BoA(뱅크 오브 아메리카)가 2021년 발표한 한 보고서에서 예측했던 내용이다. '호모 사피엔스'를 살짝 뒤튼 용어 로보 사피엔스는 사무실과 작업장 등 갖가지 일터에서 인간들이 로봇과 함께 일한다는 뜻을 담고 있다. 물론 로보 사피엔스는 일터에서 끝나지 않고 가정을 비롯한 인간 활동의 거의 모든 무대에서 일어날 변화다. 어쨌거나 BoA의 전망을 빌자면, 이 새로운 변화의 물결로 인해 2030년까지 1억 명의 근로자가 직업을 바꿔야 할 것이다.

　　로보 사피엔스를 촉발한 요인은 신종 코로나 대유행이었다. 대면 활동과 대면 비즈니스가 급격히 위축되면서 발등에 불이 떨어진 기업들은 산업용 로봇과 AI 도입을 확대하면서 노동자에 대한 의존도를 낮췄다. 그러나 세계적으로 백신 접종이 이루어지고 경제가 정상을 되찾는가 했더니, 이번엔 임직원들이 사표를 내고 떠나는 현상과 일할 사람을 찾기가 극히 어려운 구인난까지 덮치게 되었다. 《코리아 트렌드 2023》의 김난도 교수가 '대사직 시대(The Great Resignation)'라고 부르는 때가 닥친 것이다. 어쩔 수 없이 기업이 자동화를 채택하는 속도는 더욱 빨라지고 있다. 전방위적인 자동화와 로보 사피엔스를 재촉한 것은 코로나-19였던가, 아니면 노동자들의 엑소더스(대탈출)였던가?

로보 사피엔스 시대의 생산성은?

줄어든 인간의 일손을 기계(그것도 고도로 자동화된 기계)가 대체했으니, 생산의 효율은 큰 폭으로 오를 수밖에 없다. 미국의 경우, 최악의 구인난 속에서도 2021년 4분기 기업 설비 지출이 전 분기보다 연 13.4% 늘어난 대신, 노동생산성 역시 전 분기 대비 연 5.4% 증가했다. 로봇을 활용한 자동화 시스템을 채택하면서 심한 경우 직원의 80%까지 줄인 기업이 있을 정도이니, 더 적은 돈으로 더 많은 물품을 생산하는 방법을 배웠다고나 할까.

산업별로 변화의 추이도 다양하다. 원래 미국에서 자동화를 가장 많이 채택하는 섹터는 자동차산업이었다. 하지만 2021년부터 비자동차산업의 로봇 주문 대수가 처음으로 자동차산업의 그것을 추월했다. 가령 생명과학 분야의 로봇 활용이 69% 증가했고, 식음료, 소비자 상품, 플라스틱-고무 산업 등도 50% 이상 큰 폭으로 증가했다. 로봇과 자동화를 향한 주요 기업들의 경쟁이 모든 산업에서 급격히 높아지고 있다는 얘기다.

로보 사피엔스가 노동시장에 미칠 영향은?

한마디로 노동시장은 유연성을 잃고 경색될 것이다. 팬데믹이 끝나고 경제가 회복되어 일자리 수는 이전으로 돌아갈지 모르지만, 실제 고용 속도는 이를 따라가지 못할 것이다. MIT(매서추세츠 공대) Daron Acemoglu(대런 애스모글루) 경제학 교수의 말을 들어보자. "자동화 장치 하나가 6명의 일자리를 대체한다. 그 6명 중 3명은 다른 일자리를 찾지 못하고, 2025년까지 제조업에서만 로봇이 200만

명 이상의 근로자를 대체할 것이다." 로보 사피엔스 시대를 초래하는 자동화 단계에서 노동시장은 비정상적으로 경색될 수밖에 없다는 얘기다. 일자리를 없애는 외에 로보 사피엔스는 다수의 일자리 개념을 재정의할 것이란 전망도 귀를 솔깃하게 만든다. 또 신흥 시장의 경우, 로보 사피엔스의 물결은 근로자 대체와 함께 선진국 기업들이 리쇼어링(국내 복귀)을 더욱 매력적으로 보는 계기가 될 수도 있다.

긍정의 시각도 없지 않다. 자동화와 로보 사피엔스가 노동시장의 경색뿐만 아니라 두드러진 혁신을 이끌 수도 있다는 시각이다. 당장은 이런저런 문제가 있지만, 장기적으로 보면 긍정적이라는 전망이다. 그런 점에서 인류가 로봇에 의해 대체되기보다 로봇과 협력하면서 더 많은 일자리를 만들 거라는 BoA의 예측은 달갑게 느껴진다. 인간과 로봇의 협업으로 새로 만들어지는 일자리 시장이 14조 달러에 달할 거라는 전망도 있으니 기대해볼 일이다.

32

로우볼 ETF

Low-Vol ETF

"소나기가 퍼부을 땐 일단 피해갑시다."

로우볼이란 low(낮은)와 volatility(변동성)의 합성어. 주가 변동성이 낮은 종목들만을 모아 만든 ETF가 '로우볼 ETF'다. 이런 ETF는 경기가 침체해 있을 때 코스피지수에 비해 안정적으로 수익을 누릴 수 있다. 2022년 2분기부터 풀썩 주저앉은 주식시장에서 낮은 변동성의 로우볼 ETF가 상당히 주목받고 있는 이유다.

소나기가 내릴 땐 일단 피해가라고?

그렇다. 2022년 2분기부터 시작된 주식시장의 전방위적 폭락은 소나기 중에도 거센 소나기다. 수익의 극대화를 목표로 언급할 수조차 없는 기간이다. 이럴 땐 손실을 최소화하는 것이 상책이다. 이처럼 고약한 소나기는 일단 피해야 한다. 그 한 가지 방법으로 권유할 만한 것이 바로 로우볼 ETF다. 통계치가 이를 뒷받침한다. 오른편의 도표에서 볼 수 있듯이, 2022년 9월 기준 로우볼 ETF의 최근 2년간 평균 수익률은 20~30%로, 같은 기간 코스피지수의 3.3% 하락과 극명하게 대조된다.

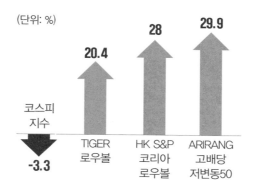

(단위: %)

20.4

28

29.9

코스피
지수

-3.3

TIGER
로우볼

HK S&P
코리아
로우볼

ARIRANG
고배당
저변동50

● ● ● **코스피에 비해 성과가 탁월했던 로우볼 ETF – 2022년 9월 기준 최근 2년간 수익률**

[자료: 한국거래소]

기간을 최근 1년으로 좁혀도 코스피지수가 24.7% 급락한 데 비해 TIGER 로우볼 ETF는 9.1% 하락에 그쳐, 상대적으로 선방했다. ARIRANG 고배당 저변동50(-5.34%)이나 HK S&P 코리아 로우볼(-7.62%) 역시 주가지수보다는 높은 성과를 기록했다. 반대로 비교 기간을 2010년 이후로 넓혀 잡아도, 변동성이 적은 로우볼 종목들은 주가지수가 급락할 때마다 덜 떨어지는 경향을 보이면서 코스피200지수 대비 초과 성과를 낸 것으로 나타난다. 지금처럼 불확실성이 높은 변동성 장세에서는 성과 좋은 로우볼 ETF 전략이 좋은 방법일 수 있다는 방증이다.

로우볼 ETF에는 어떤 종목들을 담는가?

시가총액으로 따져 유가증권시장 상위 200개 종목 가운데 변동성이 낮은 40개를 가려내 편입한다. 그중에서도 비중이 높은 종목은 삼성전자를 위시하여 농심, 코리안리, DB손해보험, 오뚜기, NH투자증권 등이다. 40개의 종목을 각각 2~4% 비중으로 고르게 담는다. 단, HK S&P 코리아 로우볼 ETF는 S&P 코리아 저변동성지수를 근거로 삼는다. 미국 S&P 글로벌이 산출하는 S&P 코리아 BMI 구성 종목에서 변동성이 낮은 50개 종목을 택하는 것이다. KT&G, 대성홀딩스, 삼천리, 롯데리츠, 오뚜기가 그렇게 편입되어 있다.

상품명	편입종목
ARIRANG 고배당 저변동50	KT KT&G 삼천리 SK텔레콤
HK S&P 코리아 로우볼	대성홀딩스 삼천리 KT&G 롯데리츠
TIGER 로우볼	코리안리 농심 DB손해보험 NH투자증권

●●● 주요 로우볼 ETF에 편입된 종목들

[자료: 각사 종합]

로우볼(낮은 변동성)에다 고배당이란 특징을 가미한 ETF도 흥미롭다. ARIRANG 고배당 저변동50 ETF가 그런 예인데, 유가증권시장 종목 가운데 변동성도 낮고 배당률도 높은 50개 종목에 투자

투자의 길이 보이는 **트렌드 경제용어 2023**

한다. 배당수익률이 연 4% 정도이므로 시세차익을 노리는 투자자에게 적합하다. 여기에는 삼천리, KT, 삼성카드, KT&G, SK텔레콤 등이 편입되어 있다. 올해 하락장에서도 대체로 성과가 괜찮았던 종목들이다.

한편 KODEX 200가치저변동 ETF는 로우볼 특성이 있으면서도 실적도 성장할 것으로 예상되는 종목에 투자한다. 다른 로우볼 ETF와 달리 투자종목 수가 180여 개에 이르는 것이 특징이다. 투자 종목을 비슷한 비중으로 편입하는 다른 ETF와 달리 삼성전자 비중이 24.72%로 높은 편이다.

물론 개인적으로 저변동성 종목을 공격적으로 투자하고 싶다면, 종목별로 골라 투자할 수도 있다. 롯데쇼핑, 한올바이오파마, 현대중공업, 한화, 대한항공, GKL 등이 그 대상으로 권유되기도 한다. 그러나 개인투자자의 한계로 인해 아무래도 위험성이 높을 수밖에 없다. 그럴 수 있는 지식과 시간과 공격적 성향과 정보력이 없다면, 로우볼 ETF가 한층 더 안전한 투자 전략일 것이다.

33

리셀 시장, 리셀테크

Resell Market, Resell-Tech

"돈 냄새 나니까 구찌도 투자하는 것 아닙니까?"

소위 한정판(limited edition) 제품이나 값비싼 희소 상품을 사고 파는 2차 시장을 '리셀 시장'이라 부른다. 2차 시장이라면 중고 시장을 뜻할까? 아니다. 쓰던 물건을 되파는 일반 중고 상품이 아니라, 쉽게 구하지 못하는 '희소성'에 부가가치가 붙은 상품을 사고팔기 때문이다. 리셀 시장, 하면 가장 먼저 떠오르는 나이키 한정판 운동화, 샤넬 명품백, 롤렉스 시계, 스타벅스의 굿즈 등이 대표적인 품목이다. 최근에는 레고와 같은 장난감으로까지 확산하고 있다. 업계는 현재 리셀의 국내 시장이 약 5,800억 원 정도에 이르며, 글로벌 시장 규모는 2019년의 약 2조 4,000억에서 2025년엔 8조 원에 육박할 것으로 전망한다.

'되팔기(리셀)'가 소비문화의 새로운 트렌드가 된 건 몇 년 전의 일이다. 초기에는 남녀를 가리지 않는 마니아층이 주도했으나,

이제는 '어디서나 흔히 보는 제품은 싫다'는 2030 소비자가 그런 추세를 이끌고 있다. 일찍이 공유 경제를 경험하며 자란 Z세대는 상품을 소비재가 아닌 자산으로 이해하고, 되사거나 되파는 데 거부감이 없기 때문이다. 새 상품 대신 중고 제품을 다시 쓰는 것이 환경친화적이라는 인식도 리셀 시장의 확산에 영향을 미쳤다. 일단 가치만 인정받으면 많게는 10배 이상 웃돈을 받을 수 있어서 신종 재테크로도 인기가 높다.

리셀에 열광하는 젊은 축들은 StockX(스탁엑스)라는 이름이 익숙할 것이다. 매출이 18억 달러나 되는 미국의 세계 1위 리셀 플랫폼이요, 리셀테크의 원조 격이다. 이 스탁엑스가 호주, 일본, 홍콩에 이어 아시아에서는 네 번째로 국내에 진출했다. 한국 소비자들도 12만 개에 달하는 스탁엑스 제품, 특히 여태 보지 못했던 리셀 제품에 더욱 편리하게 접근할 수 있게 된 것. 이 분야에 공을 들이며 국내 시장을 양분해왔던 네이버 '크림', 무신사 '솔드아웃' 등 국내 업체들과 주도권 싸움이 불가피해졌다. 아마존, 알리바바, 이베이 등 강력한 해외 플랫폼 기업들이 우리나라에선 고전했던 내력이 있어, 스탁엑스가 한국 시장에 연착륙할지 궁금하다.

손정의 회장의 소프트뱅크그룹이 127조 원 규모로 조성한 비전펀드 2호가 구찌-생로랑 등을 보유한 케링 그룹과 함께 프랑스 중고 명품 거래 플랫폼 Vestiaire Collective(베스티에르 콜렉티브)에 거

165

액을 투자했다는 뉴스도 눈길을 끌었다.

유럽, 미국, 홍콩, 싱가포르 등에 진출한 베스티에르의 기업 가치가 14억 5,000만 유로(약 2조 원)로 인정받았다는 점, IT업계 큰손인 소프트뱅크까지 투자에 나섰다는 점, 모두가 전 세계 리셀 시장의 판이 얼마나 커지고 있는가를 그대로 보여준다. 글로벌 유통업계를 주도하는 유명 백화점들까지 중고품을 취급하는 대형 매장을 열고 리셀 제품 거래에 뛰어드는 모습도 같은 맥락에서 이해할 수 있다.

미래의 소비자를 겨냥해 앞다퉈 리셀 상품을 취급한다는 시각도 있다. 27개국에서 '바이 백' 서비스를 제공해온 이케아는 리셀 제품에 대해 그 상태에 따라 원래 구매가의 30~50%를 고객에게 지급하고 다시 사들인다. 우리에게도 익숙한 의류 회사 H&M그룹(스웨덴)은 'Selfie(셀피)'라는 이름으로 중고 플랫폼을 론칭하고, 유럽 전역에 리셀 비즈니스를 확장하겠다는 야심찬 프로젝트에 돌입했다. 청바지의 원조 패션업체 리바이스는 고객이 입지 않는 제품을 수거해 직접 세탁하고 수선해서 '리셀'하는 서비스를 시작했다.

국내 대형 백화점들도 미래의 성장을 위해 중고 거래에 뛰어들어 20~30대 고객을 적극 유인하고 있다. 현대백화점이 여의도점에 전적으로 스니커즈 리셀을 위한 매장 '브그즈트랩(BGZT Lab)'을 선보이는가 하면, 롯데백화점 영등포점에는 국내 최초로 스니커즈 리셀 매장 '아웃오브스탁'을 오픈했다.

리셀 상품의 품질을 인증하는 기술과 시스템, 즉, '리셀테크'가 정교해진 것도 리셀 시장 확대의 또 다른 요인이다. 가령 최근 한국에서 서비스를 시작한 스탁엑스는 국내에 검수센터를 따로 두고 취급하는 모든 상품의 품질을 검증해, 정품으로 확인한 제품만 판매한다. 운동

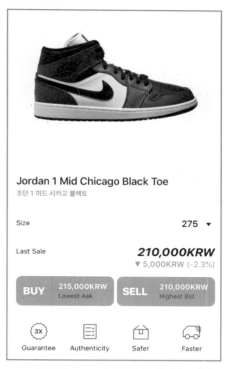

Jordan 1 Mid Chicago Black Toe
조던 1 미드 시카고 블랙토

Size	275 ▾
Last Sale	**210,000KRW**
	▼ 5,000KRW (-2.3%)

BUY 215,000KRW Lowest Ask	**SELL** 210,000KRW Highest Bid

3X Guarantee	Authenticity	Safer	Faster

● ● ● **네이버의 KREAM에서 판매하는 한정판 스니커즈**

리셀 시장, 리셀테크

화의 소재, 박음질 상태, 상자 상태 등 100여 항목을 확인한다고 한다.

구매자를 위한 배려도 다양해지고 있다. 국내 기업 롯데온은 위조 상품을 사전에 차단하기 위해 외부 셀러가 판매하는 리셀 제품의 신뢰도를 파악하고, 혹시 문제가 생기면 보상하는 프로그램을 시작했다. 고객이 나중에 그 제품을 다시 팔 때도 정품 인증받기가 한층 더 쉬울 테다. 또 SSG닷컴은 리셀 상품의 정보, 구매 이력, 보증 기간 등을 담은 디지털 보증서를 발행하고 있다.

개인투자자는 투기꾼으로서가 아니라 투자자로서 일사불란하게 행동해야 한다.
The individual investor should act consistently as an investor and not as a speculator.

— 벤저민 그레이엄 (Benjamin Graham)

당신은 투자자일 뿐, 미래를 점치는 사람이 아니다. 위험천만하고 투기적인 예측을 주춧돌로 삼지 말고, 엄연한 사실에 기반을 두고 의사결정을 하라.

제 **2** 부

34

매스티지
Masstige

"차라리 돈 더 주고 진짜 명품을 사고 말지!"

　　미국 경제지 〈Harvard Business Review〉가 mass(대중)와 prestige(고급/명성)를 합쳐서 만든 조어로, 명품에 버금가는 품질과 합리적인 가격을 뽐내는 상품을 가리킨다. 중산층의 소득이 커지자 값이 비교적 저렴하면서도 만족감을 얻을 수 있는 명품을 소비하는 경향이 확산한 것이다. 매스티지는 한 시대(2010년대)를 풍미했으며, 기존의 명품회사들이 명품의 대중화를 마케팅 전략으로 펼치는 모습까지 볼 수 있었다. 매스티지는 먼저 의류, 화장품, 가방 같은 소비재에서 많이 볼 수 있었지만, 이후 가전제품이나 식품과 스포츠용품 등 모든 분야로 널리 퍼졌다. 매스티지에 열광하는 소비자들을 매스티지족이라 부르기도 한다.

　　웰빙이나 절약의 개념에 영향을 받아 다소 절충주의적인 경향의 이런 제품군이 2021년 말부터 빠르게 인기가 식어간다는 뉴스가 오르내렸다. 양극화한 소비 행태에 설 자리를 잃어가고 있다는 의미다. 아예 '싸구려'를 선호하든지, 아니면 '차라리 돈을 좀 더 주더라도 명품을' 택하겠다는 소비자들의 심리 때문이다. 그 결과 MCM(잡화), 메트로시티(가방), 루이까또즈(의류) 같은 대표적인 매스티지 브랜드를 운영하는 기업들은 2010년에 비해 매출이 반 토막 났다든가, 2021년에 큰 손실을 기록했다는 소식도 전해졌다.

프라다, 루이비통, 샤넬 등 우리 귀에 익숙한 명품 브랜드들이 국내에서 사상 최고 판매 기록을 거듭 갈아치우고 있는 것과 대비된다. 루이비통 국내 법인이 한국 진출 이후 처음으로 매출 1조 원을 돌파했다느니, 샤넬코리아의 영업이익이 34.4%나 증가했다는 등의 뉴스가 들린다.

왜 매스티지 비즈니스가 퇴조일까?

주로는 소비 경향 자체가 달라졌기 때문이라는 게 업계의 주된 해석이다. 말하자면 국민 소득이 높아지고 명품들도 더는 예전처럼 '그림의 떡'이 아니게 되었기 때문에 매스티지 브랜드 가치가 떨어졌다는 얘기다. 럭셔리(최고급)를 지향하거나 아니면 아예 초저가를 추구하는 소비의 양극화 트렌드가 코로나-19 때문에 더욱 심해졌고, 어중간한 매스티지 브랜드는 설 자리를 잃어버린 형국이다.

매스티지로 호시절을 누리던 기업들의 안일한 대응, 전략 부재로 소비 변화에 민감하게 대응하지 못한 둔감이 문제였다는 목소리도 있다. 한창 좋을 때 미래의 변동성에 대비하여 미리 투자한 업체는 하나도 없었다는 지적이다. 막상 실적이 나빠지자 살아남기 위해 가격만 할인하면서 도리어 브랜드 가치를 떨어뜨리는 악순환에 빠졌다는 뜻이다.

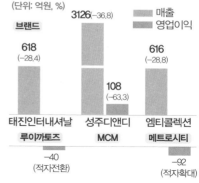

매스티지 브랜드 운영사 실적
(단위: 억원, %)

※ ( ) 안은 전년 대비 증감률 　　　**자료: 금융감독원**

35

모듈러 건축
Modular Construction

"튼튼하면서도 싸게, 빨리, 쉽게 지어드립니다."

Module(모듈)은 규격화된 조립 단위를 가리킨다. 그렇게 규격에 맞춰 미리 주요 구조물을 제작하고 마감처리까지 해놓은 다음 원하는 장소로 옮겨 조립해서 건물을 완성하는 건축 방식을 '모듈러 건축'이라 일컫는다. 누구나 잘 아는 '레고' 스타일의 건축이라고 생각하면 되겠다. 여기서 말하는 주요 구조물이란 기둥, 판 형태인 슬래브, 수평으로 하중을 지탱하는 보 같은 것들을 가리킨다. 모듈러 건축에는 설계, 구조, 시공 등의 전통적인 기술은 말할 것도 없고, 생산, 운송, 조립 등 여러 가지 부가기술까지 복합적으로 적용되기 때문에, 첨단 융합기술 공법으로 간주된다.

모듈러 건축의 장점 혹은 혜택은?

(1) 철근 콘크리트로 기본 틀을 세우는 전통적인 공법과 달리 모듈러 건축은 양생 작업이 필요 없어, 공사 기간을 절반 수준으로

줄일 수 있다. (2) 공장에서 미리 상당한 양의 작업이 이루어지므로, 건설 현장의 인력난과 안전사고 같은 문제에서 비교적 자유로울 수 있다. (3) 공장에서 미리 제작하기 때문에, 소음과 분진과 폐기물이 훨씬 적게 발생하며 폐기물은 재활용

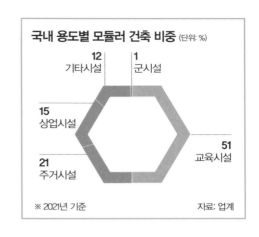

까지 가능하다. 그래서 ESG 경영에 도움이 되면서 최근 시행된 중대재해처벌법에 따른 리스크도 완화할 수 있다. (4) 단위 면적당 건축 비용도 전통적인 콘크리트 공법에 비해 훨씬 저렴하다.

　　2022년부터 국내 모듈러 주택시장이 폭발적으로 성장할 조짐이다. 정부도 혁신적인 기술 개발을 제도적으로 지원할 방침으로, 정부의 공공입찰 과정에서 모듈러 공법을 활용하면 가산점을 준다든지, 모듈러 주택에 15%의 용적률-건폐율 인센티브를 부여하는 방안을 추진한다. 원자재 가격 급등과 인력난 등 건설업의 위기를 극복하기 위해서 꼭 필요한 신공법이기도 하지만, 도심에 주택을 신속하게 공급할 수도 있고 현장의 안전사고 위험을 줄일 수도 있기 때문이다.

그러다 보니 다소 영세했던 모듈러 건축 전문 업체들에 대형 건설회사들이 러브콜을 보내는 진풍경도 벌어진다. 토지주택공사나 서울주택도시공사가 발주하는 공공주택 사업에 합작회사로 참여하기 위해서다. 모듈러 건축에 대한 긍정적 전망이 퍼지면서, 경험도 쌓고 미리 시공 실적도 축적하려는 대형 건설사들이 치열한 물밑 작업을 펼치고 있다. 일부 전문 업체를 중심으로 조금씩 형성돼온 모듈러 주택 분야가 이렇게 변모하자, 정부의 정책 활용에 따라서 국내 주택시장에 '빅뱅'이 올 수도 있다는 관측까지 나온다.

국내외 모듈러 건축의 이력을 비교해본다면?

국내에서 모듈러 공법은 2003년 서울의 한 초등학교 증축 공사에 처음 쓰인 후, 주로 학교시설, 군 병영숙소 등에 적용되다가 2010년대 들어 소형 주택이나 팬션 등에도 활용되기 시작했다. 2010년대 후반부터 모듈러 주택은 빠르게 성장했고, 2021년 모듈러 건축 시장은 전년보다 5.5배가량 급증한 1,457억 원 규모로 추산되었다. 또 모듈러 공법으로 세워진 건축물도 68건으로 늘어났다. 업계에선 모듈러 주택시장이 5년 이내 1조~3조 원 규모로 성장할 것으로 보고 있다. 아직은 저층 공동주택 위주이지만 조만간 고층 아파트로까지 확산해 궁극적으로는 전체 주택시장의 15% 정도가 모듈러 주택으로 전환할 수 있을 것 같다.

• • • 최근 부산에 모듈러 공법으로 증축한 어느 초등학교의 모습

2025년 준공 목표로 추진 중인 국내 최초의 '도로 위 도시' 프로젝트 '신내 컴팩트 시티'는 모듈러 건축에 중요한 분수령이 될 것 같다. 이는 간선도로 위에 인공 지대를 만들어 공공주택과 주민 편의 공간을 조성하는 사업으로, 도로 인근에 대형 기둥을 세우고 기둥 사이에 다리 형태의 구조물을 설치한 뒤, 그 위에 모듈러 주택을 짓는다. 총사업비 4,000억 원의 초대형 프로젝트이어서, 현재 10여 개 대형 건설사가 수주를 노리고 있다. 국내 최고층, 최대 규모 모듈러 주택 프로젝트여서 상징성이 크다. 수익성도 중요하겠지만, 모듈러 시장을 선점하고 입지를 구축한다는 데 더 의미를 둘 수 있다.

대형 건설사뿐만 아니라 중견 건설사들도 모듈러 주택 관련 인력을 확충하고 연구개발에 나서고 있다. 인구 고령화로 건설 현장 근로자 확보는 갈수록 어려워지고 인건비는 치솟고 있는 데다,

ESG 경영의 확산으로 지금처럼 먼지 날리고 소음 요란한 건설 현장을 유지하긴 어려울 것이다. 그렇지만 모듈러 주택 활성화를 위해선 내화성능 규정 등 낡은 법령부터 손질해야 하는 과제가 남아 있다.

● ● ● 모듈러 건축은 소규모 주택에만 쓰이는 게 아니다. 영국 런던에 44층 규모로 지어져 모듈러 건물로는 세계 최고인 '101 조지 스트리트 타워'

투자의 길이 보이는 **트렌드 경제용어 2023**

국내에선 이제 걸음마 단계에 불과한 모듈러 건축. 그러나 미국을 위시해서 싱가포르, 캐나다, 영국, 일본 등 주요 선진국에선 일찌감치 모듈러 주택시장을 키우고 다양한 정책으로 열심히 육성해왔다. 특히 미국에선 모듈러 건축 비용을 100%까지 공제해주는 법안이 통과되었고, 일부 주에선 무이자 혹은 저금리 대출까지 해준다. 싱가포르는 모듈러 건축을 기술 혁신 핵심과제로 지정하고 신축-개조-증축 때 전체 비용의 25%를 보상하며, 설계나 철거 비용도 지원한다. 모듈러 주택 품질 인증을 획득하면 건축 기준 완화, 감리-설계 간소화, 행정절차 간소화 등의 인센티브를 제공하는 나라도 있다.

캐나다는 취약 계층을 위한 긴급 주택 공급에 모듈러 공법을 주로 활용하는데, 건축 자금은 지방자치단체가 지원해준다. 1950년대부터 심각한 주택난을 겪은 일본은 그 해결책으로 일찌감치 모듈러 공법 연구를 시작했다. 고베 대지진을 계기로 모듈러 주택의 내진 성능이 드러나면서 시장이 가파르게 커져, 지금은 전체 주택시장의 10~15%가 모듈러 공법으로 이뤄진다.

GS건설은 아예 모듈러 주택 건설이 활성화된 영국의 철골 모듈러 전문 업체와 폴란드의 목조 모듈러 주택 전문 업체를 인수했다. 이들의 기술력을 국내에 이식시켜 빠르게 국내 모듈러 시장을 장악하겠다는 목표다.

36

미닝 아웃

Meaning out

"우린 속내를 숨기지 않습니다."

불의의 사고로 부모를 잃고 할머니와 함께 고된 아르바이트로 근근이 살아가는 18살 고등학생과 초등생 동생. 치킨이 먹고 싶어 떼를 쓰는 동생이 안쓰러워도 주머니엔 달랑 5천 원뿐. 치킨집 앞에서 칭얼거리는 동생을 본 주인이 얼른 가게 안으로 데려간다. 두 마리 분량의 치킨에다 콜라까지 가져다준다. 형이 쭈뼛거리며 건네는 5천 원은 아예 받을 생각도 하지 않는다. 사탕까지 하나씩 쥐여준다. 그 후로도 이처럼 눈물겨운 공짜 치킨을 기회 있을 때마다 형제에게 기꺼이 제공한 주인. 마침내 형이 감동의 눈물 어린 편지를 써서 프랜차이즈 본사에 보낸다.

안 그래도 코로나-19에 매달 적자를 감내하던 마음씨 좋은 주인은 이렇게 세상에 알려졌고, 곧이어 방방곡곡에서 선한 이웃의 응원이 쏟아진다. 가게 앞에 돈 봉투를 놓고 가는가 하면, 잔돈을 안 받고 기부한다든지, 온라인으로 결제만 하고 치킨은 안 받겠노라 사양하거나, 마스크 상자를 갖다 주는 고객들이 늘어난다. 덩달아 프랜차이즈 본사는 월세와 식자재 비용 등을 지원하고. 이런 사회적 반향이 바로 '미닝 아웃'이다.

주로 어떤 주제로 '미닝 아웃' 할까?

소비 관련 행위를 통해서 자신의 정치적-사회적 신념이나 가치관이나 취향이나 주장을 알리며 사회적 관심을 북돋우고 시민의 동참을 유도한다. 미닝 아웃의 주제는 보편적 신념부터 개인적 신념이나 사회적 이슈, 작게는 개인의 취향에 이르기까지 다양하기 짝이 없다. 예를 들면 불공정 기업의 상품 불매, 특정한 사고의 규탄 및 희생자 추모, 인종차별 및 성차별 반대, 환경보호 및 동물복지, 투표와 기부 독려, 역사 왜곡 문화 콘텐트 거부 등과 같은 주제가 있다. 동성애 같은 소수의 취향을 숨기지 않고 드러낸다는 의미의 '커밍 아웃'을 흉내 낸 표현일 테지만, 코로나바이러스가 세상을 온통 뒤집어놓은 암울한 시대의 한 줄기 햇살 같은 기분 좋은 '커밍 아웃'이 아니겠는가.

많이 사용되는 미닝 아웃의 수단은?

미닝 아웃은 주로 SNS를 통해서 이루어진다. 특히 젊은이들은 간편하고도 즉각적으로 미닝 아웃 할 수 있는 해시태그를 즐겨 사용해 지지와 공감을 구할 뿐 아니라 다른 이들과 공유한다. 패션을 이용해서 미닝 아웃 하는 경우도 있다. 가령 옷이나 모자나 가방에다 정치적-사회적 메시지 혹은 슬로건이나 상징, 원전사고가 난 지역의 이름 따위를 새겨 넣는 방식이다.

● ● ● 사회적 메시지를 새긴 티셔츠

특별한 소비 행위를 통해 이루어지는 미닝 아웃도 대단히 많다. "가격이 좀 비싸면 어때, 기능과 품질이 다소 떨어지면 어때, 나의 가치관에 부합하는 제품 사준다는 것이 중요하지"라는 태도다. 소비 행위를 신념 표출의 수단으로 삼는 것이다. 특정 기업의 윤리나 사회적 책임 등을 고려하거나 공정무역, 친환경 등을 실천하는지를 따져서 착한 소비와 가치 소비를 지향하는 이들도 많다. 비윤리적이거나 불공정한 기업의 제품은 보이콧하는 행동에 나서기도 한다.

미닝 아웃은 주로 자기 의견과 취향의 적극적인 표현에 익숙한 MZ세대를 중심으로 퍼져나갔다. 가끔은 유희적 방식으로 표출되기도 하지만, 대체로 상당히 정치화-조직화해서 진지한 방식으로 표현된다.

37

빅 블러

Big Blur

"하긴 경계가 늘 또렷이 남아있기란 어렵지요."

산업 간, 비즈니스 간 경계가 흐릿해지는 경계융화가 일어나는 현상을 의미한다. 1999년 미래학자 Stanley Davis(스탠리 데이비스)가 정보통신기술의 발전 아래 모든 산업은 소프트웨어 산업이 되고, 여러 산업이 한데 섞일 것으로 예측하면서 blur(블러)라는 용어를 처음 썼다. 좀 더 구체적으로 말해보자. 생산자와 소비자, 중소기업과 대기업, 온라인과 오프라인, 제품이나 서비스 사이에서 경계가 급속하게 흐려지고 사라진다는 뜻이다. 그냥 사라진다기보다 다양한 혁신의 새로운 흐름이 일어나고 있는 것이다. 지금 기업들은 유통과 금융 분야에서 일어나고 있는 혁명과 관련하여 빅 블러를 주요한 현상으로 받아들여 분주히 대응하고 있다.

왜 이런 '블러' 현상이 생기는 걸까?

소비자의 역할, 기업의 관심사, 서비스의 역할, 비즈니스 모델, 산업 장벽, 경쟁 범위 같은 측면에서 동시다발적인 힘이 작용하여, 비즈니스 영역 내 주요 경계가 사라진다는 것이 전문가들의 설명이다. 예를 들어보자. 플랫폼 절대강자인 네이버와 카카오가 금융, 모빌리티 등의 산업에 진출한다. 이 분야의 전통 기업과 갈등이 생기지 않을 수 없다. 이런 갈등은 상호 경쟁에서 상호 협력을 거쳐 경계가 모호해지는 방향으로 나아간다. 유통 분야는 어떤가. 코로나-19 때문에 오프라인 비즈니스의 힘이 약해지고 온라인 유통 비중이 급증했다. 이런 변화가 양쪽 모두에 변화를 불러오면서 역시 경계가 희미해진다. 미디어 분야도 마찬가지여서, 넷플릭스로 대표되는 OTT 사업자가 기세를 올리면서 시장 경쟁구조 자체가 크게 바뀌었다. 영화와 드라마 제작에까지 영향을 미치며 기업들의 정체성이 흐릿해진다.

택시를 이용할 때 모바일 앱으로 호출하고 결제한 경험이 없는 사람은 거의 없을 것이다. 이런 관행이 보편화하면서 플랫폼 기업의 영향력은 계속 커진다. GPS나 자동결제 같은 기술을 통해 플랫폼 기업의 영역이 택시업, 택시 가맹업과 뒤섞여 경계를 흐릿하게 만든다.

핀테크 기업이 빠르게 성장하면서 진입 장벽이 높고 규제가 많은 금융 분야에서도 빅 블러 현상이 한창이다. 대형 IT 기업의 진입이 전통의 금융시장을 뒤흔들고 혁신을 강요하고 서비스는 다양해지면서 업역 간 경계가 자꾸만 사라지고 있다. 카카오는 아예 인 터넷은행과 증권사를 직접 설립했고, 네이버는 경쟁만이 능사는 아 니라는 듯 미래에셋과 손잡고 사업 영역을 확대한다. 이미 막강해 진 자사 플랫폼을 기반으로 한 혁신과 편의를 내세워 이용자를 빠 르게 확보한다. IT와 금융권의 빅 블러다.

앞으로 누가 적이 될지 모른다?

2억900만 명의 가입자를 자랑하는 세계 최대 OTT 업체 넷플 릭스가 게임 시장 진출을 선언했다. 게임도 오리지널 시리즈처럼 새로운 콘텐트로 간주한다고 설명하면서. 앞선 기술을 매개체로 하여, 이종 산업 간 경계를 무너뜨리는 융합 현상이다. 영화 제작만 으로 지탱하기 어려운 선두 자리를 지키기 위해 빅 블러가 꼭 필요 했던 걸까? 아무튼, 엔터테인먼트와 게임의 경계가 흐려지는 빅 블

● ● ● 게임 시장 진출을 선언한 넷플릭스의 로고에 게임 패드를 합성한 사진

러 사례다. 우리는 2023년이면 넷플릭스의 게임을 세계 전역에서 볼 수 있을지도 모른다.

스타벅스(!)가 은행의 경쟁자로 등장하고 빅 블러의 사례가 되었다면 믿어지는가? 디지털 결제 분야의 기술이 워낙 발전한 것이 계기가 되었다. 고객들이 모두 모바일 앱으로 커피를 주문하고 결제하게 되자, 상품권 구매 및 충전 기능을 통해 스타벅스에 '돈을 맡겨 놓고 쓰는' 것이 가능해진 것. 고객이 돈을 맡기면 기본적으로 은행이 된 거나 다름없지 않은가. 선불 충전금이 1,800억 원에 달해 주요 핀테크 기업인 토스와 네이버파이낸셜보다 많다. 하나금융과 KB금융그룹, 우리금융 등의 수장들이 스타벅스를 '가장 신경 쓰이는 경쟁자'로 꼽았다니 놀라울 뿐이다. 스타벅스는 미국 일부 지역에서 가상화폐 결제 앱을 시범 운영하는 등 핀테크 기능을 계속 강화하고 있다. 커피 프랜차이즈가 웬만한 은행의 2배 넘는 돈을 보유하고 있으니, 정말 누가 나의 적이 되어 튀어나올지 모를 세상이 된 거다.

컴퓨터 기업 애플과 검색 엔진 기업 구글은 빅테크가 초래한 빅 블러의 대표적인 예다. 다른 분야에 있던 두 회사는 스마트폰 분야에 잇달아 진출해 서로 경쟁자가 됐다. 그뿐인가, 최근에는 반도체에도 진출하면서 인텔과 엔비디아 같은 전형적 반도체 기업과 경쟁하고 있다. 두 회사는 또 모빌리티 산업에도 나란히 진출했다. 둘다 자회사를 통해 자율주행 전기차 기술을 가다듬고 있다. 그렇잖아도 전통의 완성차 업체들이 전기차 생산을 선언했고, 수많은 스타트업이 뛰어든 것도 모자라 소니, 화웨이, 샤오미 같은 IT 기업들까지 덤벼든다. 자동차 업계가 두려운 마음으로 빅 블러를 목격하고 있다.

비즈니스 모델의 경계가 무너지는 사례도 많다. 원래 아마존이나 네이버는 개인의 주문과 검색 서비스로 수익을 올린 전형적인 B2C 기업이었다. 하지만 이들은 온라인 쇼핑몰과 포털을 만들었던 그 기술로 클라우드 서비스에 진출해 B2B 사업을 성공적으로 일궈냈다. LG CNS 같은 기업은 그 반대다. 원래 IT 서비스를 공급하는 B2B 업체였지만, 최근 개인 정보를 모아 관리해주는 마이 데이터 사업으로 B2C에 멋지게 진입했기 때문이다.

빅 블러 와중에 생존 비결은 '원천기술'?

산업 패러다임의 변화와 신기술의 등장이 빅 블러를 가속했지만, 그렇다고 해서 수십 년 쌓은 기업의 핵심 경쟁력이 한순간에 무의미해지겠는가. 아니다. 산업과 기술 경계가 흐려질수록 원천기술의 가치는 역설적이게도 더욱 분명해진다. 궁극적으로 융합은 핵심 기술에서 파생되기 때문이다. "애플은 사업이 겹쳐지는 지점을 찾아내고 그 주변의 핵심 기술을 직접 보유하는 걸 아주 좋아한다"는 팀 쿡 CEO의 발언이 원천기술의 중요성을 드러낸다.

　　연세가 지긋하신 어른들은 '조미료' 하면 '아지노모토'를 저절로 떠올리곤 했다. 아지노모토는 물론 조미료인 MSG를 세계 최초로 개발한 일본의 유서 깊은 제조사다. 이 회사가 놀랍게도 빅 블러 시대에 살아남는 기업의 좋은 사례로 등장한다. 100년 역사의 식품기업이면서 동시에 반도체 핵심 소재인 '마이크로 절연 필름'이란 것을 독점 공급하기 때문이다. MSG 제조에 쓰이는 아미노산을 특화해 ABF라는 원천기술을 개발한 덕분이다. 100년 전 조미료 기술인 ABF는 지금도 생산되는 대다수의 반도체 제품 회로에 탑재된다.

38

새로운 FANG

New FANG

"한가로이 주고받는 말장난이 아닙니다."

"당신의 포트폴리오에는 'FANG'이 들어있습니까?"

이 아리송한 질문을 던진 것은 미국 경제매체 CNBC에서 〈Mad Money(매드 머니)〉라는 프로그램을 진행하던 Jim Cramer(짐 크레이머)였다. 2013년 9월의 일인데, 당시의 FANG은 페이스북-아마존-넷플릭스-구글을 가리키는 용어로, 이들이 '미래를 대표하고, 시장 지배적 지위를 가진 회사들'이기 때문에 특별히 묶어 부른다는 설명이 뒤따랐다. 그러자 월스트리트는 여기에 스마트폰 시장을 이끄는 애플을 추가해 'FAANG'이라 부르기 시작했다. (하긴, 어째서 애플이 애초에 빠졌을까!) 이듬해에는 물론 FAANG을 포함해 미국이 자랑하는 10대 기술 기업으로 구성된 지수가 나왔는데, 이 지수를 'FANG 플러스 지수'라고 부를 정도였다. 이렇듯 미국 성장주와 빅테크 기업의 상징이 된 FAANG은 최근까지도 전 세계 투자자들의 입에 자주 오르내렸다.

그 명성에 걸맞게 FAANG 기업들의 주요 사업 실적은 이후 급상승했고, 주가 역시 그야말로 고공 행진을 이어갔다. 특히 코로나 팬데믹이 시작된 후엔 날개를 달았다고 표현해도 좋을 정도. 비대면 사회의 특징인 전자상거래와 온라인 구독 서비스 및 온라인 광고 수요가 폭발했으니, 굳이 다른 이유를 들 필요조차 없어 보인다. 덕분에 2020년 한 해 동안 FANG 플러스 지수는 93%나 뛰고, S&P500 전체 시가총액에서 FAANG 기업이 차지하는 비율도 약진했다.

그러나 좋은 일은 필시 빛을 잃고, 올라갔던 것은 반드시 내려오기 마련인가? 코로나 백신 접종으로 세계가 팬데믹의 충격에서 조금씩 벗어나면서 'FAANG의 진군'에도 서서히 변화가 일기 시작한다. 무엇보다 페이스북과 넷플릭스 주가가 30% 가까이 폭락했다. 크레이머가 원래 FANG의 요건으로 꼽았던 '시장 지배적 지위'를 잃은 걸까? 반면, 애플-구글-아마존 삼총사는 FAANG의 자존심을 간신히 지켜냈지만, 그 기세는 한풀 꺾였다. 대신 테슬라와 엔비디아 같은 신흥세력이 전 세계 투자자들의 총아로 등장했는데, 이들 역시 엎치락뒤치락 행보를 보여주고 있다. 한 몸처럼 움직이던 FAANG이 균열을 보이자, 투자자들도 '옥이냐, 돌이냐'를 가리기 시작한다. 성장할 것 같은 기술주라고 해서 '묻지 마' 투자하는 행태는 이제 보기 힘들 것 같다. '빅 테크'가 다시 매력으로 다가오려면 아무래도 시간이 좀 필요하지 않을까.

시계를 좀 앞으로 당겨보자. 2022년 봄, 전 세계가 신음하고 있다. 그악스러운 코로나의 손아귀를 용케도 빠져나오는가 싶었는데, 웬걸, 빅 스텝이냐 자이언트 스텝이냐 하면서 이어지는 금리 인상, 한 치 앞을 볼 수 없는 우크라이나 전쟁, 원자재 가격 폭등, 성장주 투자의 기회비용 증가. 인플레이션의 침공 등. 예기치 못한 악재는 겹겹이 쌓이고 시장은 극심한 변동성이라는 공포에 뒤덮여버렸다. 이렇게 되자, 10년 전 크레이머가 지목했던 것과는 전혀 다른 FANG, '새로운 FANG'을 주목하라는 외침이 터져 나온다. 그러니까 '새로운 FANG'은 연료(Fuel), 농업(Agriculture), 천연자원(Natural resources), 금(Gold)에 대한 투자를 촉구하는 신조어다. 월 스트리트 저널까지 나서서 새로운 FANG이 뜨고 있다고 호들갑을 떨 정도이니, 시장과 투자의 분위기가 심각하게 바뀐 것은 분명해 보인다.

원유를 비롯한 각종 원자재와 곡물 가격을 폭등시킨 주범은 단연 러시아의 우크라이나 침공이다. 코로나 초기에도 원유 가격이 천당과 지옥을 오갔던 일이 있지만, 그땐 단기간의 '해프닝'으로 끝났다. 하지만 이번에는 다르다. 예측하기조차 두렵다. 농산물과 귀금속과 희토류에 이르기까지, 불안의 영역이 커지면서 가히 '자원 전쟁'이 터진 양상이다. 크레이머의 '원조' FANG이 FAANG로 확대되었던 것처럼, 새로운 FANG에다 항공우주(Aerospace)를 더한 '새로운 FAANG'이라는 별명까지 언론에 오르내린다. 어쨌거나 에너지와 주요 광물자원의 93%를 해외에 의존하는 자원 빈국인 우리나라로서는 여간 무시무시한 형국이 아닐 수 없다.

눈치 빠르고 명석한 투자자들은 재빨리 새로운 FANG 관련 기업들에 돈을 퍼부으면서 주가를 밀어 올리고 있다. 2022년 들어 뉴욕 증시 3대 지수의 하나인 'S&P 에너지업종 지수'는 39% 올랐다. S&P500에 상장된 기술기업 75개를 아우르는 기술주 지수의 10% 하락과 또렷한 대조를 이루면서 말이다. 옥시덴털, 핼리버튼, 셰브런 등의 에너지 업체 주가가 뜀박질하고 배당률이 치솟는가 하면, 천덕꾸러기 신세였던 셰일가스 업체도 날개를 달았다. 우크라이나 전쟁으로 록히드마틴 같은 방산업체 주가가 신기록을 세우는 현상도 눈에 띈다. 올해 초에 새로운 FANG에 투자했다면 지금까지 수익률이 27% 정도라는 보도도 있었다. 2분기 이후의 전반적인 폭락으로 빛을 잃긴 했지만 말이다.

오리지널 FANG이든 새로운 FANG이든, 그저 흥미롭게 주고받는 말장난이 아니다. 한가롭게 바라볼 한때의 유행도 아니다. 자칫 방심해서 슬기롭게 대처하지 않으면 앞으로 10~20년이 무척 고달프니까. 새로운 FANG 논의의 배경에 자리 잡은 글로벌 공급망 리스크나 전쟁 리스크는 '자원 민족주의'를 불러올 수도 있다. 새로운 FANG은 여러 차원의 전방위적 위기를 염두에 두고 생겨난 용어다. 동시에 새로운 기회의 땅을 보여주기도 한다. 한국이라고 예외이겠는가?

가령 에너지와 광물자원의 확보는 국가적 차원에서 근원적으로 해결해야 할 과제다. 대충 연구해서 투자하고 뛰어들었다가, 몇 년 실적이 시원찮다고 손실을 감수하면서까지 집어치울 문제가 아니란 얘기다. 장기적 전략이어야 할 자원 외교를 '적폐'로 몰아붙이는 가벼운 행태도 반성해야겠다. 더구나 원전 폐기 여부를 둘러싸고 홍역을 치르고 있는 정부는 '새로운 FANG' 현상을 보며 절치부심해야 할 것이다. 생존과 성장을 위한 국가 간의 경쟁인 동시에 백년대계의 과제이기 때문이다. 기업과 개인의 투자 활동에 국한될 문제가 아니다. 새로운 FANG은 우리가 자랑하는 반도체도, 전기차도, 기초 자원 없이는 말짱 헛일임을 일깨워준다.

39

선학개미

"기업공개가 이루어지면 큰돈 벌기는 글렀으니까."

코로나 팬데믹이 시작된 직후부터 국내 주식을 점령한 '동학 개미'와 해외 증시를 휘젓는 '서학개미'가 언론에 무시로 오르내리 더니, 마침내 '선학개미'에 이르렀다. 잠재력 높은 비상장 기업의 가 치를 남들보다 먼저 알아보고 그 기업의 IPO 이전에 미리 사두려는 개인투자자들을 가리킨다. 2030세대가 선학개미의 주류를 이룬다.

주식투자자들이 비상장 주식에 눈독을 들이게 된 계기는 사 실 2020~2021년에 이어진 대어급 기업공개(IPO)의 물결이었다. 경 쟁률이 높은 공모주에는 투자하고 싶어도 원하는 만큼 주식을 배정 받을 수 없어서 큰 수익을 올리는 데 한계가 있었다. 그래서 개인투 자자들이 상장을 앞둔 비상장 주식에 눈을 돌리기 시작한 것이다. 현재 야놀자, 차량 공유 업체 쏘카, 카카오엔터테인먼트, 마켓컬리 의 운용사 컬리, 신세계그룹의 SSG닷컴 등이 장외 시장에서 활발히

거래되고 있다.

비상장 주식 거래는 어떻게 하나?

그리 어렵지 않다. 국내 증권사에 계좌를 만들면 국내 가장 큼직한 3개의 비상장 주식투자 플랫폼 가운데 하나와 연계되어 투자할 수 있다.

(1) 셋 중 금융투자협외가 직접 운영하는 'K-OTC'의 경우 34개 증권사에서 거래 계좌를 틀 수 있는데, 매출 등 실적 요건을 갖춘 기업만 등록할 수 있고 공시 의무 등 진입 장벽도 높아 146개의 비상장 종목만 거래할 수 있다. 장외 시장 K-OTC의 거래액은 2014년 2,200억 원에 그쳤지만, 2021년에는 역대 최대치인 1조4천억 원을 기록했다. 금융사도 비상장 주식투자에 뛰어들었고 선학개미도 더 늘어나 2022년에는 더욱 성장할 것으로 전망되었지만, 현실은 상상을 뛰어넘은 증시의 폭락으로 인해 불투명한 상태다.

(2) '증권플러스 비상장'은 국내 최대 가상화폐 거래소 업비트를 소유한 두나무가 운영한다. 삼성증권 계좌를 이용하는데, 거래

할 수 있는 종목이 6,600개 이상으로 가장 많다. 이 플랫폼의 회원 수는 출범 2년 만에 80만 명을 넘겼다. 그리고 최근 1년간 플랫폼 이용자의 43.8%를 MZ세대가 차지했다.

(3) 기술기업 PSX가 운영하는 '서울거래 비상장'은 신한금융 투자와 계좌가 연계돼 있고, 모두 373개의 비상장 종목을 거래할 수 있다. 한 달 내 로그인을 하는 등의 월간 활성 이용자가 30만 명을 넘겼고 그 중 40%가 MZ세대다. 금융위원회는 (2)와 (3)을 혁신 금융서비스로 지정해서, 금융투자업 인가 없이도 비상장 주식 거래 업무를 보도록 특례를 주었다.

비상장사 정보는 전자공시시스템 다트에 공시되지 않는 경우가 많다. 투자 전에 정말 치밀한 조사가 필요한 이유다. 증권사나 신용평가사의 보고서와 언론 기사 등, 동원할 수 있는 모든 정보를 동원해서 살펴봐야 한다. 비슷한 상장사와 기업가치도 비교하고, 괜찮은 벤처캐피털이 투자했느냐의 여부도 확인하고, 호재성 발표를 봐도 전문가에게 검증받아야 한다. 그런 뒤에도 여윳돈으로만 분산 투자해야 한다. 물론 첫 투자는 소액이다.

40

소셜 커머스
Social Commerce

"살아남기 위해선 안 하고 못 배깁니다."

트위터라든가 페이스북 같은 소셜미디어를 통해 이루어지는 인터넷 상거래가 '소셜 커머스'다. 그러니까 어떤 상품을 구매하고자 하는 소비자가 일정한 수 이상 모이면 그 상품을 하루 동안만 파격적으로 낮은 가격에 판매하는 식의 전자상거래다. 당연히 온라인 소비자들은 최소 구매 물량을 넘기기 위해 자발적으로 관련 정보를 퍼뜨리게 된다. 코로나-19 팬데믹 이후 전자상거래가 급격히 커지자 소셜미디어 기업들이 이런 소셜 커머스 사업에 적극적으로 뛰어들면서 사람들의 입에 오르내리는 용어가 되었다.

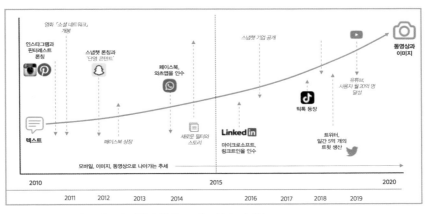

영화 「소셜 네트워크」
개봉

인스타그램과
핀터레스트
론칭

스냅챗 론칭과
"단명 콘텐트"

페이스북,
와츠앱을 인수

스냅챗 기업 공개

동영상과
이미지

유튜브
사용자 월 20억 명
달성

텍스트

페이스북 상장

새로운 필터와
스토리

Linked in

마이크로소프트
링크트인을 인수

틱톡 등장

트위터,
일간 5억 개의
트윗 생산

모바일, 이미지, 동영상으로 나아가는 추세

2010					2015					2020
	2011	2012	2013	2014		2016	2017	2018	2019	

• • • **소셜 미디어 플랫폼의 변천과 활동, 그리고 중요 사건들**

가령 페이스북은 일찍이 2020년 5월부터 기업 가입자들이 자신들의 페이스북 페이지에서 상품을 팔 수 있도록 Shops(숍스)라는 기능을 만들어주었다. 이후 한 해 동안 120만 개가 넘는 숍스 상점이 문을 열고 영업 중이다. 방문객 수는 월 3억 명을 넘겼다. 페이스북은 이어 인스타그램에도 같은 이름의 쇼핑 전용 페이지를 도입했는가 하면, 2021년 말부터는 메신저 앱인 WhatsApp(와츠앱)에도 'Cart(카트)'라는 쇼핑 기능을 적용했다. 짧은 동영상을 올리고 공유하는 앱으로 돌풍을 일으킨 틱톡 역시 2020년 4월부터 라이브 동영상 쇼핑을 위한 Shop Now(숍 나우) 버튼으로 사용자들을 유혹하고 있다.

한편 소셜미디어 기업으로는 원조에 해당하는 트위터는 어떨까. 다소 늦긴 했지만 2021년 여름 기업용 트위터 서비스에 가입한 기업들을 위한 Shop Module(숍 모듈)을 마련해주었다. 자신들의 프로필에다 제품을 선보일 수 있는 전용 공간이다. 트위터 사용자(소비자)들이 상품을 살펴보고 결제까지 할 수 있도록 만들어놓았다. 그밖에 스냅챗과 핀터레스트 등도 최근 소셜 커머스 기능을 도입했다.

지역적으로 동남아에선 소셜 커머스가 완전히 쇼핑의 메인스트림 문화로 자리 잡았다. 가령 태국은 전자상거래 전체 규모에서 소셜 커머스가 44%를 차지한다. 한 시장조사 업체의 조사결과로는, 2021년 소셜 커머스 형식으로 상품을 구매한 사람이 세계적으로 8,000만 명에 달해, 2019년의 6,400만 명보다 25% 늘어났다. 2023년에는 1억 명 이상이 소셜 커머스를 이용할 거라는 전망도 나온다. 이 정도면 3억 명의 글로벌 이용자를(특히 1억 5,000만 명의 유료 회원을) 확보한 아마존과도 한판 붙어볼 만한 수준이다. 시장의 규

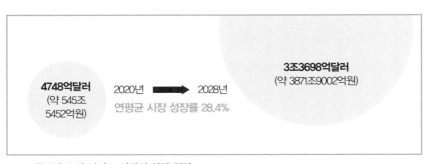

3조3698억달러
(약 3871조9002억원)

4748억달러
(약 545조
5452억원)

2020년 ➡ 2028년
연평균 시장 성장률 28.4%

● ● ● **글로벌 소셜 커머스 시장의 성장 전망**

[자료: Grand View Research]

모로 봐도 일취월장이 기대된다. 2021년 글로벌 소셜 커머스 시장은 4,748억 달러 수준이었고, 앞으로 매년 평균 28% 성장해 2028년에는 3조 4,000억 달러에 다가갈 전망이다.

무슨 이유로 아마존을 위협할 수준에 이르렀을까?

소셜 커머스가 인터넷 쇼핑의 '큰 손'이 된 이유로 크게 2가지를 생각해볼 수 있다. (1) 우선 소셜미디어 공간에 사람들이 머물고 이용하는 시간이 다른 서비스나 앱보다 압도적으로 길다는 점이다. 어느 AI 대화 서비스 기업에 따르면 스마트폰 이용 시간 중 80% 정도가 소셜미디어를 찾는 시간이라고 한다. 사람들이 한 플랫폼에 들락날락하면서 오래 머물면 비즈니스가 싹트기 마련이다. 온라인 쇼핑 문화는 사용자들이 미처 알아차리지도 못할 정도로 은밀하게, 그러나 빠르고 확실하게 변했다. 이젠 우리가 쇼핑할 생각이 없을 때도 소셜미디어는 쇼핑의 유혹을 멈추지 않는다.

(2) 또 다른 이유는 고객의 취향에 딱 들어맞는 맞춤형 광고 능력이다. 전문가들은 특히 페이스북이 소셜 커머스 광고를 배치하는 능력이 놀라우리만치 정확하다고 혀를 내두른다. 사용자에 따라 다른 상품의 광고를 보여주는 것은 물론이고, 같은 품목이라도 사용자의 소득이나 취향에 맞춰 다른 제품을 추천하기 때문이다. 빅 데이터와 명민한 연구조사를 기반으로 한 마케팅 능력의 좋은 본보기다.

(3) 과거의 맞춤형 광고를 기반으로 한 기존 판매 방식으로는 수익 실현이 점점 더 어려워지고 있다. 예컨대 업데이트된 애플의 운영체제하에서 소셜미디어 업체들은 사용자 개인 정보 수집하기가 극도로 어려워졌다. 사용자의 개인 정보가 없으면 위치와 취향을 기반으로 하는 맞춤형 광고가 불가능해지지 않겠는가. 갈수록 두터워지는 개인정보 보호의 벽에 맞닥뜨린 소셜미디어 기업들은 어쩔 수 없이 소셜 커머스 진출을 시도하게 되거, 소셜 커머스는 사용자의 개인 정보를 확보하는 '우회로'가 되기도 하기 때문이다. 어쨌거나 그들에게 온라인 판매 비즈니스는 선택이 아닌 생존 문제가 되어버렸다.

41

소형 모듈 원자로

SMR: small modular reactor

"우리도 아직 늦지 않았어, 제2의 반도체"

발전 설비들을 따로따로 설치한 전통의 대형 원자력발전소와는 달리, 증기발생기, 냉각재 펌프, 가압기 등의 기본 설비들을 일체화해서 원자로 안에 모두 집어넣은 모듈 형태의 소형(높이 20m, 지름 2.7m) 원전을 가리키는 용어. 전기출력 300㎿ 이하의 차세대 원전으로, 설비가 한꺼번에 내부에 장착되므로 방사능 유출 등 사고확률이 기존 대형 원전의 1만 분의 1로 줄어들고, 반대로 건설비는 절반밖에 안 된다. 경제성과 안전성을 모두 갖춘 '꿈의 원전' 혹은 '탈탄소 시대의 게임 체인저' 혹은 '미래를 이끌 제2의 반도체'로 불리는 이유다.

SMR의 메카로 간주되는 혁신의 진원지는?

에너지 패권을 거머쥐려는 미국과 중국 등의 치열한 경쟁이 시작된 가운데, 압도적인 기술로 선두를 질주하고 있는 기업은 미국의 NuScale Power(뉴스케일 파워)다. 미국 정부의 전폭적인 지원으로 순항 중인 이 회사의 연구단지가 자리 잡은 오리건주의 소도시 Corvallis(코밸리스)는 그래서 혁신 원자력발전산업의 메카가 되었다.

(1) 우선 뉴스케일의 SMR이 2021년 여름 세계 최초로 원자력규제위원회(NRC)의 1차 설계 승인을 통과하는 등, 기술력이 독보적이다. 그들이 개발한 SMR은 대형 원전 격납 건물의 150분의 1에 불과한 크기지만, 하루 6만 가구가 쓸 수 있는 전력을 생산할 수 있다. (2) 전자파공격, 항공기 충돌, 초강력 지진에도 너끈히 견디는 안전성도 탁월하다. 안전을 위해 프로그래머블 반도체 시스템을 자체 개발했고, 첨단 안전성 테스트에만 해마다 500억 원을 아낌없이 쓴다. 정부 지원금을 대부분 안전성 R&D에 투입한 덕분에 이들이 만드는 SMR의 사고 확률은 300억 년에 한 번꼴이라는 얘기까지 나온다. 설치부터 운전 단계까지 SMR이 거대한 수조의 저장수에 잠겨 있어서 자연재해로 전력이나 냉각수가 끊기더라도 수조의 물이 냉각수 역할을 해 열을 식힌다고 한다. (3) 뛰어난 경제성도 또 다른 강점이다. 무엇보다 핵연료 사용이 기존 원전보다 훨씬 적고, 넓은 부지도 필요 없다. 건설에 필요한 비용도 저렴하고 기간도 짧다. 구

체적으로 비교해보자. 기존 2,200㎿짜리 대형 원전 1기를 지으려면 6년 이상의 기간과 90억 달러를 웃도는 건설비가 든다. 반면, SMR 12개로 구성되는 출력 924㎿ 소형원전 하나를 짓는 데는 2년 8개월과 33억 달러 정도만 필요하다. 글로벌 에너지산업 재편이 코밸리스에서 시작될 거라는 예측이 괜히 나온 게 아니다.

한국은 SMR 분야에서 어느 정도의 위치에 있는가?

대형 원전 기술에 관한 한, 두산중공업을 비롯한 국내 기업들의 원전 기술력은 세계 1위다. 원조 격인 미국의 웨스팅하우스까지 침몰시켰다. 그러나, 아쉽게도, SMR 분야에선 한참 뒤처지고 있다. 대형 원전 분야에서 한국에 주도권을 뺏겼다는 위기감이 미국 정부의 SMR 선점 욕구를 부추겼을지도 모른다. 아무튼 한국은 SMR 개발을 위한 실증 사업에서 첫발도 떼지 못했다.

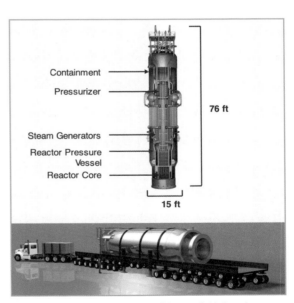

● ● ● 뉴스케일이 개발한 SMR의 기본 구조와 실제 크기

소형 모듈 원자로

그러나 원전 기술 강국인 우리에게도 아직 SMR 시장 점유의 기회는 충분하다. 기술력은 시장에서 충분히 증명되었으니, 정부의 과감한 규제 혁파와 공격적인 지원만 있다면 앞서나갈 수 있다. 탄소중립의 시대에 SMR을 활용하지 않는 것은 정치인들의 직무유기라는 말도 있다. 게다가 2035년까지 1,000억 달러, 2040년까지 3천억 달러로 커질 것으로 보이는 방대한 기회를 놓칠 수는 없지 않은가.

2022년 4월 SK그룹은 차세대 원전 벤처기업 TerraPower(테라파워)의 지분 10%를 인수한다고 발표했다. 빌 게이츠가 3,500만 달러를 출자해 2006년 설립한 테라파워는 와이오밍주에서 Natrium(나트륨)이란 이름으로 40억 달러 규모의 SMR 원전을 개발하고 있다. 2028년 완공해 60년간 가동할 요량이다. 이미 석유화학 설비 플랜트 건설 경험과 운영 능력을 갖춘 SK그룹의 움직임은 한국의 SMR 진출에 대한 상징성을 지니는 동시에, 한국 내 차세대 원전 사업 확산의 기폭제가 될 것이다.

러시아의 우크라이나 침공, 유럽을 강타한 에너지 위기 등으로 지정학적 불안이 커지면서 글로벌 원전 르네상스를 다시 기대해볼 수 있는 상황이 되었다. 영국 정부가 2050년까지 470MW 규모의 SMR 16기를 영국 전역에 건설한다는 계획을 제시하는 등, 미국, 중국, 일본, 프랑스, 러시아 등 원전 강국들의 개발 경쟁이 뜨겁다.

SMR을 중심으로 글로벌 시장에 새로운 기회가 생길 것이 확실하다. 국내에서도 윤석열 정부가 탈원전 정책 백지화를 천명하고, 원전 산업 육성을 약속했다. 게다가 공기업 위주로 성장해온 국내 원전 산업에 4대 그룹의 하나가 진출하면서, 한동안 탈원전 정책으로 침체했던 국내 원전 산업이 재도약하는 계기가 될 것이다.

42

스테이블 코인

Stable Coin

"철석같이 믿었건만 알고 보니 지옥 같은 폭락"

비트코인이나 이더리움처럼 시세가 크게 오르내리는 코인과 달리, 문자 그대로 가격이 안정한(스테이블) 수준에서 유지되도록 설계한 가상화폐, 언제나 '1코인=1달러' 식으로 법정화폐와 연동된 가상화폐를 가리키는 용어. 이처럼 변동성이 낮으므로 가상화폐 거래나 디파이(탈중앙화금융) 같은 블록체인 기반의 금융상품에 이용될 거란 기대가 컸다. 실제로 대표적 스테이블 코인인 '테더'의 시가총액은 한때 비트코인, 이더리움에 이어 전체 가상화폐 시장에서 3위에 오르기도 했다. 극심한 변동성에 시달리는 기존의 가상화폐와 실물 화폐 사이에서 중간 역할을 하면서, 가상화폐를 이용한 금융 서비스 확대에 크게 도움 되리라는 기대도 컸었다.

그러나 2022년 5월 투자자들이 스테이블 코인이라고 철석같이 믿었던 '테라'와 (테라의 쌍둥이격인) '루나'의 폭락 사태가 전 세계

가상화폐 시장을 뒤흔들면서 스테이블 코인은 순식간에 뜨거운 감자가 되었다. 한국의 권도형이 개발한 이 코인은 단 24시간 만에 96% 가까이 폭락했고, 스테이블 코인 자체에 대한 격렬한 논쟁으로 온 세상이 시끌시끌했다.

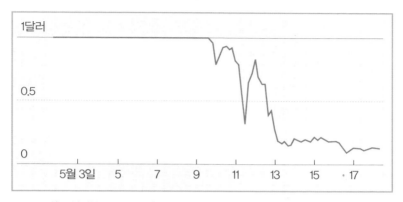

••• 소위 스테이블 코인이라던 '테라'의 끔찍한 대폭락 (단위: 달러)

어떻게 '스테이블'한 가격을 유지하는가?

적어도 코인을 발행하는 쪽에서는 크게 2가지 방법이 있다고 주장한다. (1) 우선 코인 하나를 발행할 때마다 발행사가 정말로 1달러를 사서 적립하는 방법. 가장 확실한 방법이다. 코인 보유자는 언제든지 발행사에 가서 1코인을 주고 1달러를 받을 수 있으므로 코인 가격은 늘 1달러로 유지된다. 세계 최대의 스테이블 코인인 '테더'가 이런 방식을 채택하고 있다. (2) 둘째 방법은 소위 알고리즘 방식이라고 해서, 코인과 1:1로 실제 달러를 사서 적립하는 대신, 프로그래밍을 통해, 그리고 '차익 거래'라고 하는 장치를 통해, 가치를 유지하는 방법이다. 위에서 예시한 폭락 사건의 주인공 테라-루나가 바로 이런 방식으로 가치 유지를 시도했다가 변을 당했다.

　이 2가지 방식의 기술적인 세부사항을 여기서 논할 수는 없다. 다만 투자자들은 스테이블 코인이 진짜로 '스테이블'할 수는 없다는 점만 기억해두면 될 일이다. 가치의 '안정'은 발행자의 '이론'이고 '약속'에 지나지 않는다. 테라-루나 가격의 폭락을 초래한 요인도 그냥 한두 개가 아니다. 또 가치의 안정성을 담보하는 장치가 작동하지 않을 지경이 되면 예리한 전문가들의 눈에는 보일 수 있을지 모르지만, 일반 개인투자자들은 결코 임박한 위험을 감지할 수 없다. 처음부터 다가가지 않는 편이 훨씬 권장할 만한 일이다. 가상화폐 시장에서 스테이블 코인의 역할은 마치 은행의 요구불 예금이나 초단기 금융상품 같은데도, 은행 예금처럼 원금도 보장되지 않고 현금화 보장도 불확실하다. 금융 당국조차 이 점을 걱정한다.

　더구나 테라처럼 알고리즘 방식으로 운영되는 스테이블 코인은 어느 것이든 비슷한 방식으로 폭락할 수 있다. 미국, 중국, 한국, 일본 등의 규제 당국은 테라-루나 폭락 사태를 계기로 스테이블 코인 규제를 강화하는 분위기다. 우리 금융 당국이 추진해온 '디지털 자산 기본법'에도 더 엄격한 규제가 담길 가능성이 커졌다. 아무리

용감한 자만이 미녀를 얻을 수 있다고는 하지만, 모험의 수준을 넘어 '자폭'이 우려되는 상황에서조차 용감할 수는 없는 노릇이다. 그렇지 않아도 거의 모든 가상화폐가 지옥을 경험하고 있는 지금, 개인투자자들은 눈 딱 감고 스테이블 코인 쪽으로는 고개도 돌리지 않는 편이 좋겠다.

43

슬로플레이션
Slowflation

"느리다고 무섭지 않은 게 아닙니다."

경제성장이 느려터졌다는 의미의 'slow'와 물가 상승을 의미하는 'inflation'의 합성어다. 즉, 경기는 둔화하고 있는 가운데 인플레이션까지 나타나는 현상을 뜻한다. 여기서 말하는 물가에는 생산자물가와 소비자물가가 있어서 이 둘을 별도로 이해해둘 필요가 있다.

생산자물가는 국내 생산자가 국내 시장에 공급하는 상품 및 서비스의 가격(부가가치세를 제외한 공장도 가격)을 가리킨다. 그리고 생산자물가의 변동을 측정하고 지수로 만들어 한국은행이 매월 발표하는 것이 생산자물가지수인데, 경기의 움직임을 판단-예측하는 데 크게 쓸모 있다. 상품 부문 781개, 서비스 부문 103개 등 총 884개 품목을 정해 그 가격을 조사해서 얻는다. 어느 시점의 생산자물가지수는 그 전월과 비교한 수치이거나, 전년도 같은 달과 비교한 수치로 나타난다. 이러한 생산자물가는 1개월쯤 시차를 두고 아래에 설명할 소비자물가에 단계적으로 반영된다.

　　이에 비해 소비자물가는 시장에서 거래되는 개별 상품의 가격을 경제생활에서 차지하는 중요도 등을 고려하여 평균한 종합적인 가격 수준을 가리킨다. 그리고 그런 소비자물가의 움직임을 알기 쉽게 지수화한 경제지표가 바로 '소비자물가지수'다. 이는 도시 가계의 평균 생계비나 화폐의 구매력 변동을 측정하는 대표적인 인플레이션 지표다.

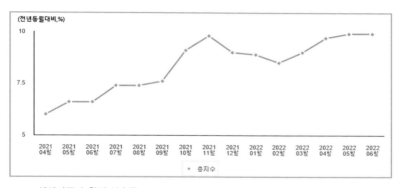

●●● **생산자물가 월별 상승률**

[자료: 한국은행]

　　위 도표에서 보듯이 2021년 4월부터 우리나라의 생산자물가의 (전년 동월 대비) 상승률은 7개월 이상 줄곧 커져서 2021년 말에는 그 상승의 정도가 거의 10%에 달했다. 이후 2022년 1분기에 잠시 주춤했던 상승률은 러시아의 우크라이나 침공 등 국제 여건이 악화하면서 계속 10% 언저리를 맴돌고 있다. 원유, 금속, 석탄, 철광석, 농수산물 등 원자재 가격이 오르며 공산품 물가가 급등했기 때문이다. 생산자물가는 기업들의 출하 물가이므로 곧 소비자물가 상승으로 이어진다. 향후 소비심리와 경제 전반의 회복에도 악영향을 미칠 터라 세계 주요국들의 근심이 깊어지고 있다.

그럼 같은 기간 소비자물가는 어떻게 움직였을까? 아래 차트에서 보다시피, 소비자물가 상승률은 거의 한 번도 기세가 꺾이지 않고 줄곧 8%대를 향해 상승해왔다. 2022년 하반기 들어 더욱 가팔라진 달러화 상승, 세계적인 금리 인상, 우크라이나 전쟁 악화, 미-중 대립의 격화 등이 모두 기업의 비용과 최종 물가를 밀어올리는 요소다. 경기 회복이 더뎌지는 동시에 소비자물가가 오르는 슬로플레이션을 우려하지 않을 수 없다.

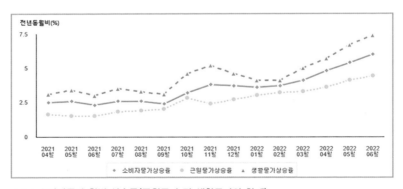

● ● ● **소비자물가 월별 상승률(근원물가 및 생활물가와 함께)**

[자료: 통계청]

　　우리나라의 경우, 두 차례에 걸친 소위 '석유 파동'으로 30%
에 육박하는 인플레이션을 감내한 후로 소비자물가는 거의 40년 가
까이 10% 이내의 상승률을 유지해왔다. (1968년부터 55년간의 추이를
나타내는 아래의 차트 참고) 그러나 코로나 팬데믹으로 약해진 세계 경
제의 체력이 러시아의 우크라이나 침공 같은 경제외적인 요소에 의
해 커다란 타격을 입게 되었다. 국제 원자재 가격이 워낙 급등한 탓
에, 아직 그 인상분을 제대로 상품 가격에 반영하지도 못했다는 기
업들도 많다. 소비자물가는 한층 더 올라갈 소지가 충분하다는 얘
기다. 재화의 가격이든, 서비스의 가격이든 상승의 추세와 그 이유
는 전혀 다를 바가 없다.

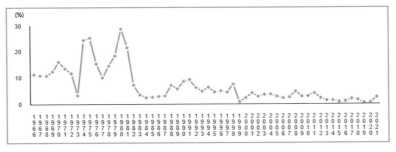

●●● **소비자물가 상승률의 55년간 추이**

[자료: 통계청]

　　물론 정부는 소비자물가 상승률을 2% 수준에 묶으려 안간힘
을 쓰고 있다. 대외 여건을 고려할 때 달성하기가 거의 불가능한 목
표로 보인다. 그럼에도 당국은 물가 상승에 맞설 종합적인 대책을
내놓음과 동시에 우리나라의 장기적인 경쟁력 혹은 경제의 체력을

북돋울 수 있는 혁신의 대책을 제시해야만 한다. 슬로플레이션의 어두운 그림자는 단기적인 현상일지 모르지만, 국가 경쟁력은 근원적인 문제이므로 경기의 오르내림과는 무관하게 끊임없이 끌어올려야 하는 기본기이니까 말이다.

44

슬리포노믹스 혹은 수면경제
Sleeponomics

"좋은 잠은 이제 값비싼 제품이랍니다."

잠이 부족하거나 잠의 질이 낮으면 어떤 일이 생길까? 신체적으로 피로해지는 것 외에도 정서조절이 어려워진다. 부정적이거나 공격적인 태도가 심해진다. 전반적으로 예민해지면서 잠재 능력을 발휘하기 힘들어진다. 그뿐인가, 우울감이 심해지는가 하면, 약간의 스트레스에도 어쩔 줄을 모른다. 여기까지는 누구나 경험으로 알고 있는 영역이다.

그런데 잠은 단순한 휴식 이상의 의미를 지닌다. 수면은 생산성의 문제이기도 하고 경쟁력의 밑바탕이 될 수도 있다. 수면은 낮에 소모된 신체 기능과 근육 기능을 회복시키고, 생체 에너지를 효율적으로 관리-저장-재생하기 때문이다. 좀 더 전문적으로 표현해서 잠은 뇌, 심혈관, 위장관, 호흡, 내분비, 대사, 성 기능 등의 생체 기능을 안정적인 상태로 유지할 수 있게 해준다. 그래서 돈을 주고라도 건강한 잠을 확보한다는 의미의 '슬리포노믹스'라는 용어가 생겨났다. 최고 품질의 수면을 얻으려는 '잠의 경제' 즉 '수면경제'라는 뜻이다. 요컨대 '잠 못 드는 밤' 혹은 '뒤척이는 밤'을 최소화하고 신체와 정신의 건강을 최적으로 유지함으로써 생산성을 극대화하자는 얘기다.

한국인은 충분히 자고 있을까?

오랫동안 '일벌레'로 이름을 알린 국민이니까, 얼핏 생각해도 그럴 것 같진 않다. 세계적인 헬스 테크 기업 Philips(필립스)가 13개국을 대상으로 설문 조사한 결과를 봐도 그렇다. 전체 응답자의 평균 수면시간이 6.9시간(주말은 평균 7.7시간)이었던 반면, 한국인의 평균 수면시간은 6.7시간(주말은 7.4시간)에 불과했다. 잠자는 시간은 그렇다 치더라도, 그보다 더 중요한 수면의 질은 어떨까? 마찬가지로 한국인이 최하위권이었다. 전체 응답자 58%가 충분히 자고 있다고 답했지만, 우리나라 응답자는 35%만이 충분한 수면을 누린다고 답했다. 또 자고 나서 개운함을 느낀다고 답한 글로벌 평균이 59%였던 데 반해서, 우리나라에선 29%만이 수면 후 개운하다는 반응이었다. 13개 조사 대상국 중 가장 낮은 수치였다.

아니나 다를까, 우리나라 수면 관련 질환 환자는 점차 늘어나는 추세다. 지난 2016년 약 291만 명이던 수면장애 환자 수는 꾸준히 증가해 2019년에 329만여 명으로 정점을 찍은 뒤, 2020년에 약

320만 명으로 다소 줄어들었다. 이 가운데 20대 환자는 아직 커다란 비율을 차지하고 있지는 않지만, 이 역시 지난 5년 동안 꾸준하게 증가해왔다.

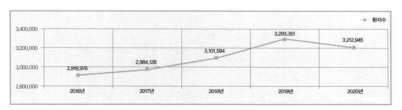

● ● ● **연도별 수면장애 환자 수 추이 (단위: 명)**

[자료: 건강보험심사평가원]

이런 배경에다 최근 소득 수준이 높아지면서, '좋은 잠'을 추구하는 수면산업(혹은 숙면산업)이 새로운 산업 분야로 급부상하는 중이다. 수면산업은 수면 관련 제품의 공급과 수면관리 서비스의 제공이라는 2가지 방향으로 전개된다. 어느 방향이든 고도의 기술이 동원되는 첨단 융합산업으로 불러도 손색이 전혀 없다. 그래서 대기업들까지 이 시장에 적극적으로 뛰어들고 있으며, 틈새시장을 노리는 스타트업의 진출도 활발하다.

물론 수면 시장의 급성장은 전 세계적인 현상이다. 인구 대국인 중국은 아직 선진국의 대열에 들지 못했음에도 2021년에 이미 4,000억 위안을 넘어섰고, 1990년대부터 수면산업이 싹트기 시작했던 미국은 2020년에 이미 450억 달러를 돌파한 규모의 시장이 되

슬리포노믹스 혹은 수면경제

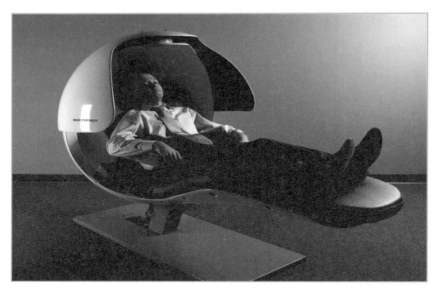

● ● ● 꿀맛 같은 낮잠을 제공하는 숙면 기구

었다. 한국의 수면산업 성장도 괄목할 만하다. 2011년 4,800억 원에 불과했던 시장 규모가 2019년에 이미 3억 원을 넘었고, 2021년 말 기준으로는 약 4조 원에 이를 것으로 전망돼, 10년 사이에 무려 10배 가까이 성장했으니 말이다.

수면 시장에 어떤 제품들이 나오고 있는가?

새로운 직업을 연구해온 고용정보원의 수면산업 제품 분류를 적용해보면 아래와 같은 제품군으로 나누어볼 수 있다.

(1) 숙면을 유도하는 기능성 침구류; 기능성 매트리스나 베

투자의 길이 보이는 **트렌드 경제용어 2023**

개, 침대 패드, 이불 등이 포함된다. 요즘은 이런 침구류에도 인공지능과 사물인터넷 등의 첨단 기술이 가미되어 '스마트 침구' 형태로 진화하고 있다.

최고의 안락함은 물론이고, 매트리스와 사물인터넷을 결합해 수면 공간의 환경과 사용자의 수면 상태를 실시간 분석하면서 자동으로 최적의 숙면 솔루션을 제공하는 소위 '스

● ● ● **다양한 첨단 기술이 장착된 스마트 베드의 전형**

마트 베드'가 단적인 예이다.

(2) 숙면 기능 IT 및 숙면 요법 제품; 사용자의 심리 측면을 케어하는 시스템, 숙면을 유도하는 IT 제품들, 숙면을 돕는 감성 조명, 색감이나 음악이나 허브-아로마 등을 이용한 숙면 요법 등이 해당한다. 예컨대 한때 집중력 향상기로 수험생 사이에서 선풍적인 인기를 끌었던 엠씨스퀘어도 30년 넘게 축적한 임상데이터를 활용해 뇌파 유도 수면 뇌 과학 음원 개발에 나서는 등 슬리포노믹스 브랜드로 진화했다. 이후 뇌파 유도 사운드와 3D 입체 자연음을 결합

한 수면 솔루션을 제공하면서 소위 스마트 침실을 선보였다. 또 Somnox(솜녹스)라는 네덜란드 기업이 만든 세계 최초의 수면 로봇도 좋은 예다. 사용자가 베개처럼 안고 자는 이 수면 로봇에는 호흡수를 감지하는 센서와 이산화탄소를 감지하는 센서가 있어 사용자가 느린 호흡을 따라가도록 유도하며, 깊은 잠으로 이끄는 사운드도 제공한다.

● ● ● 베개처럼 안고 자는 솜녹스의 수면 로봇(Somnox Sleep Robot)

(3) 수면 보조 의료기기 및 제약; 숙면을 돕는 보조 의료기기, 수면 전문 클리닉, 코골이나 수면무호흡증 치료에 쓰이는 필립스의

양압기(陽壓機, CPAP), 수면 마스크, 수면 개선 전문용품 등을 예로 들 수 있다.

(4) 수면 개선 생활용품; 수면 안대(眼帶), 수면 양말, 족욕기, 숙면 화장품, 잠옷, 숙면 유도차茶와 식품, 피톤치드 제품이 포함된다. 미국의 Intelclinic(인텔클리닉)이 스마트 애플리케이션과 생체 인식 센서를 결합해 개발한 수면 마스크 'NeuroOn(뉴로온)'이 돋보인다.

물론 이러한 상품들이 근본적인 수면 부족의 해결책은 될 수 없을 것이다. 또 오-남용의 위험도 무시해서는 안 된다는 전문가들의 지적도 있다. 그러나 '프리미엄 수면'을 위해 수백~수천만 원도 기꺼이 투자하려는 젊은이들이 늘어나고 다양한 첨단 기술이 관련 제품과 소프트웨어에 도입되면서 슬리포노믹스 시장은 빠르게 판이 커지고 있다. 게다가 슬리포노믹스는 가장 기초적인 의식주의 욕구가 충족된 사회에서만 나타나는 선진국형 산업이다.

45

쓰리-툴 주식

3-Tool Stocks

"호타준족으로 투자자를 사로잡는 종목들"

야구에서 공격력, 수비력, 도루의 3가지 능력을 두루 갖춘 선수를 '쓰리-툴 선수(3-tool player)'라고 부른다. 한마디로 호타준족이라는 뜻이다. 지금 미국 메이저리그에서 활약 중인 김하성이나 과거에 활약했던 추신수 정도면 쓰리-툴 선수로 꼽아도 괜찮지 않을까.

증시에서도 이런 식으로 3가지의 우수한 특성을 겸비한 주식들이 적지 않을 터인데, 이런 종목들을 야구에 빗대어 '쓰리-툴 주식'이라 부른다. 그럼, 주식의 경우엔 해당 기업의 어떤 특성을 세 개의 '툴'로 간주할까? (1) 높은 이익, (2) 넉넉한 배당, (3) 저평가된 주가가 바로 주식시장의 쓰리-툴이다. 2022년 초 국내 한 증권사가 저평가-고배당-고이익의 '쓰리-툴 주식'을 추려낸 적이 있는데 모두 65개 종목이었다. 코스피와 코스닥에 상장된 총 2,477종목 중에서 겨우 2.6%에 해당하는 참으로 희소한 숫자다.

쓰리-툴 주식, 어떻게 선별할까?

"나는 PER이 낮고, 매년 7% 이상 성장하면서, 배당 수익까지 있는 기업에 투자한다" John Neff(존 네프)가 했던 말이다. 그는 워런 버핏, 피터 린치와 함께 세계 3대 투자자로 꼽히는데, 31년간 Vanguard(뱅가드)의 Windsor Fund(윈저 펀드)를 운용해 5,500% 이상의 수익률을 거둔 '가치 투자의 전설'이다. 존 네프 스스로 밝힌 그의 투자 원칙은 곧바로 쓰리-툴 주식을 선별하는 기준 그 자체다. 물론 나라마다 증시 환경이 다르기 때문에, 한국의 쓰리-툴 주식 선정도 국내 여건에 맞게 조정해야 할 것이다.

우리 주식시장의 경우, 영업이익이 최근 2년 연속으로 전년 대비 증가한 기업, PER이 코스피 평균인 11배보다 낮은 기업, 2021년 말 배당수익률(주당 배당금 비율)이 1.3%를 초과하는 기업의 주식으로 범위를 좁혀 쓰리-툴 주식을 뽑아봤다. 단, 1.3%의 배당수익률이란 기준은 은행 정기예금 평균 금리를 고려한 것이므로, 금리가 급등했던 2022년 하반기 이후라면 5~6%의 배당수익률을 기준으로 잡아야 할지 모르겠다.

2021~2022년의 쓰리-툴 주식들은?

우선 업종으로 봤을 때 우리 증시의 팔방미인 격인 쓰리-툴 주식이 가장 많은 산업은 건설과 금융이었다. 각각 9종목이 쓰리-툴 주식에 들었다. 자동차와 IT, 통신 업종이 뒤를 이었다.

대개 가치주로 분류되는 금융 종목은 원래 배당을 후하게 주는 것으로 유명하고 실적에 비교해 주가가 저평가되는 경향이 있다. 여기에 주요국들의 기준금리 인상으로 이자 수익성까지 높아질 터라, 쓰리-툴 후보로는 안성맞춤이다.

건설주는 정부의 주택 공급 확대 정책에 주가가 크게 올랐다가, 2021년 하반기부터 대출 규제와 자재 가격 급등으로 주가가 내리고 PER도 많이 낮아진 상황이다. 그렇지만 부동산 공급 확대 공약이 속속 실현되면서 2022~2023년 영업이익은 개선될 공산이 큰 것으로 평가된다. 고로 건설주도 쓰리-툴 주식에 이름을 올리기가 좀 더 쉽다.

주가를 밀어 올리는 것은 역시 영업이익?

그렇다, 뭐니 뭐니 해도 주가는 결국 영업 실적에 좌우된다. 그래서 쓰리-툴의 요인 중에서도 특히 이익을 집중해서 관찰하기를 권하는 투자 전략가 많다. 낮은 PER이나 두터운 배당은 주가의 하락을 막을 수 있지만, 역시 상승을 주도하는 것은 이익이기 때문이다. 2022년 하반기부터 이익 전망이 밝은 업종으로는 자동차와 IT가 두루 언급되곤 한다.

가령 자동차 부품주인 넥센타이어는 배당수익률(1.6%)도 나쁘지 않고 PER도 9.3배로 적절해 보이는데, 2022년 영업이익 예상 증가율도 130%에 육박해, 쓰리-툴 주식으로 간주해도 좋을 것 같다. 한국카본과 효성화학 등 화학주도 이익증가 전망이 좋은 3툴 주식에 들었지만, 원자재 가격 변동성과 공급망 병목 현상은 계속 지켜봐야 할 불안 요소다. 유통산업의 이마트(65.1%)나 GS리테일(53%)도 이익 개선 폭은 클 것으로 전망되지만, 우크라이나 전쟁, 지속적인 인플레이션, 금리 인상 등 소비에 바로 영향을 미치는 네거티브 요소들이 많아 신중하게 투자해야 할 것이다.

46

CCUS 혹은 **탄소 포집·저장·활용**

Carbon Capture Utilization & Storage

"우리가 없으면 탄소중립은 그림의 떡이죠."

기후변화의 주범인 탄소를 포집-저장-활용하는 기술을 뜻하는 용어다. 다양한 산업 활동 과정이나 발전 시설 등에서 생기는 탄소를 붙잡는(포집하는) 기술, 그 탄소를 활용하는 기술, 그러고도 남은 탄소를 압축해 운반한 다음 땅속에 저장하는 기술로 나누어볼 수 있다. 이 가운데 특히 탄소 활용 기술은 CCU, 탄소 저장하는 기술은 CCS라고 구분해 부르기도 한다. 특히 CCU는 탄소를 '인류의 적'으로 남게 하지 않고 '쓸모있는 친구'로 만들어주는 꿈의 기술이기도 하다.

'탄소와의 전쟁'이라 해도 과언이 아닐 세계적인 탄소중립 운동이 한창이다. 인류가 지금까지 배출해놓은 탄소가 너무 많아서 줄이지 못할 지경이라면, 최소한 지금보다 늘어나지는 않도록 하자는 몸부림이다. 세계 주요국들이 적어도 배출량보다는 많은 탄소

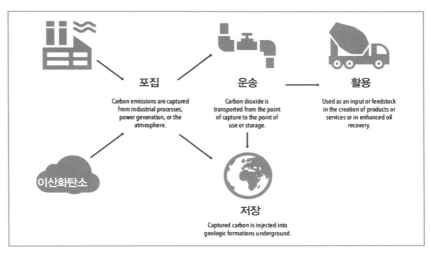

포집
Carbon emissions are captured
from industrial processes,
power generation, or the
atmosphere.

운송
Carbon dioxide is
transported from the point
of capture to the point of
use or storage.

활용
Used as an input or feedstock
in the creation of products or
services or in enhanced oil
recovery.

이산화탄소

저장
Captured carbon is injected into
geologic formations underground.

● ● ● **CCUS 개념도**

[자료: 국제에너지기구(International Energy Agency)]

를 포집함으로써 순배출량을 0으로 만들자는 소위 'Net Zero by 2050(2050년까지 넷 제로 혹은 탄소중립)'를 앞다투어 선언하고 있는 배경이다.

하지만 선언은 선언일 뿐, 현실의 장벽은 녹록지 않다. 우선 인류의 모든 경제활동은 필연적으로 탄소를 배출하기 때문이다. 배출 자체를 막을 수는 없다는 얘기다. 공장을 돌리고 일상생활에 필요한 에너지를 만드는 모든 과정에서 탄소가 나온다. 탄소 순배출을 마이너스는커녕 제로로 만드는 것조차 가능하기나 한 걸까? 모든 나라가 그것이 가능함을 보여주기 위해 안간힘을 쓰고 있는 것이다. 우리가 배출한 탄소를 제거(혹은 영구저장)하거나 다른 목적에 돌려 활용한다면 '넷 제로'는 가능하지 않겠는가. 이론적으로는 그렇다.

탄소중립의 핵심인 CCUS는 전혀 새로이 등장한 기술은 아니다. 흡수제나 분리막 같은 장치를 이용해 CO2를 회수하는 탄소 '포집'은 CO2 제거 기술의 하나로, 이미 1930년부터 상용화돼 있다. CCS(탄소 '저장') 역시 미국 등에서 1970년대부터 상업적으로 가동돼 역사가 짧지 않다. 지금도 세계적으로 육-해상의 지하 깊은 곳에 주입해 별도 격리하는 27개의 CCS 프로젝트가 운영되고 있으며 매년 약 3,600만 톤의 탄소가 처리되고 있다. 최근엔 CO2를 격리-저장하는 데 그치지 않고 새 용도로 활용하는 CCU도 관심의 대상이다. 탄소를 화학제품, 건설 자재 등 산업 재료로 활용해 수익을 창출하겠다는 시도다.

두드러진 CCUS 프로젝트?

노르웨이의 Northern Lights(노던 라이츠)는 CCUS의 대표적인 케이스다. 그들은 세계 최초로 탄소의 운송과 저장을 위한 오픈-소스 인프라스트럭처를 구축하고 있다. 필연적으로 발생하게 되는 탄소가 대기로 배출되는 것을 막고, 포집한 탄소를 안전하고도 영구적으로 저장하는 방법을 제공하는 것이 노던 라이츠의 목표다. 2024년 하반기부터 유럽 전역에서 포집한 탄소를 노르웨이 내 지하 지층에 주입할 예정이다. 또 탄소의 국제 운송이 활발해지면 스스로 매립할 장소가 부족한 나라들도 노던 라이츠의 CCS 기술을 활용하게 되기를 원하고 있다.

대기 중 포집 기술로 유명한 스위스의 Climeworks(클라임웍스)도 훌륭한 케이스다. 최근 아이슬란드 레이캬비크 외곽에 Orca(오르카)라는 이름의 플랜트를 설치하고, 세계 최초로 연간 4천 톤에 달하는 이산화탄소를 대기 중에서 직접 흡수-포집한다. 200만 그루의 나무가 1년 내내 흡수하는 탄소량과 맞먹는다. '탄소 포집의 미래'라고 불릴 만하다. 클라임웍스는 기존의 오르카보다 10배 큰 공장을 이미 설계하고 있다. 그들의 계획대로라면 10년 안에 연간 수백만 톤의 이산화탄소 포집을 목격할 수 있을 것이다.

우리나라 주요 기업들도 CCUS를 활용해 사업을 저탄소 구조로 전환하기 위해 노력하는 모습이다. 이 방면에서 가장 앞서 있다고 인정받는 SK그룹이 돋보인다. 가령 SK E&S는 호주 현지 가스전에 CCS 기술을 적용해 저탄소 LNG를 생산하고, 2025년부터 국내로 들여와 블루 수소 생산 등에 사용할 계획이다. 또 미국 중서부 옥수수 에탄올 생산설비에서 배출되는 CO2를 대량 포집해 저장하는 세계 최대 규모 프로젝트에도 참여하고 있다. 다른 계열사인 SK이노베이션도 수소 제조 공정에서 발생하는 탄소를 회수하고, 고순도 CO2 가스를 용접과 드라이아이스 등의 용도로 공급하는 사업에 박차를 가하고 있다. SK어쓰온 역시 국내 탄소 저장소 발굴로

2030년까지 국내 1위 사업자가 되겠다는 목표를 세우는 등, CCS 사업 확대에 매진하고 있다.

한편 롯데케미칼은 탄소 활용을 위한 파일럿 설비를 설치해 실증 운영을 마친 다음, 상업화 단계를 준비하고 있다. CCU 설비로 탄소를 포집한 뒤 반도체 세정액 원료로 판다든지, 전기차용 배터리의 전해액 유기용매 및 플라스틱 소재 원료로 투입하는 등의 활용 계획을 세워놓고 있다. 포스코도 CCUS 기술과 수소환원 등을 십분 활용하여 친환경 스틸을 생산하는 계획을 추구하고 있다.

우리 정부도 이미 2050 탄소중립을 선언한 터이며, CCUS를 온실가스 감축을 위한 핵심 기술로 보고 있다. 산업통상자원부가 CCUS 제도 기반 구축 태스크 포스를 발족하는 등 연구개발 지원 및 제도 기반을 마련함에 따라, CCUS 기술은 에너지 분야의 새로운 산업으로 육성될 것이 확실하다.

CCUS 혹은 탄소 포집 · 저장 · 활용

투자란 페인트가 마르기를, 혹은 풀이 자라나기를 기다리는 것과 같다. 짜릿한 흥분을 만끽하고 싶으면 800달러를 들고 라스베이거스로 가면 될 일이다.

Investing should be more like watching paint dry or watching grass grow. If you want excitement, take $800 and go to Las Vegas.

— 폴 새뮤얼슨 (Paul Samuelson)

투자가 도박이라 생각하는가? 그렇다면 틀려먹었다. 투자엔 기획과 인내가 필요하다. 그래도 얼마 후 생기는 이익을 보라. 그 또한 정말이지 짜릿하다.

제 3 부

2023

ㅇ

~

ㅋ

47

'아·나·바·다' 사업

"뭐든지 절약하지 않고는 살기 힘듭니다."

내가 입던 옷을 최대 40% 가격에 되사주는 쇼핑몰.

한번 구매한 고객에게 1년 내 새 상품으로 바꿔주는 주얼리 숍.

중고 의류를 매입해 70%씩 할인한 가격에 판매하는 몰.

선물로 받은 기프티콘을 싸게 사고파는 온라인 쇼핑몰.

운동도 하고 덤으로 돈도 버는 '만보기' 앱.

아파트 주민 여럿이 함께 음식을 주문해 배달비 절약.

"아껴 쓰고 나눠 쓰고 바꾸어 쓰고 다시 쓰자!" '아·나·바·다'
는 이 한마디로 충분히 설명되는 용어다. 대출금리와 생활 물가가
무시무시하게 오르는 가운데 등장한, 일찍이 보기 어려웠던 알뜰살
뜰 서비스와 앱이다. 코로나 팬데믹 이후 다소 허세를 부리던 젊은
층에서도 인기다. 40대 이상 연령대에서도 사용량이 급증한다. 끝
을 예측할 수 없는 경기 침체의 터널에 맞닥뜨린 21세기 절약 지향

중고매입(시유어겐)
옷 100일 안에 반품하면 최대
40% 환급

짠테크(니콘내콘)
편의점·커피 기프티콘
할인가에 구매

공동구매(당근마켓)
-이웃끼리 식료품 대량구매 후 소분
-아파트 주민끼리 배달 한 번에
시켜 배달비 절약
자료=각 업체

● ● ● **경기 침체에 맞서는 절약 지향 불황형 서비스**

비즈니스다.

패션-의류업계에서는 '다시 쓰기'가 특히 두드러진다. 가령 소비자가 사서 입던 옷을 반납하면 구매가의 일정 부분을 현금성 포인트로 지급해주는 서비스가 인기다. 업체는 소비자가 싫증 나서 안 입는 옷을 택배비도 안 받고 매입해준다. 반납된 옷을 말끔히 수선해 저렴한 가격에 판매할 계획이기 때문이다. 사업성이 좋아 보였는지, 대형 백화점들까지 이런 업체에 투자하거나 매장을 여는 방식으로 아나바다 사업에 뛰어들 정도다.

'나눠 쓰기'의 좋은 예는 중고 거래 앱 당근마켓이 최근에 시작한 '같이 사요' 서비스다. 한동네 사람들끼리 앱을 통해 생필품이나 과일 등을 대량으로 싸게 구매해 나눈다. 배달비용이든 뭐든 한 푼이라도 아끼려는 사용자들을 겨냥해서 도입한 서비스다.

주얼리 쇼핑몰을 운영하는 한 스타트업은 '바꿔 쓰기' 콘셉트를 활용해 비즈니스를 넓히고 있다. 비교적 빨리 싫증 나는 주얼리 제품의 특성을 고려해, 한 가지 제품을 구매한 고객에게 1년 이내에 자사의 다른 주얼리 제품으로 바꾸어주는 서비스를 시도한 것이다. 어디 실물 상품뿐이겠는가, 대출(금융상품)을 바꿔주는 서비스까지 등장했다. 한국은행이 기준금리를 0.5%포인트 올리는 '빅 스텝'을 거듭 단행하면서 이자 부담이 커지자, 대출 상품을 바꿔주는 핀다의 '대환' 앱을 이용하는 고객이 많이 늘었다고 한다. 이런 대출 바꿔주기에 대해서는 10%가 넘는 이자를 내야 하는 중-저 신용자들의 수요가 특별히 높다.

소소한 금액이라도 좋으니 '아껴 쓰려는' 의도의 속칭 '짠테크' 앱도 인기다. 기프티콘을 전문적으로 거래하는 어떤 앱은 선물로 받은 교환권이나 들고 있으면서도 안 쓰는 기프티콘을 액면가보다 싸게 사고파는 장터 역할을 한다. 그런데 최근 기프티콘 구매율이 큰 폭으로 늘어났다고 한다. 치킨, 카페 등의 기프티콘이 가장 많이 팔리는데, 요즘 5천 원으로도 끼니를 해결하기가 어려워지자 도시락 등으로 저렴하게 식사를 해결할 수 있는 편의점 기프티콘 수요가 대폭 늘어났다고 하니, 왠지 씁쓸할 따름이다. 1만 보를 걸으면 현금처럼 쓸 수 있는 캐시를 적립해주는 캐시워크도 누적 다운로드 1,800만 건을 넘겼고 사용 시간이 많이 늘었다. 불황형 짠테크 서비스에 환호하는 40대 이상 여성들 사이에 특히 인기가 높다.

48

엑스 투 언

X2E: X to Earn

"걱정됩니다, 금전적 보상만 바라는 이용자들"

최근 우리 일상에 더욱 폭넓게 퍼지고 있는 X2E는 '무언가를 하면 보상을 받는, 혹은 돈을 벌 수 있는' 활동을 가리키는 용어다. 쉽게 이해할 수 있도록 요즘 벌어지고 있는 '엑스 투 언'의 구체적인 예를 들어보자:

걸으면 돈 번다 (M2E 또는 W2E) = 걷거나 운동화 NFT를 사서 달리면 보상해주는 호주 스타트업의 STEPN(스테픈), 1만 보를 걸으면 포인트를 주는 캐시워크, 몇 걸음 이상 걸으면 보상하는 메디패스

게임하면 돈 번다 (P2E) = 고양이 캐릭터를 배양해서 돈을 버는 캐나다의 CryptoKitties(크립토키티즈), 몬스터와 싸워 이기면 보상받는 베트남의 Axie Infinity(액시 인피니티), 토지 거래나 게임

제작으로 돈 버는 홍콩의 The Sandbox(샌드박스)

창작하면 돈 번다 (C2E) = 메타버스 아이템을 만들면 보상받는 제페토, 여행 후기 영상 공유하면 돈 버는 트립비토즈, 콘텐트 조회할 때마다 50원 버는 플로

운전하면 돈 번다 (M2E) = 안전거리나 적정속도 등을 지켜 운전하면 포인트 쌓이는 캐롯멤버스 오토, 운전 거리 등에 따라 보상해주는 미국의 Carypto(카립토)

리뷰해주면 돈 번다 (R2E) = 맛집을 리뷰하거나 추천하면 보상하는 플래터, 콘텐트를 시청해주고 반응하면 돈 버는 셀러비, 기사를 읽고 공유하면 보상해주는 퍼블리시

'샷'하면 돈 번다 (S2E) = 스크린 골프장에서 운동하고 게임해서 성과를 달성하면 보상해주는 카카오게임즈의 자회사 카카오VX

이처럼 갈수록 늘어나는 X2E는 예전 플랫폼에서 '앱테크'라는 이름으로 걷거나 리뷰하면 포인트를 획득했던 것과 비슷하다. 다만 요즘은 블록체인, NFT 등의 신기술과 결합하며 다변화하고 있다는 점이 다르다. X2E를 두고 웹 3.0 환경에 최적화된 마케팅이라는 긍정적 평가도 있는가 하면, 딱히 또렷한 수익모델 없이 신규

투자자 유입에 목을 맨다는 걱정도 만만찮다.

X2E에 푹 빠져 있기로는 금융권도 예외가 아닌 것 같다. 편의점 같은 데서 스탬프를 모으면 보상해주는 카카오페이, 자신들의 플레이 앱에 들어가 게임을 하면 보상하는 신한카드, 새로 출시한 미니모 앱에서 이런저런 미션을 수행하면 보상해주는 삼성금융네트워크, 걷기라든가 방문 미션을 완수하면 보상하는 비바리퍼블리카, 자신들의 광고를 보면 추첨을 통해 보상해주는 하나은행 등등이 모두 X2E를 실행하고 있는 사례다.

X2E를 확산하려는 목적 또는 의도는?

기업의 커뮤니티나 플랫폼을 키우고 활성화하는 것이 가장 주된 목적이라 하겠다. 고객의 충성도를 높이고 궁극적으로는 더 많고 더 상세한 고객 정보를 확보하려는 의도라고 바꾸어 말할 수도 있겠다. 결국, 이런 정보가 모여 빅 데이터로 뭉치면 그것이 가치를 창출하니까 말이다. 운용하는 스타일, 보상의 크기, 보상의 방식은 조금씩 다를지 모른다. 가상화폐로 보상하기도 하고 현금으로 보상하기도 한다. 그저 정보를 제공하기만 하면 보상하는 X2E도 있다. 그러나 어떤 X2E라도 위와 같은 목적이나 의도에서는 다를 바가 없을 것이다.

X2E를 바라보는 우려의 시선은 없을까?

X2E 모델이 플랫폼 생태계를 확장할 것으로 보는 전문가들도 적지 않다. 그러나 중-장기적인 전망이 밝지만은 않다. X2E 비즈니스에 이용자가 몰리는 이유가 무엇이겠는가? 회사가 제시하는 보상을 받기 위해서 몰려든다. 사업성은 아직 검증되지 않은 상태다. 내세울 만한 수익구조도 딱히 없다. 그래서 우려의 시선도 상당하다. 더구나 초창기에는 하나의 사업모델로서가 아니라 마케팅 목적으로 X2E를 활용하는 게 아닐까, 하는 의구심을 불러일으키는 예도 많다. 초기엔 어찌어찌 신규 투자금으로 유지되지만 정말로 합리적인 수익구조를 창출해내지 못하면 끝내는 무릎을 꿇게 된다. 예컨대, 글을 쓴 이용자가 다른 이용자의 추천을 받으면 토큰으로 보상받는 한 X2E 서비스는 '미디어의 미래'라는 거창한 평가까지 받았지만, 2년이 채 안 되어 심각한 경영난에 직면했다. 역시 수익을 내기 어려운 구조였다. 게다가 보상만 노리는 이용자들에게 X2E는 즐겁고 보람 있는 게임이나 활동이 아니라, 지루하고 고된 노동이 돼버리는 문제도 심각하다. '충성'이니 '커뮤니티' 같은 원래의 목적과는 너무나도 동떨어진 결과가 기다릴 뿐이다.

49

역환율전쟁

Reverse Currency War

"알고 있나요, 역환율전쟁에 폭탄이 들어있다는 것?"

수입 물가를 낮추기 위해서 세계 주요 국가들이 경쟁하듯이 자국 통화의 가치를 높이는 현상을 가리킨다. 투자은행 골드만삭스가 2022년 상반기에 불어닥친 금리 인상 경쟁의 이유를 이 같은 통화 가치 끌어올리기라고 지적하면서 이를 '역(逆)환율전쟁'이라고 불렀다. 그러니까, 자국 통화의 가치를 의도적으로 낮춤으로써 수출 가격 경쟁력을 높이려 했던 과거의 '환율 전쟁'과 정반대 현상이어서 그런 이름이 붙은 것이다.

2022년 6월 말, 전 세계 55개국이 3개월 사이에 모두 68차례에 걸쳐 금리를 올렸다는 뉴스가 떴다. 참으로 보기 드문 일이었다. 물론 인플레이션의 뜨거운 불길을 잡겠다고 나선 것인데, 역환율전쟁의 다급함이 그대로 드러났다. 우크라이나 전쟁이 촉발한 원유, 원자재, 식량 가격의 폭등으로 각국은 수입 비용 낮추기를 최우선 과제로 삼았다. 그래서 금리 인상으로 자국 통화 가치를 끌어올리고 물가를 억누르려는 것이었다.

특히 신흥국들은 미국을 비롯한 선진국보다 금리가 더 높아야만 외국인 투자금이 빠져나가지 않기 때문에, 외국자본 유출을 막기 위해서라도 울며 겨자 먹기로 '역환율전쟁'에 빠질 수밖에 없는 상황. 멕시코, 브라질 등의 신흥국들도 덩달아 '빅 스텝' '자이언트 스텝'을 밟으며 금리를 끌어올렸다.

역환율전쟁의 경제적 영향은?

나라마다 경쟁적으로 기준금리를 끌어올리는 역환율전쟁은 전 세계 경제를 침체에 빠뜨릴 확률이 높다. 이것을 이해하기 위해서 코로나 팬데믹이 시작되었던 2020년으로 돌아가 볼 필요가 있다. 코로나의 영향으로 세계 경기가 급격한 침체에 빠졌던 때다. 당시 선진국들의 대응은 유동성의 확대였다. 앞뒤 가릴 새도 없이 돈을 풀어야 했다. 미국의 본원통화가 2020년 2월부터 20개월 사이에 85% 넘게 증가했고, 유럽은 미국보다 더 높았다. 그리고 그 결과는 누구나 알다시피 인플레이션이었다. 거의 40년 만에 최고치를 기록한 인플레이션 말이다.

그러니 이번엔 각국의 대책이 무엇이겠는가? 금리를 올리고 통화공급을 줄여 통화 가치를 올리는 길뿐이다. 그래야 수입 물가가 떨어지고 물가 전반이 안정될 테니까. 정확히 역환율전쟁에 돌입한 것이다. 그리고 2020년의 환율전쟁과는 정반대로, 그 결과는 글로벌 경기 침체일 가능성이 크다. 요약해보면 이렇게 된다. 코로나-19로 경기가 나락으로 떨어지자 환율전쟁이 벌어지며 결국 인플레이션을 초래했다. 그 인플레이션을 꺾기 위해 역환율전쟁이 한창이고, 그 결과는 거꾸로 경기 침체가 될 조짐이다. 어느 시점에선가 물가 상승과 경기 침체라는 두 극단 사이에 적절한 균형이 잡히기를 바랄 뿐이다.

역환율전쟁은 미 연준의 책임?

세계적인 경기 침체라는 '폭탄'을 안고 있는 역환율전쟁은 근본적으로 미국 중앙은행인 연준의 책임이라는 불평이 적지 않다. 코로나-19 당시 연준이 지나친 유동성 확대로 거품을 키워놓고는 때늦게 너무 급격한 속도로 금리를 끌어올리는 바람에 세계 경제가 '연(軟)착륙' 아닌 '경(硬)착륙'하게 생겼다는 비판이다. 경기 하락을 막겠다고 막대한 자금을 풀어놓고 이제 와선 물가 잡겠다고 경기를 죽일 거란 얘기다. 2021년 하반기부터 또렷해진 인플레이션을 '일시적'이라며 일축했던 것부터 연준의 실책이었다. 제롬 파월 연준 의장도 과소평가한 점을 인정했다. 연준이 한참 뒤에야 급브레이크를 밟아 미국을 침체에 빠뜨리고 나아가 세계 경제까지 침울하게 만든 점은 부인할 사람이 별로 없을 것 같다.

투자의 길이 보이는 **트렌드 경제용어 2023**

50

왁플레이션
whackflation

"이 정도 펀치면 세계 경제가 휘청하겠습니다."

이제나, 저제나, 하던 코로나 팬데믹의 끝이 조금씩 보이기 시작한 2021년 말, 세계 경제는 일부 전문가들의 예리한 전망처럼 전례 없이 불길한 인플레이션을 만났다. 공급망 대혼란으로 시작된 인플레이션은 러시아의 우크라이나 침공, 유가 급등까지 가세하면서 2022년 하반기까지 무섭게 세계 경제를 두들겨 패고 있다. 물가 상승은 주기적으로 나타나는 경제의 단골손님이긴 하지만, 지금 우리를 괴롭히고 있는 인플레이션은 과거와는 크게 다르다. 그래서인지 이 별난 인플레이션을 묘사하는 용어도 다양하다. 그중의 하나가 '왁플레이션'이다. 우리를 '세계 후려치는(whack)' 강펀치 같은, 그만큼 갑작스럽고 예측할 수 없는 인플레이션이라는 뜻이다. 기존 경제용어로는 지금의 인플레이션을 제대로 설명할 수 없을 것 같은 느낌을 준다.

왝플레이션을 불러온 것은 무엇이었을까?

하긴 코로나-19 자체가 벌써 인류가 경험해보지 못한 강펀치였다. 그 첫 번째 펀치에 수요가 급감하자 겁먹은 기업들은 재고를 줄이려고 공장 가동을 멈추거나 시설 투자를 접었다. 당시로는 가장 합리적인 대응이었을 테다. 뒤이은 두 번째 펀치는, 아이로니컬

국가	전년 동월 대비	전월 대비
미국	8.2	8.3
EU	9.9	9.1
중국	2.8	2.5
일본	3.0	3.0
러시아	13.7	14.3
독일	10.0	7.9
인도	7.4	7.0
영국	10.1	9.9
한국	5.6	5.7
프랑스	5.6	5.9
캐나다	6.9	7.0
브라질	7.2	8.7

● ● ● **2022년 9월 기준 주요국의 최근 인플레이션 (단위 %)**

[자료: tradingeconomics.com]

투자의 길이 보이는 **트렌드 경제용어 2023**

하게도, 백신 보급으로 인한 세계 경제의 반등이다. 예상보다 빨리 그리고 더 가파르게 수요가 회복되면서, 이번엔 공급이 이를 따라 가지 못한 것이다. 당연히 물가가 치솟을 수밖에 없었다. 이미 팬데믹 초기의 위축과 이를 풀기 위한 금리 인하 및 유동성 무차별 살포 (소위 '헬리콥터 머니')가 예측하기 어려운 인플레이션 환경을 조성해 놓은 탓도 있었다.

앞의 도표를 들여다보자. 2022년 3분기 말 세계 주요국들의 인플레이션 상황이 또렷이 드러난다. 글로벌 경제를 좌우한다고 해도 과언이 아닌 미국은 2021년 중반 이미 5%대에 진입했던 소비자물가 상승률이 이후 계속 올라 9%에 육박하고 있다. 한국도 10년 만에 최고 상승률인 3%를 돌파한 이후로 계속 나빠져 지금은 6% 가까운 인플레이션을 겪고 있다. 탄탄한 제조업 기반 덕분에 물가 상승률이 살짝 낮긴 하지만, (통계 작성 방법의 차이도 있고 해서) 전혀 안심할 수준은 아니다. 40~70년 이래 최고 물가상승률이라는 아우성이 터져 나오던 유로존은 지금 무려 9%를 넘기고 있어 가히 패닉 상태에 접어들었다. 우크라이나 전쟁의 영향을 가장 가까이서 가장 심하게 받기 때문인 것 같다.

세계 경제 전체로 보면 어떨까? 최근 국제통화기금(IMF)은 2021년에 4.7%이었던 인플레이션이 2022년에 8.8%까지 올랐다가 2023년 6.5% 및 2024년 4.1%로 완화할 것으로 전망했다. 아울러 IMF는 이런 물가 전망을 기반으로 2021년 6%에 달했던 세계 경제

성장률이 2022년엔 3.2%, 2023년엔 2.7%를 기록할 것으로 내다봤다. 2001년 이후 (글로벌 금융위기 기간을 제외하면) 가장 낮은 성장률이다.

이 정도면 정책입안자들이 정신 차리기도 어려운 수준의 '후려치기'다. 어찌나 분업이 고도화했는지, 공급망 자체가 워낙 복잡해져버렸다. 어느 한 영역에 '액'이 생기면, 걷잡을 수 없이 전 영역으로 확산한다. 그러다 보니 수요와 공급 사이의 균형을 맞추는 원칙도 희미해졌고, 물가도 예측 불가 상황이다. 물가가 느닷없이 급상승하는가 싶다가도, 곧 극단적인 가격 하락이 뒤따르기도 한다. 톤당 1,900위안을 웃돌던 중국 내 발전용 석탄 가격이 갑자기 880위안으로 급락했던 2021년 말의 사태가 그런 예다. 최종 수요가 업스트림 공급망 위로 전달되는 과정 하나하나에서 정보가 왜곡돼 수요의 변동성이 쉽게 커지기 때문이다. 채찍 쥔 손을 조금만 움직여도 채찍 끝의 변화는 매우 크다는 의미의 '채찍효과(bullwhip effect)'가 바로 이런 것이다.

경기 호황과 불황 사이에서 벌어지는 물가의 파동이 곧 왝플레이션이라는 해석도 나온다. 블룸버그가 내린 정의가 그렇다. 복잡다단한 세계 경제 시스템이 팬데믹에 '한 방 얻어맞았다가' 간신히 안정을 되찾는 과정에서 물가 하락에 이은 강력한 상승이 나타났다는 설명이다. 그래서 왝플레이션은 우리의 경제 시스템이 '삐

격대고(out of whack)' 있음을 뜻한다는 흥미로운 해석도 나온다. 어쨌거나 두려운 것은 지금의 끈질긴 인플레이션이 경기 침체와 함께 진행되는 '스태그플레이션'으로 굳어질 가능성이다. 그렇기에 무리한 수준으로 금리를 올려서 인플레이션을 잡으려 덤비거나, 지나치게 빠른 속도로 테이퍼링을 진행하면 어렵사리 싹을 틔운 경기 회복에 찬물을 끼얹을 수 있으니, 각국은 통화정책 운용에 특히 신중해야 할 것이다.

51

우주 인터넷

Space-based Internet

"인터넷 없이 사는 사람이 37억 명이나!"

고도 1,000㎞ 미만의 낮은 궤도에 아주 많은 수의 소형 통신 위성을 쏘아 올려 전 세계를 연결하는 인터넷. 미국과 중국의 몇몇 기업이 각각 수천 개의 위성으로 네트워크를 구축해 지구 어디서나

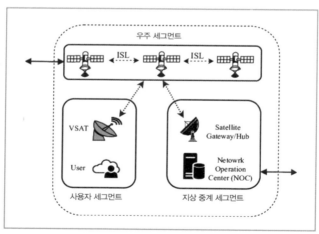

● ● ● 우주 인터넷의 기본 개념도

인터넷에 접속할 수 있게 만들고 있다. 이 위성들은 지상과 멀지 않아서 초고속 서비스를 제공할 수도 있고, 사막이나 극지방처럼 기존의 인터넷이 들어갈 수 없는 오지에서도 인터넷을 이용할 수 있다. 결국은 우주선, 위성, 탐사 로봇까지도 하나의 인터넷망으로 묶을 수 있다.

우리는 인터넷이 워낙 당연히 우리 곁에 있는 필수품으로 여겨지는 시대를 살고 있다. 하지만 지금도 아예 인터넷에 접속하지 못하는 사람들의 숫자가 37억 명이나 된다. 세계 인구의 절반이다. 사막, 깊은 산간 지역, 해상, 남극 등에서는 인터넷 연결이 아예 불가능하거나 너무 비싸 이용하기 어렵기 때문이다. 우주 인터넷 같은 아이디어가 나오는 것은 그래서 시간문제였다.

우주 인터넷, 누가 어떻게 시작했을까?

우주 인터넷이란 개념을 처음으로 실행에 옮긴 건 테슬라 창업자 일론 머스크였다. 그의 원대한 구상은 지구 상공을 소형위성으로 뒤덮어 전 세계에 골고루 인터넷을 보급한다는 요지였다. 지구 위 모든 사람에게 인터넷을 보급하기 위해서는 위성이 가장 효과적이기 때문이라고 설명했다. 2015년 발표한 이 Starlink(스타링크) 서비스를 위해 머스크는 Space X(스페이스X)라는 민간우주개발회사를 세웠고, 지금까지 우편함 크기의 위성 1,800기 이상을 발사해 미국, 캐나다, 호주, 영국 등 12개국 8만여 명이 시범 서비스를 이용하고 있다. 머스크는 모바일 월드 콩그레스(MWC) 2021 기조연설에서 그해 8월부터 극지방을 제외한 전 세계 인터넷 서비스 개시를 천명했으며, 1년 내 50만 사용자 확보와 2026년까지 4만2천 기의 위성 발사를 약속했다. 또 스타링크가 정상 궤도에 오르면 연간 300억 달러의 수익을 낼 수 있고, 이렇게 벌어들인 돈은 달과 화성에 인류의 거주지를 개척하는 자금으로 활용한다는 계획도 제시했다.

모건스탠리는 2040년까지 전 세계 우주 산업이 1조 1,000억 달러로 커질 것으로 예상했고, 그중 절반이 우주 인터넷 시장일 거라고 예상했다. 이 거대 시장을 머스크에 빼앗기지 않으려고 재빨리 움직이는 경쟁자들도 한둘이 아니다. 먼저 세계 최초로 우주 인터넷용 위성을 쏘아 올려 이 분야의 선두주자인 영국의 OneWeb(원웹)을 언급하지 않을 수 없다. 원웹은 총 650기 정도의 위성으로 우주 인터넷 서비스를 위해 2012년 설립됐고 에어버스와 합작회사를 만들 정도로 우주 사업에 공을 들였지만, 소프트뱅크의 투자 철회 등 자금난을 겪다 2020년에 파산했다. 하지만 영국 정부와 인도 통신 업체가 함께 지분을 인수하며 기사회생해 시범 서비스에 들어갔고, 이후 2021년 우리나라의 한화시스템이 3억 달러를 투자해 이사회에 합류하면서 우리에게도 제법 익숙한 이름이 되었다. 2022년 7월 현재 궤도에 자리 잡은 원웹의 위성은 총 288기이며, 연말까지는 북극을 포함한 전 세계에 서비스를 제공할 계획이다.

● ● ● **원웹이 구상하고 있는 위성 네트워크**

[자료: Spaceflight Now]

한편 우주 관련 프로젝트마다 머스크와 날선 경쟁을 펼쳐온 베이조스도 Kuiper Systems(카이퍼 시스템즈)를 세우고 연방통신위원회(FCC)의 우주 인터넷 사업 승인을 받았다. 그는 100억 달러를 투자해 위성 3,230기 이상을 지구 저궤도(590~630㎞)에 발사함으로써 우주 인터넷을 서비스할 계획이다. United Launch Alliance(유나이티드 론치 얼라이언스)라는 로켓 발사 업체와 위성 발사 계약도 체결했다.

이 외에는 우주 인터넷 분야에 이렇다 할 구체적인 성과를 올린 기업이 없어서, 결국 스타링크, 원웹, 아마존 정도만이 서비스를 본격 추진하고 있는 셈이다. 시장의 규모와 성장 전망을 고려할 때, 아직은 놀라우리만치 활짝 열려있는 분야다.

그렇다면, 한화시스템의 투자는 '적시 안타'?

한화그룹의 한화시스템으로선 용감한 투자였겠지만, 밝은 전망을 고려할 때 적시에 터진 '안타'가 될 가능성이 크다. 저궤도 위성을 군집 형태로 활용해 세계 어디서나 끊기지 않는 인터넷망을 구축할 수 있고, 광랜이 필요 없어 비행 중인 항공기에도 얼마든지 인터넷을 제공할 수 있어서다. 앞으로 3~5년 안에 원웹의 연간 수익이 10억 달러에 이를 것이라는 구체적인 전망도 나온다. 그뿐인가, 미국의 전자식 위성 안테나 기업 Kymeta(카이메타)에 투자하는 등, 이미 위성 안테나 기술을 갖춘 한화시스템으로서는 위성 제작, 저궤도 위성통신 안테나 협업 등이 가능해져 계열사와의 시너지 효과도 이번 투자에서 기대해볼 만하다. 또 있다. 우주 산업을 신성장 동력으로 삼아왔던 한화그룹은 그들의 우주 산업 관제탑인 '스페이스 허브' 역할이 한층 강화되는 효과도 만만치 않을 것이다. 참고로 한화시스템의 단기 목표는 2023년까지 독자 통신위성을 쏘아 올리고 2025년 정식 서비스를 제공하는 것이다.

우주 태양광 발전
Space-based Solar Power

"백 년 넘은 아이디어, 가능하긴 합니까?"

　　우주 공간에 거대한 태양광발전소를 띄우고 그곳에서 엄청난 양의 에너지를 생산한 다음 레이저빔을 통해 이를 지구로 전송하자는 아이디어다. 간단히 말해서, 지구에서 필요한 전기를 우주에서 생산하자는 것이다. 우주에 세워지는 태양광발전소는 지구온난화의 주요 원인인 이산화탄소도 배출하지 않는 전력 공급원이어서 더욱더 환영받는다. 기후변화로 이상기온이 극심해진 가운데 유럽우주국(ESA)을 비롯해 각국 민관이 팔을 걷어붙이고 나서는 배경이다.

　　100여 년 전인 1920년 러시아의 로켓 과학자 콘스탄틴 치올콥스키는 이런 우주 태양광발전소 아이디어를 처음 제안한 것으로 알려진다. 뒤이어 저명한 공상과학 소설가 Isaac Asimov(아이작 아시모프)는 1941년 《Reason(이성)》이라는 단편소설에서 '우주정거장에서 햇빛을 모아 태양광 발전을 한 뒤 태양계를 가로질러 다른 행성

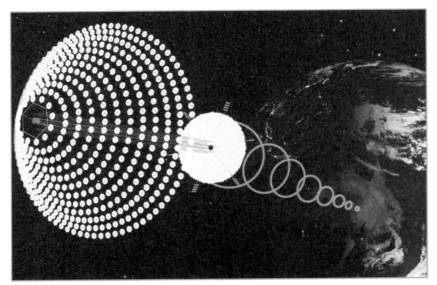

● ● ● **비가 와도 태양광 활용? 어떻게? 우주 공간에서 태양광을 쏜다!**

[자료: wired.com]

에 빔을 보내는 에너지 변환기'라는 개념을 소개하고 이를 우주 태양광발전소라고 불렀다. 이토록 역사 깊은 우주 태양광 발전 아이디어는 ESA가 2021년 말에 발표한 소위 Beamed Power(빔드 파워) 프로젝트를 통해 비로소 실용화의 첫발을 내딛는 모양새다.

우주 태양광 발전, 가능하기는 한 것인가?

우주에서 태양전지로 전력을 생산하는 기술은 이미 수많은 인공위성이 입증했다. 그럼에도 실제로 그런 발전소를 짓기까지는 난관이 적지 않다. 무엇보다 우주정거장(혹은 인공위성)에 설치해야 할 1기가와트급의 태양광 발전 패널(전지판)만도 10㎞가 넘는 거대

구조물이다. 우주선에서 필요한 자체 전력만 소량 생산하는 위성과는 아예 비교가 안 된다. 이 거대한 구조물을 정지궤도에 쏘아 올리는 것은 불가능은 아니겠지만, 막대한 비용이 필요하다. 바로 이 비용 문제를 해결할 기술력이 따라주지 않아 수십 년 동안 아이디어에 머물러온 상황이다. 미국 항공우주국(NASA)이 1979년에 우주 태양광 활용의 첫 삽을 떠놓고도 거의 21세기 초까지 추진을 보류해온 이유도 어마어마한 비용 때문이었다.

이 어마어마한 비용 문제를 해결하기 위한 ESA의 첫 번째 아이디어는 무엇이었을까? 발전소를 움직이기 위해 투입하는 기기들의 경량화다. 패널에 태양광을 집중시키는 거울 시스템과 태양전지판(패널)을 최대한 가볍게 만들자는 것이다. 현재 1킬로그램당 평균 1만 달러 수준인 로켓 발사 비용을 600달러까지 낮추려는 ESA의 목표가 실현될지 두고 볼 일이다.

우주 태양광 발전의 장점 혹은 매력은?

지상에서의 태양광 발전은 효율이 대단히 낮다. 우선 대기가 지구를 둘러싸고 있어, 태양광의 30% 정도가 지상에 도달하기도 전에 이미 반사되어 없어진다. 또 간신히 투과된 태양광도 대기, 구름, 먼지 등에 가로막힌다. 결국, 지표면 1평방미터에 도달하는 에너지는 겨우 300와트밖에 안 된다. 게다가 태양은 낮에만 활용할 수 있어 대기를 통과한 태양에너지 중 30%만 활용해도 다행이라고 한다. 이래저래 우리가 지상에서 쓸 수 있는 태양에너지는 전체의 10분의 1에도 못 미친다는 계산이다. 비가 오거나 날씨가 나빠도 발전할 수 없다. 지역에 따라 일조량이 달라 발전할 수 있는 곳도 제한적이다. 그뿐 아니라, 지상 태양광 발전은 부지를 확보하는 데도 한계가 있다.

이에 반해, 우주에서는 날씨와 상관없이 24시간 내내 발전할 수 있다. 늘 일정한 전력을 공급할 수 있다는 얘기다. 대기층이란 게 없으므로 태양이 쏘아 보내는 에너지를 그대로 받을 수 있다. 그래서 똑같은 패널을 쓰더라도 우주에서는 지상에서보다 최대 10배의 전력을 생산할 수 있다고 전문가들은 설명한다. 더구나 위에서 언급했다시피, 우주 태양광 발전에서 얻는 전력은 탄소 배출이 전혀 없는 클린 에너지다. ESA가 몇 년 안에 태양광발전소를 위한 작은 위성을 발사할 대담한 계획을 세운 이유도, 인류의 생존 자체를 위협하는 기후변화를 해결하려면 결국 청정에너지를 쓸 수밖에 없고, 동시에 한정된 지구의 에너지를 근원적으로 해소하는 방법은 우주 태양광 발전뿐이라고 믿기 때문이다.

'기후변화를 해소하는 실용적인 우주 태양광발전소 건설의 최초 사례를 만들어내자.' 이런 꿈을 꾸었던 ESA는 2000년대 초에 이미 우주 태양광 발전의 타당성 검토를 시작했고, 2004년에 15㎞ 길이의 태양광 발전 위성 개념도를 제시했다. 지금은 그 원대한 꿈을 실현하게 해줄 자금을 모으는 데 전력을 기울이고 있다. ESA의 꿈이 반드시 이루어지길 바랄 뿐이다.

••• **우주 태양광 발전, 탄소중립의 미래를 밝힐까?**

53

워크 자본주의

Woke Capitalism

"기업이 생겨난 원래의 목적이 뭡니까?"

2022년 들어 뉴스에 자주 출몰하는 신조어. 미국 보수 진영이 사회문제에 적극적으로 개입해 정치적으로 진보적인 메시지를 내는 기업들의 경영 방식을 비판하느라 만들어냈다. Woke(워크)는 사전적으로 '깨어있다'라는 뜻이지만, 요즘은 보수 진영이 진보 진영의 선민의식을 조롱하는 의미가 더 두드러진다. 이 용어를 둘러싼 최근의 움직임을 훑어보자.

워크 자본주의, 그 탄생과 최근의 변화는?

"기업의 사회적 책임은 이윤을 늘리는 것이다."

신자유주의 경제학자 밀턴 프리드먼이 주창한(1970년) 이 표어는 미국을 비롯한 선진국에서 수십 년간 기업 경영의 지침으로 여겨졌다. 그러나 2008년 글로벌 금융위기로 주주의 이익만 추구하는 주주 자본주의가 소득 불균형의 원흉으로 지목되었고, 그 반

작용으로 '이해관계자 자본주의(Stakeholder capitalism)'가 떴다. 주주의 배만 불릴 게 아니라 고객, 직원, 공급자, 지역사회 등 모든 이해관계자의 이익을 배려해야 한다는 생각이다. 한 여론조사에서 전세계 소비자의 86%가 'CEO가 공개적으로 사회문제에 대해 목소리를 내야 한다'고 답한 사실도 알려졌다. 이어 ESG 투자 열풍이 더해지면서 사회적 책임은 기업 경영의 뉴 노멀이 됐다. 기후, 환경, 인종, 성 소수자 문제 등 사회적 이슈에 대해 미국 대기업 CEO들은 싫든 좋든 적극적으로 의견을 개진하기 시작했다. 워크 자본주의의 탄생이다.

그러나 얼마 후, 아니나 다를까, 보수 진영이 반격에 나섰다. 진보적 대의를 지지하는 미국 대기업들의 경영 행태에 반대하며 대대적인 '안티-워크(anti-woke)' 운동에 나선 것. 사회문제에 '깨어있음'을 자랑하던 워크가 갑자기 정치적 올바름을 강요하는 사람들을 경멸하는 의미로 바뀌었다. 기업의 주주총회, 의회, 미디어 등에서는 진보 성향의 기업을 향한 보수 진영의 반발이 더 뚜렷해지면서, '워크 자본주의를 둘러싼 전쟁'이라는 표현까지 등장했다.

워크와 안티-워크의 대립?

디즈니월드가 위치한 플로리다주는 최근 유치원과 초등학생에게 동성애 등 성 정체성에 대한 교육을 금지하는 법을 제정했다. 성 소수자에 대한 혐오와 차별을 강화한다는 진보 진영의 비난 여론이 비등했지만, 디즈니는 특별한 입장을 내지 않았다. 그러자 직원들이 회사의 침묵을 비난하며 파업과 항의 시위에 나섰다. 이에 디즈니 CEO는 이 법을 반대한다고 공개적으로 밝히면서, 플로리다주에 대한 정치자금 기부도 중단했다. 그러자 플로리다주지사가 직접 나서서 디즈니에 대한 혜택을 박탈하는 법안 처리를 주 의회에 요청했다. 그 결과, 2022년 6월부터 디즈니월드의 특별지구 지위가 박탈되고 디즈니는 수천만 달러의 재정적 손실에 직면하게 되었다. 코카콜라와 델타항공 등 대기업도 이와 같은 맥락에서 워크 자본주의 태도를 보였다가 곤욕을 치렀다.

영국에서도 같은 일이 벌어지고 있다. 가령 '영국의 워런 버핏'으로 알려진 펀드 매니저 Terry Smith(테리 스미스)는 유니레버의 워크 자본주의 행보를 공개 비판했다. 아이스크림을 생산하는 유니레버의 자회사 Ben & Jerry's(벤 앤 제리즈)가 회사 가치관에 부합하지 않는다는 이유로 이스라엘의 팔레스타인 점령 지역 내 아이스크림 판매를 중단하기로 결정한 것이 사건의 시발점이었다. 유니레버의 10대 주주 중 하나로 약 45조 원을 운용하는 그의 회사 Fundsmith(펀드스미스)는 유니레버가 펀더멘털을 희생하면서까지 지속 가능성을 과시하는 데 집착한다고 비난을 퍼부었다. 대기업들이 마치 깨어있는 정부처럼 행동하고 있음을 비판한 것이다.

우리나라에서는 뚜렷한 조짐이 아직 보이지 않지만, 유럽과 미국의 경우 워크 자본주의에 반대하는 움직임은 투자업계에서도 조직적으로 일어나고 있다. 페이팔 공동창업자 피터 틸, 억만장자 빌 애크먼 등의 거물들이 스트라이브에 2,000만 달러를 투자한 신생 자산운용사 Strive Asset Management(스트라이브)는 아예 안티-워크를 표방하고 나섰다. 정치적 이슈에 지나치게 관여하는 대신, 이윤의 극대화에 초점을 맞춘 기업들에 투자하는 것을 목표로 한다.

'Boardroom Initiative(이사회 이니셔티브)'라는 이름의 보수주의 투자자 연합도 생겨났다. 주주 제안 방식으로 워크 자본주의에 제동을 걸겠다는 움직임이다. 그들의 논리는 대충 이렇게 요약된다. "정치적 논쟁에서 기업이 특정 진영을 편들면 주주들만 피해를 본

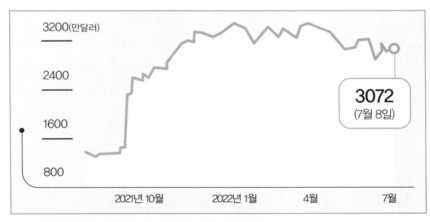

● ● ● **보수적 가치를 지향하는 미국 내 ETF 운용 자산 규모**

[자료: Ycharts.com]

다. 수십억 명을 빈곤에서 구출하고 인류의 생활 수준을 개선할 책임이 있는 자유 시장 자본주의 시스템을 지키자." 기업의 활발한 정치 활동이 수익률에 부정적인 영향을 미친다는 신념의 표출이다. 이사회 이니셔티브는 출범 후 첫 활동으로 뱅크오브아메리카 주주총회에서 직원에 대한 인종 교육 강요에 반대하는 주주 제안을 제출했다.

ESG에 반발하는 기류마저 확산한다고?

코로나 팬데믹을 계기로 경영 및 투자의 강력한 추세가 된 ESG도 안티-워크 운동의 공격 대상이다. 2019년부터 2년 동안 ESG에 초점을 맞춘 펀드와 ETF 자산 규모는 60% 정도 증가했다. 그러자 안티-워크 진영은 기업과 주주의 이익이 아니라 ESG 준수 여부에 따라 투자가 결정되는 것은 부적절하다고 주장한다. ESG 점수가 낮다고 해서 자본 조달을 사실상 불가능하게 만드는 건 나쁘다고 비판했다. 특히 미국 ETF 자산의 75%를 운용하고 있는 BlackRock(블랙록), Vanguard(뱅가드), SSGA(State Street Global Advisors, 스테이트 스트리트 글로벌 어드바이저즈) 등 빅3 자산운용사들이 '정치적 이익을 증대시키기 위해 시장을 남용하는 워크 자본주의자들'로 도마에 올랐다.

ESG는 평가 기준마저 제각각이어서 논란은 더 심하다. 테슬라가 S&P500 ESG 지수에서 제외되자 일론 머스크가 ESG를 '사기'

투자의 길이 보이는 **트렌드 경제용어 2023**

라고 비난했을 정도다. 머스크는 ESG가 소위 사회 정의를 위해 싸운다는 전사들의 무기로 전락했고, 기업이 좌파 의제를 얼마나 준수하는지에 따라 점수가 결정된다고 목소리를 높였다. 은행과 신용평가사들이 주 정부의 신용도를 평가할 때 대차대조표 외에 ESG 요소까지 고려하기로 하자, 에너지 산업을 주력으로 하는 주들도 ESG에 반기를 들고 있다. 안티-워크의 공격 타깃이 된 블랙록은 연례 서한에서 이렇게 밝혔다. "이해관계자 자본주의는 정치나 사회적, 이념적 의제가 아니며, 워크 자본주의도 아니다. 직원, 고객, 공급업체, 지역사회 간 상호 유익한 관계에 의해 추진될 뿐이다."

정치적-사회적 이슈에서 기업은 어떤 길을 택해야 할까? 공평과 정의를 위해 기업의 영향력을 행사하는 길? 아니면, 기업 본연의 목표인 이윤 극대화만을 묵묵히 추구하는 길? CEO들의 입장도 정확히 반으로 갈라져 있다. 목소리를 내든 침묵을 지키든 비판을 피하기는 어렵다. 미국 기업들은 정치 양극단 사이에서 아슬아슬한 줄다리기를 이어가고 있다. 기업이 정치적 고아가 되어가고 있다는 우려가 커진다. 우리나라도 정도의 차이는 있겠지만, 근본적으로 다르지 않을 것이다.

54

웨이스트 테크

Waste Tech

"이젠 내다 버리는 데도 기술이 필요한 시대"

폐기물을 효율적으로 수거해 처리하는 기술과 서비스가 '웨이스트 테크'다. 갈수록 심각해지는 환경 문제를 해결해줄 대안 중 하나라고 볼 수 있다. 우리나라에선 아직 크게 주목받지 못했지만, 최근 IT 기반의 신기술에다 구독 같은 새로운 서비스가 더해지면서 관심을 끌고 있다. 이 분야의 스타트업이 늘어나고 각자 신기술과 서비스를 활용해 폐기물을 처리함으로써

● ● ● 리코의 업박스 서비스

한참 뒤떨어진 폐기물 처리 시장을 혁신할 것으로 기대된다.

하루가 멀다 하고 별의별 스타트업이 등장하고 있지만, 폐기물 처리 스타트업은 아직 생소한 편이다. 하지만 ESG에 대한 사회적인 관심이 높아지면서 이런 웨이스트 테크 스타트업들의 약진도 두드러진다. 가령 2021년 12월 120억 원 규모의 투자를 유치한 리코는 '업박스'라는 이름으로 디지털 기반 폐자원 관리서비스를 제공한다. 폐기물 배출자와 수거 처리자를 이어주는 시스템이다. 그저 폐기물 처리에 그치는 것이 아니라, 배출과 처리 과정을 데이터로 만들고, 환경에 미치는 영향 등을 분석해 보여줌으로써, 배출자가 폐기물을 보다 체계적으로 관리하도록 이끌어준다. 해외 진출도 준비 중이다.

설립된 지 1년 남짓한 어글리랩은 구독서비스 형식으로 폐기물 수거 서비스를 제공한다. 소규모 사업장이나 가정에서 밀폐된 수거함에 쓰레기를 담아 밤 11시 전에 내놓고 수거를 요청하면, 새벽에 수거해서 처리한다. 서울 강남 일대에서 시작한 서비스는 꾸준히 지역을 넓혀나가는 중이다. 오이스터에이블은 협업으로 눈길을 끄는 케이스다. 지능형 IoT, 데이터 처리 등의 신기술을 동원해 재활용품의 분리수거에 대해 보상해준다. 쓰레기 하나 버릴 때도 소비자가 지구를 생각하도록 유도한다는 평가를 받는다. 덕분에 전국 지방자치단체는 물론이고, LG와 SK텔레콤 등 대기업과도 잇달아 협업하며 성가를 높이고 있다. 이 밖에도 국내 유일의 해양쓰레기 관리 솔루션을 개발한 포어시스, 업사이클링 형태로 플라스틱 등의 폐기물 자원을 순환하는 기술이 특징인 바라임팩트 등도 눈에 띈다. 아직 규모는 작지만 웨이스트 테크는 대기업들도 관심을 보일 만큼 유망하고 필요한 분야임에 틀림없다.

55

웹 3.0
Web 3.0

"요컨대 비결은 블록체인과 탈중앙화입니다."

이용자가 직접 데이터의 소유권을 갖고 정보를 유통하는 인터넷 방식으로, '세 번째 인터넷'이라 불린다. 신뢰를 기반으로 해거대 IT 기업에 의존하지 않으며(탈중앙화) 준익명準匿名의 플랫폼에서 정보를 공유하고 소통한다. 이 미래의 연결방식을 구현하기 위해선 블록체인, 콘텐트·정보를 거래하기 위한 가상화폐 시스템 도입이 필수로 여겨진다. 아직 관련 기술과 산업은 초기 단계지만, 발전 가능성은 어마어마하다. 특히 영상물, 음악, 디지털 저작물을 만드는 소위 '크리에이터'에게 크고 다양한 기회가 생길 것이다.

캐시 우드가 이끄는 ' 아크 인베스트(ARK Invest)'는 2022년에 부상할 혁신 기술 및 고성장 산업을 열거한 바 있는데, 예전부터 비중 있게 다루던 딥러닝, AI, 유전자 편집, 전기차, 3D 프린팅 등에 웹 3.0이 추가됐다는 점이 특징이었다. 2022년 3월 미국 오스틴에

273
___

서 열린 'SXSW(사우스 바이 사우스웨스트)'의 주인공도 웹 3.0과 NFT였다. 영화, 음악, 시각효과 등을 중점적으로 다루어왔던 SXSW가 웹 3.0 전문가 60명 이상이 발표자로 나서면서 마치 블록체인 행사처럼 치러졌다.

웹 1.0과 웹 2.0은 어떻게 발전했기에 웹 3.0으로?

웹 1.0 - 읽기 전용의 한 방향 흐름; 거미줄이란 뜻의 Web은 우리가 익히 알고 있는 'www', 즉, 인터넷의 핵심 정보 검색 시스템인 월드 와이드 웹(World Wide Web)의 줄임말이다. 거미줄처럼 엮여서 사람들이 인터넷에 연결된 컴퓨터로써 정보를 공유할 수 있는 공간을 가리킨다. 사실상 인터넷과 동의어라 해도 좋을 정도로 널리 보급된 시스템이다. 웹은 1989년 12월에 개발되었고 1990년 말부터 널리 보급되었다. 대부분의 웹사이트는 정적인 HTML 페이지로, 텍스트 또는 간단한 이미지로만 이루어졌다. 첨부 파일이나 사진 보내기라든지 쌍방향 기능은 없고 그저 '읽기 전용'의 인터넷이었다. 1990년대 중후반까지는 웹 1.0을 사용했다.

웹 2.0 - 읽고, 쓰고, 양방향 정보 공유; 1990년대 후반과 2000년대 초반에 인터랙티브(Interactive) 기능, 그러니까 서로 주고받는 상호작용 방식으로 발달하면서 웹 2.0의 시대로 넘어간다. 모든 것이 연결되는, 우리가 지금 알고 있는 인터넷으로 패러다임이 바뀐 것이다. 이전까지는 방송국, 신문사 등 소수 그룹이 콘텐트를 만들었지만, 웹 2.0 시대부터는 사용자가 모든 콘텐트를 생성하게 되었다는 점이 가장 큰 변화였다. 덕분에 사용자의 참여가 폭발적으로 늘어나고, 크리에이터, 유튜버, 인플루언서 등이 콘텐트 소비를 주도하는 트렌드가 굳어졌다.

웹 2.0 + 모바일과 소셜 미디어; 몇 곱절의 파급력과 폭발적 성장을 웹 2.0에 선사한 것은 바로 모바일로의 전환이다. 애플 아이폰의 등장으로 1인 1 스마트폰 시대가 열리면서 모바일 혁신이 이루어진 것이다. 이것은 단순히 브라우저로 인터넷에 접속하는 수준을 넘어 '앱'을 통한 연결과 활동을 의미한다. 앱이 지배하는 시대에 글로벌 거대 플랫폼 기업들은 앱 하나로 수백만 이용자와 '이어지고' 엄청난 비즈니스를 창출했다. 여기에 소셜 미디어까지 결합하면서, 사람들은 언제 어디서나 콘텐트를 만들고 편집하며 실시간으로 공유하고 소통한다.

웹 3.0 – 산업 구조의 파격과 혁신은 웹 2.0 시대 말기 소위 '4차 산업혁명'과 더불어 이미 무르익었다. 블록체인이라는 전무후무한 기술 혁신이 등장하고, 데이터 소유권에 대한 인식이 바뀌면서 웹 3.0을 향한 장정이 시작된 것이다. 지금까지 플랫폼 기업들은 '약관'이라는 교묘한 방패 뒤에 숨어서 사용자가 생산한 모든 데이터를 보상도 하지 않고 슬그머니 차지해, 광고 등 관련 수익으로 배를 불려온 거나 다름없는데, 이제 개인 창작자들에게 데이터 소유권과 통제권을 되돌려 주자는 움직임이 거세다. 국가의 인터넷 검열·통제나 빅테크의 과점으로 인한 인터넷의 지나친 '중앙화'가 문제의 핵심이라는 인식이 퍼지면서 전혀 새로운 타입의 인터넷, 블록체인 기술로 탈중앙화한 미래의 인터넷이 구축되고 있다. 시장의 패러다임 자체가 바뀌는 중이다.

웹 발전 단계에 따른 주요 특징

구분	웹 1.0	웹 2.0	웹 3.0
시기	1991년~2003년	2004년~2016년	2017년~현재
정보 수용 방식	읽기 전용	읽기-쓰기	읽기-쓰기-소유
인프라	PC	클라우드 및 모바일	블록체인 클라우드
네트워크	비교적 탈중앙화	중앙집권적	탈중앙화
거버넌스	웹페이지 보유자	플랫폼 기업 간 통합 관련	탈중앙화 조직(DAO)
조직 형태	기업 중심	플랫폼 중심	개인 중심
비즈니스	–	사용자 정보로 수익 창출	사용자 참여로 수익 배분

자료: 가트너, 그레이스케일 등

웹 3.0 산업의 잠재력은?

과거 인터넷의 발전 과정과 비교할 때 웹 3.0의 잠재력은 블록체인 시스템 아래 탈중앙화 방식으로 운영된다는 사실에 기인한다. 현재 이 분야에서는 이더리움이 사용자 수 700만~5,000만 명으로 가장 많은 사용자를 확보한 블록체인인데, 여전히 초기 단계인 웹 3.0을 인터넷 초창기에 견주어보면 1995년 정도에 와 있는 셈이라고 한다. 이후 10년 동안 인터넷 사용자는 10억 명에 도달했고, 같은 기간 페이스북, 유튜브 같은 플랫폼이 나타나 폭발적으로 성장했다. 전문가들이 만든 아래의 그래프에서 알 수 있듯이, 웹 3.0 사용자는 2031년 즈음 10억 명에 이를 전망이다. 그동안 웹 3.0 세계에서도 페이스북과 유튜브에 견줄 만한 플레이어가 나올 터이다.

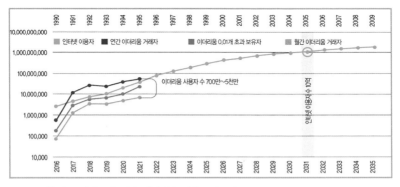

● ● ● **초창기 인터넷 사용자와 이더리움 사용자 수 비교**

[자료: a16z 'State of Crypto']

웹 3.0 환경이 크리에이터(창작자)에게 유리하다는 점도 그 잠재력을 뒷받침한다. 무엇보다 빅테크들의 플랫폼과는 달리, 웹 3.0에서 받는 수수료는 비교하기 어려울 정도로 훨씬 저렴하다. 예컨대 페이스북은 자신들의 VR 플랫폼에서 거래되는 창작물에 수수료 47.5%를 부과하겠다고 밝혀 커다란 논란을 낳았다. 유튜브도 많게는 45%를, 애플은 30%를 부과하는 실정이다. 이에 비해 웹 3.0

진영에 속하는 NFT 거래소 OpenSea(오픈시)가 부과하는 수수료는 겨우 2.5% 수준이다. 창작자들이 벌어들인 수익을 봐도 웹 3.0의 우세는 금방 드러난다. NFT 크리에이터들의 1인당 평균 수익은 17만4천 달러로, 유튜브(40.5달러)나 스포티파이(636달러)보다 압도적으로 많다. 웹 3.0의 밝은 미래를 점칠 수밖에 없지 않겠는가.

웹 3.0 시대의 게임업계는 어떻게 변할까?

웹 3.0 시장의 앞날이 워낙 밝은지라, 글로벌 주요 기업들은 부지런히 이 시장에 진출하고 있다. 2022년 5월에 클라우드 사업부 내에 웹 3.0 전담조직을 꾸린 구글에서부터, 음료 스탬프 NFT를 발행하여 자사의 웹 3.0 커뮤니티에서 이용하겠다는 스타벅스, 웹 3.0 개발자들의 커뮤니티를 구축하고 웹 3.0 투자 펀드까지 조성한 바이낸스, BTS의 고향인 하이브와 손잡고 글로벌 가수 팬덤 기반의 NFT를 발행하려는 한국의 두나무, 차세대 물류 네트워크를 위한 협업 기반 분산 프로토콜을 개발하는 디카르고에 이르기까지.

그러나 웹 3.0 시대를 앞두고 가장 들썩이는 장르로는 게임업계를 빼놓을 수 없다. 가령 NFT로 호환성이 강화되면, 엔씨소프트의 리니지 아이템을 카카오게임즈의 오딘에서 즐기고, 제페토에 전시할 수도 있게 된다는 얘기다. 실수로 아이템이 사라져도 블록체인 기술로 쉽게 복구할 수 있을 것이다. 일찌감치 블록체인과 NFT에 관심을 보인 컴투스나 카카오게임즈 등은 이런 관점에서 플랫폼과 게임 개발에 이미 나섰다. 웹 3.0 기반의 비즈니스에 유달리 보수적이었던 크래프톤조차 상위 개념의 '웹 3.0 라운드테이블'이란 전담조직을 만들어 적극적인 웹 3.0 전환을 준비한다는 소식이다. 많은 게임업체가 자신들의 플랫폼에서 가상화폐와 NFT가 사용되도록 설정하고, 거기에 메타버스나 P2E 게임 이용자를 끌어모으겠다는 전략을 추구한다. 어쨌든 웹 3.0 기조가 게임업계 전반으로 확산할 모양새다.

게임업체들이 웹 3.0을 크리에이터와 이용자에게 더 많은 권

● ● ● **컴투스의 첫 번째 웹3.0 게임 크로매틱 소울: AFK 레이드.**

한을 부여하는 C2E(창작수익) 생태계로 정의하는 움직임도 흥미롭다. 예전처럼 게임사가 기획하고 설계해서 '재미' 위주의 게임을 만들어내는 게 아니라, 게임 사용자들이 참여하고 직접 창작하는 형태의 게임 생태계를 조성하는 쪽으로 바뀔 것이라는 뜻이다. 플레이함으로써 수익을 올리는 P2E의 경우 먼저 돈을 벌고 싶은 사람들이 유입될 수밖에 없는 반면, C2E는 창작자들이 중심이 돼 콘텐트를 만들고 게임 안팎에서 파급력을 행사하므로 재미를 전제로 창작자와 게임 이용자 모두에게 새로운 가치를 부여할 수 있기 때문이다.

게임업계의 웹 3.0 투자 맵에서 플랫폼 구축은 카카오, 네이버, 맥스트 등이 주도하고, 하드웨어는 LG이노텍이 앞장설 것이며, 위메이드, 컴투스, 하이브, 넷마블, 펄어비스 등이 NFT를 활용하는 게임 개발을 이끌 것으로 보인다.

56 위치추적 액세서리
Tracking Accessories

"이것저것 찾느라 허비하는 시간, 아깝지요."

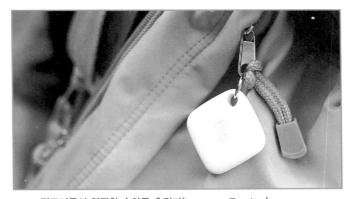

● ● ● **틱토커들이 열광한 수하물 추적기(Luggage Tracker)**

[자료: Glamour UK]

작게는 열쇠 꾸러미, 시계, 전화기, 지갑, 백팩에서부터 크게
는 반려동물이나 자동차에 이르기까지 어디엔가 놓아두었는데 도
저히 찾을 수 없는 물건들. 이처럼 잃어버리기 쉬운 물건들에 부착
해서 그 위치를 찾아주는 기기들이 '위치추적 액세서리'다. 의외로

그 규모가 작지 않은 시장이다. 삼성전자와 애플 같은 거대 기업들이 한바탕 본격적인 대결을 펼칠 정도다. 물론 스마트폰 시장은 포화상태에 이르렀고 스마트워치나 무선이어폰에서도 만족할 수 없는 그들이 새로운 먹거리를 찾아 나섰기 때문이겠지만 말이다.

우선 애플이 자랑하는 위치추적 액세서리는 틱톡에 빠진 젊은 세대도 열광한다는 AirTag(에어태그)다. 먼저 장치에서 발산되는 블루투스 시그널을 Find My(나의 찾기) 네트워크 안에 있는 가까운 기기가 감지한다. 이어 그 기기는 사용자의 에어태그 위치를 iCloud로 보내준다. 사용자는 Find My 앱으로 들어가 지도에 표시된 위치를 알 수 있다. 이 모든 과정이 익명으로 진행되고 암호화되어 개인 정보를 철저히 보호한다.

애플에 대항할 삼성전자의 위치추적 액세서리는 애플보다 한발 앞서 출시한 '갤럭시 스마트태그 플러스(+)'로 기존 갤럭시 태그의 기능을 한층 강화한 모델이다. 역시 저전력 블루투스 기술에다 초광대역 무선통신 기술까지 탑재해 더욱 정확한 위치 확인이 가능하다. 초광대역 기술이 적용된 삼성의 일부 스마트폰에서는 AR 기술로 물건의 위치와 이동 경로를 시각적으로 제공해 물건을 더욱 쉽게 찾을 수 있도록 해준다. 그동안 스마트폰, 스마트워치, 무선이어폰 분야에서 늘 애플보다 한발 늦었던 삼성전자가 위치추적 액세서리 시장에선 먼저 제품을 내놓았다.

57

이퓨얼 혹은 탄소중립연료
혹은 전기기반연료

eFuel: Electro Fuel

"굳이 내연기관 자동차까지 죽여야 합니까?"

하긴 문제는 자동차 엔진이 아니었다. 거기 쓰이는 화석연료가 문제였지. 연료만 친환경으로 바꾸면, 내연기관 자동차를 없애지 않고도 친환경 자동차로 바꿀 수 있다. 그런데 과연 이게 가능할까? 새로 등장한 '이퓨얼'이라는 연료가 답이 될지 모른다. 원유 한 방울 안 섞였지만, 촉감도 질감도 일반 휘발유나 경유와 거의 똑같고 무색무취에 가까운 액체. 당장 세상의 모든 승용차와 트럭을 전기차로 교체하는 건 어려운 현실에서, 그래도 온실가스 배출 감소를 도와줄 인공 합성 연료가 이퓨얼이다.

이퓨얼은 물을 전기 분해해 얻은 수소를 대기 중에서 포집한 이산화탄소나 질소 등과 결합해 만든다. 그래서 '전기기반연료'라고도 부른다. 이산화탄소와 질소는 태양광, 풍력, 수력 등 친환경 에너지로 만들어져 탄소 절감효과가 상당하다. 그러면서 화학적

구성은 석유와 같아서 가솔린-디젤-제트 엔진에도 곧장 쓸 수 있어 편리하다. 제조 기술은 그리 복잡하지 않고 설비 투자만 이뤄지면 쉽사리 만들 수 있는데, 다만 비용이 많이 들어 경제성은 다소 떨어진다. 이산화탄소가 배출을 제로로 만들지는 못한다는 단점도 있다. 그러나 '친환경 전환'이란 피치 못할 의무를 떠안은 자동차 업계에 필요한 시간을 벌어주어 산업의 생명력을 늘릴 수 있다. 전기차나 수소차가 보편화하기까지 기존 내연기관차의 탄소 배출량도 줄여줄 것이다.

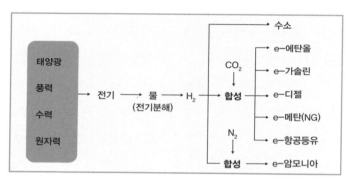

● ● ● **이퓨얼의 생산방식과 종류**

이퓨얼의 가능성은 이미 다양한 실전 테스트로 증명되었다. 네덜란드 항공사 KLM이 상업용 여객기로서는 세계 최초로 이퓨얼을 사용해 암스테르담에서 마드리드까지 성공적으로 운항했다. 기술적인 우려가 없지 않았지만, 이륙에서 착륙까지 아무 문제가 드러나지 않아, 이퓨얼의 안정성 문제를 씻어냈다.

투자의 길이 보이는 **트렌드 경제용어 2023**

● ● ● 친환경 이동수단의 비교 [출처: 조선일보]

　　이후 독일과 일본의 완성차 업체들을 필두로 세계의 대기업들이 이퓨얼 투자에 적극적으로 나섰다. 2017년부터 이퓨얼 연구 시설을 세워 연료 생산 및 엔진 실험을 하고 있는 아우디, 칠레에 공장을 세우고 2022년부터 풍력발전을 이용해 이퓨얼(e-메탄올) 생산에 착수한 포르셰, 2021년부터 본격적인 이퓨얼 등 합성 연료 연구에 나선 일본 자동차 기업 3사 도요타-닛산-혼다 등이 두드러진다.

　　이들에 뒤질새라 주요 정유사들도 거액을 베팅하고 있다. 헤이그에 본사를 둔 셸이 네덜란드 정부와 손잡고 항공기용 이퓨얼 생산을 시작해 이목을 집중시키는가 하면, 포르셰와 손잡고 이퓨얼 테스트에 돌입한 미국의 엑손모빌도 2025년까지 탄소 포집-저장 기술에 30억 달러를 투자하겠다고 밝혔다. 스페인의 글로벌 에너지 기업 Repsol(렙솔)도 6,000만 유로를 들여 항구도시 빌바오에 이퓨얼 공장을 짓는다.

285

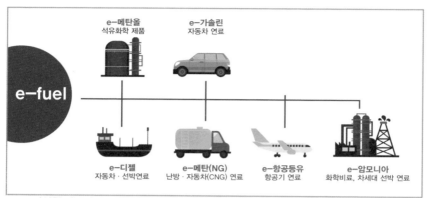

··· **다양한 이퓨얼의 주된 사용처 [출처: 조선일보]**

이퓨얼의 경제적 함의는?

(1) 이퓨얼은 기존의 내연기관 자동차에 쓰이는 연료이면서도 친환경이다. 대기 중의 이산화탄소를 흡수해 원료로 쓰는 '공기 직접 포집' 기술을 이용하므로 그 농도를 직접 낮춰준다. 빌 게이츠가 캐나다 환경 기업 Carbon Engineering(카본 엔지니어링)에 투자하며 '세상을 뒤흔들 혁신 기술'이라고 평가했던 바로 그 기술이다.

(2) 전기차나 수소차가 기존 내연기관차를 모두 대체하기까지 교량 역할을 할 수 있다. 이퓨얼이 이산화탄소 배출량을 '0'으로 줄이는 건 아니다. 가스는 여전히 배출된다. (심지어 전기차도 배터리 등 주요 부품의 생산-폐기 과정에서 상당한 이산화탄소를 내뿜는다) 그러나 화석연료보다 배출량이 워낙 적다. 처음부터 끝까지 인위적으로 제조한 고순도 연료이므로, 화석연료보다 연비가 훨씬 더 좋다. 고로

같은 주행거리에서 탄소 배출량이 두드러지게 적다. 가령 포르세의 전망대로라면, 이퓨얼은 화석연료를 쓰는 차에 비해서 탄소 배출량을 최대 85%까지 감소시킬 수 있다. 그래서 전기차로의 전환에 필요한 막대한 시간과 비용을 고려하면, 차라리 이퓨얼이 탄소 배출량을 더 빠르게 줄이는 효과적 대안이라는 주장도 나온다. 참고로 골드만삭스는 자동차 산업이 전기차로 완전히 전환하는 데 드는 인프라 투자 비용만도 2021년 우리나라 예산의 12배가 넘는 6조 달러에 이를 것으로 추산했다.

(3) 에너지 밀도가 높다는 것도 경제적인 장점이다. 예컨대 전기차에 쓰이는 리튬이온 배터리의 에너지 밀도는 휘발유의 10분의 1에 불과하다. 그렇기에 장거리를 주행하는 선박이나 항공기에 배터리가 활용되기 어렵다. 하지만 이퓨얼의 에너지 밀도는 휘발유와 거의 같아서, 비행기나 선박 등에는 에너지 밀도가 높은 이퓨얼이 더욱더 적합하다.

탄소 저감 정책을 약속해놓고 실행에 골머리를 앓던 국가나 산업계 입장에서는, 내연기관의 생명을 연장해 전기-수소차로 전환하기 위한 비용과 시간을 벌어주는 이퓨얼이 무척 반갑다. 그래서 이퓨얼에 대한 각국의 투자가 급격히 확대되고 있는 거다. 자동차 산업의 뿌리가 깊은 독일과 일본 등이 특히 친환경 이퓨얼 생산을 장려하고 있다. 이퓨얼 개발이 아직 초기에 머물러 있는 한국과

이퓨얼 혹은 탄소중립연료 혹은 전기기반연료

달리, 독일 정부는 이미 대량생산 체제를 갖추었으며, 일본은 2050년까지 현재의 휘발유 가격 이하로 e-가솔린을 만든다는 목표를 세웠다.

물론 해결해야 할 문제도 적지 않다. 높은 생산비로 인해 휘발유 가격의 3~4배인 이퓨얼 가격, 여전히 저조한 공정 효율, 생산 과정에 지나치게 많이 소모되는 전력, 이 모든 이유로 낮아진 경제성 등등. 그럼에도 유럽의 이퓨얼 전문가들은 2050년경이면 주유소 연료가 모두 합성 연료로 바뀔 것이며, 가격도 크게 내려 지금의 휘발유와 크게 다르지 않을 거라고 예상한다. 특히 유럽이 추진해온 탄소세까지 실현되면 화석연료 가격이 크게 오르면서 이퓨얼의 장점이 한층 더 부각될 것이다.

58

인증 대체부품

"국가가 인증한 건데, 왜 불안해합니까?"

국토교통부 산하 인증기관인 한국자동차부품협회가 심사해 성능과 품질을 보증한 자동차 부품을 이렇게 부른다. 무엇보다 가격이 순정부품보다 40%가량 싸다. 그렇지 않아도 무시무시한 고물가의 시대를 살아가는 서민에게 자동차 유지 비용도 큰 짐이다. 특히 고가의 부품들이 부담스러울 때가 많다. 성능은 순정부품에 못지않으면서 가격은 훨씬 저렴한 '인증 대체부품'에 갈수록 관심이 커지는 이유다.

소위 순정부품은 자동차 업체들이 지정한 부품 제조사가 위탁 생산하는 'OEM 부품'을 가리킨다. 가령 현대자동차 부품을 도맡아 생산하는 현대모비스 부품이 그런 순정부품이다. 이에 비해 인증 대체부품은 완성차 업체가 지정한 기업 외의 다른 부품사가 만들었지만, 정부 인증기관이 꼼꼼히 심사하여 성능과 품질을 보증해준다. 대신 가격은 순정부품보다 40%가량 싸다. 외국산 차량을 위한 인증 대체부품도 있다. 그러나 아직 인증 대체부품이 뭔지 모르는 소비자, 불안하거나 고장 날까 봐 선택하기를 망설이는 소비자가 여전히 많다. 순정부품을 써야만 더 안전할 것 같다는 심리, 바꾸기가 쉽진 않다.

과연 인증 대체부품은 괜히 불안하다는 심리를 뒷받침할 근거가 있을까? 아니다. 교통안전공단이 2가지 부품의 품질을 비교해봤더니 인장 강도, 굴곡 강도, 충격 강도 등 10개 항목에서 인증 대체부품이 순정부품과 비슷했다. 오히려 더 높은 성능을 보인 영역도 있었다. 인정 대체부품에 관한 많은 소비자의 우려는 선입견 때문이라는 의미다.

우리나라의 자동차 수리비는 해마다 늘어나, 자동차 보험금 총액에서 차지하는 비중이 50%에 육박하고 있다. 1건당 평균 수리비도 2018년의 168만 원에서 2021년엔 190만 원으로 올랐고, 그 가운데 평균 부품비가 이제 100만 원을 넘었다. 1년 된 차량이든, 10년 된 차량이든, 무조건 순정부품으로 바꾸어야 직성이 풀리는 소비자들 때문에 수리비가 늘어나지 않을 도리가 없다. 전문가들도 그런 관행을 지적한다. 성능이 같다면 굳이 두 배가량 비싼 순정품을 고집해야 할 이유가 무얼까. 소비자의 인식에 근원적인 변화가 필요하다.

인증 대체부품 사용을 독려하는 정책적 배려도 있다. 사고가 났을 때 소비자가 인증 대체부품 사용을 택하는 경우, 보험사가 순정부품 가격의 25%를 추가로 환급해준다. 부담이 더욱더 낮아지는 것이다. 국회도 인증 대체부품 시장 활성화를 거들겠다면서, 좌석 안전띠, 유리, 휠 등의 부품들을 630여 개 기존 인증 품목에 추가하도록 자동차 관리법을 최근 개정했다. 이제 남은 건 소비자들의 적극적인 이용뿐이다.

59

자이낸스
Zinance

"MZ의 힘이 기어코 금융까지 뒤흔듭니다."

메타버스 등의 새로운 플랫폼들을 종횡무진 누비는 Z세대의 금융 활동 혹은 그 추세를 '자이낸스'라 일컫는다. 그러니까 Z와 Finance가 합쳐진 용어다. 지금 한국을 비롯한 주요국의 금융 판도를 MZ세대가 뒤흔드는 조짐이 뚜렷해지면서, 자이낸스 시대에 대비하기 위한 다양한 금융기관들의 경쟁이 치열한 상황이다. 코로나 팬데믹 직후 전 세계의 금리 인하와 가파른 유동성 확산을 배경으로 이런 자이낸스 추세가 한결 두드러졌고, 이로 인해 갖가지 자산시장으로 뛰어드는 Z세대의 숫자와 영향력이 폭발적으로 커졌다.

투자의 길이 보이는 **트렌드 경제용어 2023**

인터넷 뱅킹의 선두주자인 카카오뱅크 가입자는 출범 4년 만에 유서 깊은 국민은행 이용자의 절반을 가볍게 넘어섰는데, 디지털에 익숙한 MZ세대가 전체 고객의 70%에 육박한다. 핀테크의 대명사가 돼버린 토스는 가입자 2,000만 명, 월간 활성사용자 1,100만 명을 넘나들며 기업가치가 단숨에 3조 원에서 8조 원으로 뛰었다. 자이낸스의 힘을 보여주는 유례없는 초고속 성장이다. 주로 MZ세대가 이용하는 파이낸셜 플랫폼 3~4개가 데카콘(기업가치 100억 달러 이상 비상장사)으로 컸다는 얘기도 나온다.

Z세대의 특성과 금융 습관이 어떠하길래?

(1) 무엇보다 디지털/모바일 환경에 익숙하다. 수익증권도 모바일 앱을 통해 공모한다. 40억 원 규모의 수익증권도 이들이 움직이면 2시간 반 만에 동나버린다. 이것은 이들이 다양한 소스로부터 투자정보를 얻는다는 뜻이기도 하다. 그뿐인가, 자유자재로 드나드는 앱과 플랫폼에서 수익뿐만 아니라 '자유'와 '게임 같은 재미'와 '멋'까지 추구한다.

(2) 아직 자산과 소득이 적은 세대지만, 재테크와 금융 서비스에 관심이 높다. 이들에겐 '티끌 모아 태산'이 아니라, '티끌은 모아봐야 여전히 티끌'이다. 그래서 모으는 대신 '투자'를 한다. 투입한 노력에 비해 성과가 가장 확실한 것은 사업 아니면 투자뿐이라고 보기 때문이다. 과감한 레버리지를 무기로 소비와 투자에 적극

적이다. 팬데믹 직후에는 주식, 원자재, 가상화폐, 럭셔리 제품, NFT, 리츠 등등 온갖 자산시장을 샅샅이 훑고 다니며 빚을 내서라도 적극적인 투자에 나섰다. 특히 주식과 가상화폐는 이들의 공격적 투자 덕분에 한동안 장밋빛 상승장을 만끽했다. 이들은 한정판 스니커즈로 재테크를 시도하고, 값비싼 예술품이나 강남 부동산을 잘게 쪼개서 지분처럼 매입하는 투자에 열광하며, 생전 처음 듣는 NFT도 배워가며 투자하는 세대다.

(3) 금융과 투자 활동에서도 이들은 극한의 디지털을 추구하며, 유목민의 성향도 지니고 있다. 고정된 어떤 금융 상품이나 투자 방식에 얽매이지 않아서, 어떻게든 전통적 방식에서의 탈피를 망설이지 않는다. 그리고 '간결하고 빠른' 것이 항상 옳다고 믿는다. 그러다 보니 직관적이고 간편한 플랫폼을 보기만 하면, 언제든지 그쪽으로 옮겨탈 수 있다. 주거래 금융회사도 쉽게 바꾼다. 고객의 '충성도'를 확보하려고 안절부절못하는 기업에게는 악몽이 따로 없다.

(4) Z세대는 참여를 중시한다. 언제나 서로 연결돼(wired) 있다. 금융과 투자 활동에서도 사회적 신념을 추구한다. 미국 디지털 은행 Aspiration(애스피레이션)은 지구온난화 방지를 위한 나무 심기에 신용카드 사용액의 일정액을 활용하는데, 회원 중 거의 60%가 MZ세대다.

자이낸스가 결국 금융의 헤게모니를 잡을까?

지금도 MZ세대를 꽉 붙들고 있는 것은 디지털 금융을 제공하는 핀테크(혹은 테크핀) 업체들이다. 그 기세에 전통 은행들은 카카오뱅크와 토스에 주도권을 양보하고 뒷줄로 밀려나 있다. '한국인이 가장 많이 쓰는 금융 앱' 1위도 카카오뱅크와 토스가 앞서거니 뒤서거니 독차지한다. 전통 금융사들은 'MZ세대의 목소리에 더 귀 기울이는' 생존 전략을 다시 짜느라 분주하다. 조직과 문화, 경영 전략, 상품과 서비스 등을 뿌리에서부터 확 바꾸는 수준이다. 이종 간 합종연횡과 협업 등을 통해 전혀 새로운 기반에서 금융산업이 재편될 수도 있다.

하물며 부모로부터 부를 물려받은 Z세대가 더 많은 경제력을 거머쥐는 때가 왔다고 상상해보라. 지금 당장은 베이비붐 세대가 가장 많은 부를 소유하고 있는 계층이지만, 앞으로 20년간 이들의 노화와 사망 등으로 자산은 MZ세대한테 넘어갈 것이다. 2040년 경이면 부의 중심이 완전히 이 세대로 이동한다는 얘기다. MZ세대는 '미래가 아니라 현재를 이끄는 주축'이라고 짚었던 어느 금융사 회장의 말이 새롭게 다가온다. 어떤 금융기관에서는 CEO가 2030세대 직원들로부터 '역'멘토링을 받고 있다는 이야기도 예사롭지 않다. MZ세대가 선택해주지 않으면 살아남을 수 없다는 위기감이 저절로 느껴지지 않는가.

물론 2022년의 상황은 이전 몇 년과 사뭇 다르다. 아니, 거의 정반대라고 해도 좋을 정도로 자이낸스의 열기가 많이 식어버린 상태다. 인터넷은행이나 핀테크 업체들도 대부분 잠시 후퇴해 웅크리고 있는 모양새다. 그렇다고. 해서 자이낸스의 큰 흐름이 중단될 리는 없다. MZ세대가 경제활동의 주류로 올라서는 것은 시간문제일 뿐이다. 이용자를 압도적으로 확보하고 Z세대를 선점한 금융사가 미래의 시장 판도를 바꿀 수 있을 것이다. 자이낸스가 금융의 '게임 체인저'가 될 것이라는 전망은 여전히 유효하다.

적도 원칙

Equator Principles

"원래는 빚을 떼이기 싫어서 만든 원칙이었는데."

60

국제적인 대규모 개발사업이 환경을 파괴한다든지 지역주민 또는 사회적 약자들의 인권을 침해할 경우, 자금을 지원하지 않겠다는 금융회사들의 자발적인 행동협약. 금융기관들이 프로젝트 파이낸싱(석유개발, 탄광채굴, 조선소나 발전소 건설, 인프라스트럭처 등에 자금을 지원하는 금융)을 제공할 때 지키는 하나의 원칙이다. 이런 사업들이 주로 열대우림 지역에서 시행되는 일이 많아서 '적도 원칙'이라는 이름이 붙었다. 당연히 이 원칙에 동참하는 금융사의 대출을 받으려면 엄격한 조건의 심사를 통과해야 한다.

적도 원칙은 2003년 6월 IFC(International Finance Corporation: 국제금융공사)와 선진국 10개 금융회사 대표가 워싱턴에 모여 발표했다. 애당초 환경보호 등의 공익적 목적보다는 개도국의 개발프로젝트에 금융지원을 할 때 대출금 회수에 차질이 생기지 않도록 대비하자는 의도였다. 원래는 자본비용 5,000만 달러 이상의 개도국 개발사업에 적용했으나, 2006년에 개정되면서 1,000만 달러가 넘는 개도국-선진국의 개발사업에 적용되고 있다. 현재 적도 원칙에 참여하고 있는 금융사는 씨티그룹, HSBC 등 약 70개로, 세계 프로젝트 파이낸싱 시장에서 70~80%의 비중을 차지한다.

최근 ESG 경영의 중요성이 더욱 부각되면서, 신한은행, KB국민은행에 이어 농협은행, 우리은행 등이 잇달아 적도 원칙에 가입했다는 뉴스가 전해졌다. 적도 원칙에 동참하면 신재생에너지 개발 같은 친환경 사업 지원에 참여하며 해외 개발사업 개척의 기회가 많아질 것이다. 반면 수익성이 높았던 화력발전 등의 환경 훼손 사업 참여는 줄일 수밖에 없는 딜레마를 안기도 한다. 또 예를 들어 멸종 위기에 처한 야생동물의 서식지라든지 열대림이나 희귀식물 자생지 등에서 벌목을 하는 회사와 그런 벌목 행위에 장비를 공급하는 업체, 그리고 그런 목재를 구입하는 기업에 대해서도 자금을 제공할 수 없게 된다. 그럼에도 은행들은 단기 수익성보다는 ESG라는 장기적 관점에서 기꺼이 적도 원칙을 포용했을 테다. 그런 추세는 앞으로 더 확산할 것이다.

제품-시장 적합도

PMF: Product Market Fit

"아냐, 우리 제품은 조금도 손색이 없을 거야!"

61

내가 모든 걸 쏟아부어 만든 제품, 과연 손색이 없을까? 기업이 생각하는 타깃 시장과 타깃 소비자는 생각보다 냉정하고 까다롭다. 웬만해서는 지갑을 열지 않는 게 소비자다. 자신의 제품이나 서비스에 너무 큰 애정을 가지면 오히려 독이 된다. 그래서 제품을 기획하고 만들어 출시하기 전에 미리 제품-시장 적합도를 검증하고 측정해보는 것이 가장 슬기로운 방법이다.

'제품-시장 적합도'는 특정 제품의 판매가 계속 성장하고 이익을 남길 수 있을 정도로 타깃 고객들이 그 제품을 많이 구매하고 사용하고 다른 소비자에게 알려주는 상태, 즉, 그만큼 제품이 시장 요구에 잘 맞춰져 있는 상태를 일컫는 용어다.

소비자는 자신이 원하는 정보나 제품인 솔루션을 얻기 위해

끊임없이 검색한다. 세계적으로 매일 35억 건의 검색이 이뤄진다는 통계도 있다. 이러한 검색 데이터를 제대로 활용한다면 어떤 일이 생길까? 소비자 의도를 미리 끄집어내 파악할 수 있을 것이다. 시장에 존재하는 고객의 '니즈'를 정확하게 파악할 세밀한 솔루션을 확보하게 될 거란 얘기다.

마케터들도 그걸 모르는 바는 아니지만, 실제로는 제품 출시 후에나 검색 키워드 분석을 활용한다. 기존 제품을 더 노출하기 위해 검색 광고를 진행하는 정도, 혹은 검색 엔진 최적화 마케팅을 통해 트래픽을 상세 페이지로 유입하는 정도에 그친다. 이 점은 아쉽다. 없던 수요를 만들어내는 것이 얼마나 어려운지, 반대로 기존의 수요에 올라타는 것이 얼마나 빠른 길인지, 누구나 이미 경험으로 알고 있다. 하지만 기획 단계에서 이미 시장에 존재하는 고객의 불편함을 파악하고, 그 결핍을 깔끔하게 해결해주는 상품을 출시한다면 성공 가능성이 얼마나 커지겠는가. 마케팅의 기본은 '고객으로부터의 출발'이니까.

제품-시장 적합도를 높인다는 것은 전망 좋은 시장을 찾고 그 시장을 가장 훌륭하게 만족시켜줄 제품을 개발한다는 뜻이다. 게임의 법칙은 무시로 바뀐다. 이제는 마케팅을 얼마나 빨리 하느냐가 아니라, 먼저 '제품-시장 적합도'를 얼마나 높이느냐에 따라 성패가 갈린다.

투자의 길이 보이는 **트렌드 경제용어 2023**

'제품-시장 적합도'를 어떻게 측정할까?

콕 집어서 답할 수 있는 일련의 계량적 분석은 없다. 다만 내가 기획하려는 제품이나 서비스가 어느 정도의 제품-시장 적합도를 가질지를 알려줄 만한 몇 가지 신호를 찾아보는 것이 좋겠다. 예컨대 이런 질문을 던져보는 것이다.

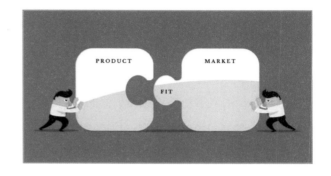

잠재고객을 조사하거나 그들에게 우리 제품을 써보게 만들 때, 그 일부가 우리 제품을 구매하겠다는 의도를 내비치는가? 기존의 유사 제품을 거부했던 사용자들 가운데 우리 제품을 기꺼이 써보겠다는 사람들이 있는가? 테스트하는 잠재고객들이 우리 제품이 기존의 유사 제품과 더불어 정확히 어떤 제품군에 속하는지를 아는가? 사용자들이 우리 제품의 차별점이나 독특한 가치 창출을 이해하는 것으로 보이는가? 우리 제품에 대한 고객 보유율 혹은 재방문율 같은 기본 조건들이 경쟁사들의 그것에 대적할 수 있는가?

구체적으로 제품-시장 적합도를 파악하기 위해서는 (1) 온라인에서 검색 키워드를 계속 조사해 사람들이 무엇을 묻고 있는지 파악하는 방법 (2) 쇼핑몰에 올라온 다른 제품에 대한 리뷰 및 제품 설명 키워드, 인기 제품의 설명에서 가장 많이 사용된 문구 등을 분석하는 방법, (3) 소셜 미디어의 '언급(Mention)' 같은 모니터링 도구를 사용하여 다른 브랜드나 제품을 사람들이 어떻게 생각하는지 분석하고, 잠재적 경쟁자에 대한 대중의 감정을 이해하는 방법 등을 활용한다.

사업을 막 시작했는데 코로나-19라는 암초를 만나 매출 제로라는 절체절명의 위기를 만난 스타트업들이 적지 않았다. 그러나 이들 중 몇몇은 비즈니스 모델을 대전환하는 과감한 '피벗(pivot)'으로 성공의 발판을 마련해 이목을 끌었다. 해외 유학서비스를 운영하다가 온라인 키즈 스쿨로 재빨리 전환해 돌파구를 찾은 글로랑, 팬데믹으로 가장 큰 타격을 받았으나 호텔에서 '한 달 살기' 프로젝트로 폭발 성장을 맛본 여행업계의 스타트업 트래블메이커스 등이 뉴스에 오르내렸다. 그들의 성공적인 피벗의 배경에도 제품-시장 적합도를 끌어올린 것이 가장 큰 요소였다.

62 조각투자

"하늘을 찌를 것 같던 조각투자의 인기가 왜?"

복수의 투자자들이 소액을 모아 개인이 사기 힘든 고가의 부동산이나 예술품 같은 자산에 투자하는 방식. 코로나 팬데믹 이후 새로운 영역을 개척해온 NFT, 크라우드 펀딩, 대안 신용평가 등과 어깨를 나란히 하여 조각투자도 2021년 말까지 양적-질적인 성장을 거듭해왔다.

음악 저작권이라는 자산의 지분(소유권)을 여러 개로 쪼개 소액으로도 사고팔 수 있도록 한 뮤직카우가 조각투자의 대

급성장하는 뮤직카우

누적거래액(억원)   회원(명)

2824   79만3943

10   9996

2018년   2021년   2018년   2021년
12월   10월   12월   10월

●●● 고속 성장 시기의 뮤직카우 실적

표적인 플랫폼이다. 한때 기업가치가 무려 1조 원에 이른다는 평가까지 받으면서 이 분야의 대명사로 떠올랐다. 투자자들은 저작권료를 배당 형태로 받으면서 시세 차익까지 노릴 수 있어서 인기를 누렸다. 특히 2030세대가 열광적으로 환영하고 참여했다.

조각투자와 관련한 핀테크 기업이 속속 생겨나면서 투자 대상은 놀랍도록 다양해지고 투자 방식은 간편해졌다. 특히 젊은이들의 인기몰이를 하면서 주식투자나 다름없는 메인스트림 재테크 수단으로 인정받을 정도였다.

카사코리아는 '부동산 디지털수익증권'을 통해 누구나 최소 5천 원으로 상업용 부동산에 투자하고 '강남 건물주'가 될 수 있게 만들었다. 한국 투자자들이 싱가포르를 시작으로 세계 부동산 지분까지 소유하도록 하겠다고 기염을 토했다. 뱅카우라는 플랫폼은 단돈 4만 원으로도 한우 송아지에 대한 조각투자가 가능하도록 농가와 투자자를 연결했다. 투자자들이 지분을 취득하면 농가가 사육한 다음, 경매시장에 팔아 생긴 수익을 투자자에게 분배한다. 개인이 넘볼 수 없는 고가의 미술품도 조각투자 대상이다. 테사, 아트앤가이드 같은 플랫폼에서는 앤디 워홀과 데이비드 호크니 등의 유명 미술작품 소유권을 천 원부터 투자할 수 있다. 열매컴퍼니는 이중섭, 김환기, 이우환, 구사마 야요이 등의 작품을 소유권 분할을 통해 소액 판매한다. 바이셀스탠다드의 플랫폼 피스는 롤렉스와 기타 명품 시계에 대한 조각투자를 운영한다. 와인에의 조각투자를 이끄는 스타트업도 생겼고, 국내 영화-드라마-웹툰 등 K-콘텐트에 투자하는 플랫폼도 있다. 갈수록 다양하고 이색적인 조각투자들이 젊은 층을 유혹하고 있다

2022년 현재 조각투자는 어떤 상황?

짭짤한 이익으로 2030세대가 특히 열광했던 조각투자시장은 2022년 9월 현재 찬바람이 쌩쌩 불고 있다. 앞서 예로 든 뮤직카우의 음악저작권 가격은 저작권 시세 지수(MCPI)의 하락과 더불어 반토막 난 상태다. 송아지를 조각투자 대상으로 했던 핀테크 업체 스탁키퍼의 뱅카우는 송아지 가격의 24% 하락을 겪고 있다. 단돈 천 원으로도 투자할 수 있다고 해서 MZ세대가 붐을 일으켰던 미술품 조각투자도 마찬가지여서 블루칩 작품조차 20% 하락한 가격에 거래되는 사례가 흔하다. 가파른 금리 인상으로 모든 자산시장이 겪고 있는 일이긴 하지만, 강남 빌딩, 미술품, 와인, 소, 한정판 스니커즈, 슈퍼 카, 명품 가방 등 그새 우후죽순으로 늘어났던 조각투자 대상 자산은 절반으로 꺾였다.

조각투자가 합법이냐의 논란도 또 다른 위험 요소다. 금융 감독 규제가 강화되고 거래 중단의 위험까지 거론되는 지경이다. 논쟁은 일파만파다. 가령 조각투자자들이 직접 그 자산(의 일부)을 소유하는 것인가, 아니면 단순히 청구권만 갖게 되는가? 주식처럼 거

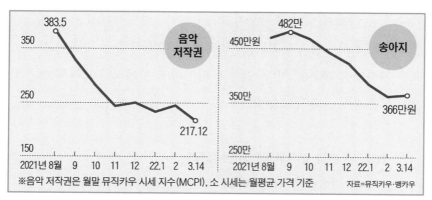

음악 저작권

383.5
350
250
150
217.12
2021년 8월   9   10   11   12   22.1   2   3.14

송아지

482만
450만원
350만
250만
366만원
2021년 8월   9   10   11   12   22.1   2   3.14

※음악 저작권은 월말 뮤직카우 시세 지수(MCPI), 소 시세는 월평균 가격 기준

자료=뮤직카우·뱅카우

● ● ● **조각투자 대상(자산)의 최근 시세 추이**

래량이 많지 않고 투자 대상(자산)의 밸류에이션은 어떻게 객관성을
담보할 것인가? 조각투자자 보호라는 측면을 어떻게 보강할 것인
가? 또 예컨대 음악저작권을 주식처럼 사고파는 행위는 증권성 거
래인가, 아닌가? 증권성 거래로 판단될 경우, 그동안 주식 발행-유
통 관련 규제를 받지 않았던 뮤직카우는 졸지에 '무인가 영업자'가
돼버린다. 최악의 경우 사업을 접어야 할 수도 있다.

63

주행습관 기반 보험

BBI: Behavior Based Insurance

"칼치기 주행하셨으니, 보험료 올리겠습니다"

운전자의 나이와 운전 경력은 말할 것도 없고, 운전자가 차량을 운행할 때 과속, 급제동, 휴대전화 사용 같은 주행습관까지 IT로 파악해 보험료 산정에 이를 반영하는 보험 상품. 안전 운행을 할수록 운전자는 보험료가 낮아지고 보험사는 사고가 감소해 손해율을 낮출 수 있어서, 자연스럽게 주행습관 기반 보험(BBI)이 생겨났다.

BBI의 배경에는 IT 기술이 자리 잡고 있으며, 주로 전기차에 설치된 카메라와 라이다(Lidar) 그리고 스마트폰 등으로 주행 데이터를 모아서 클라우드 서버로 보내는 과정과 AI가 이를 분석해 점수로 환산하는 과정이 핵심이다. 그래서 전기차의 약진과도 긴밀한 연관이 있으며, 완성차 업체인 동시에 고도의 IT 기업이기도 한 테슬라가 텍사스 등 5개 주에서 BBI를 제공할 수 있었다. 그 결과 테슬라는 고객의 보험료를 최대 60%까지 할인한다. 나의 운전습관을 나보다 AI가 더 잘 안다는 농담은 우스갯소리가 아니라 진실이다. 과연 '3세대 자동차 보험'이 등장했다고 해도 과언이 아니다. 테슬라의 BBI 상품이 기존 보험 업체에 큰 위협이 될 것이라고 평가한 투자은행 모건스탠리는 테슬라가 미국 톱 텐 보험사에 오를 수도 있다고 예측했다.

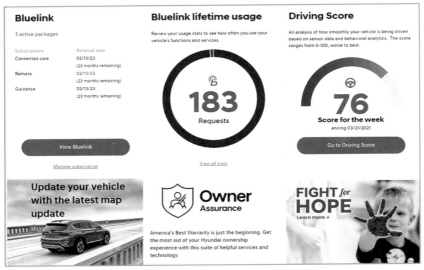

● ● ● 현대차가 미국에서 제공하는 주행습관 기반 보험 (우측의 숫자가 주행습관을 점수화한 것)

운전자가 제출한 서류의 나이, 성별, 사고 발생 이력이나 운전 기간에 따라서 보험료를 산정한 것이 1세대 보험이었다면, GPS에 의한 주행 거리 같은 단순한 주행 정보를 반영한 것이 요즈음의 2세대 보험이다. 하지만 이제 과속, 차선 이탈, 급제동, 휴대전화 사용 같은 주행습관까지 AI로 정밀 탐색하여 보험료에 반영하는 3세대 보험으로 발전하고 있다. 다른 모든 분야가 그렇듯이 보험도 이렇게 진화하고 고도의 인슈어테크(insurance+tech)로 무장하고 있다는 얘기다.

주행습관 기반 보험의 장점은?

가장 두드러진 장점은 자동차 사고를 줄여주는 효과다. 미국의 한 인슈어테크 기업이 분석한 바에 의하면, BBI 상품으로 개선된 운전자 습관 때문에 자동차 사고 가능성이 49%나 감소했다고 한다. 설사 사고가 난다 하더라도 기존 보험보다는 사고 대처가 훨씬 효율적이다. 목격자의 신고가 없어도 실시간으로 사고 여부와 피해 정도를 감지할 수 있다. 사고 발생 위치, 사고 영상 같은 데이터는 자동으로 담당자에게 전송된다. 그러다 보니 사고 원인도 신속히 규명할 수 있고, 사고 접수라든지 보험금 지급도 기존 보험보다 압도적으로 빠르다.

우리나라에도 BBI가 시행되고 있는가?

테슬라나 포드나 GM 등 완성차 업체들이 이미 BBI 상품을 제공하고 있거나 계획 중인 미국과는 달리, 우리나라는 겨우 도입 준비 단계다. 하지만 관련 기술 개발은 활발하다. GPS로는 잡아내지 못하는 안전거리 확보, 신호 위반, 차선 급변경 등 운전자 습관을 38개 항목으로 검토해 평가하는 인슈어테크 스타트업도 생겼다. 그냥 횟수만 세는 게 아니라 전후 맥락을 고려해 급가속 등을 평가한다. 전용 단말기로 흡연이나 음주 여부까지 감지하고, 교통 사고 상황을 재구성한 화면도 볼 수 있다.

후발주자인 캐롯손해보험이 2020년부터 BBI 시범 서비스를 진행 중이다. 차량에 장착된 디지털 기기로써 주행 양상을 판독하고 바람직한 주행습관에는 포인트를 지급한다. 보험료 결제나 온라인몰 상품 구매에 이 포인트를 쓸 수 있다. 이에 비해 대형 보험사들은 일단 관망하는 눈치다. 왜일까? BBI를 위해 AI가 수집하는 데이터가 개인 정보에 속하기 때문이다.

개인 정보의 수집과 취급은 워낙 민감한 문제라, 보험업계는 BBI 상품 도입에 무척 조심스러운 것 같다. 일단 경쟁사의 상품 출시와 판매 과정을 지켜보겠다는 태도다. 그러나 한국의 자동차 보험은 고질적인 적자 상품이다. 90%에 달하는 손해율이라는 꼬리표가 붙어 다닌다. 현재로선 이 만성적인 손해율 구조를 타파할 상품으로 BBI만한 것이 없어 보인다. 전문가들도 이견을 달지 않는다. 그렇다면 길은 하나뿐이다. 금융-보험 당국에서 개인 정보 수집 및 활용에 대해서 과감한 규제 개혁을 해야 한다. 그래야만 보험업계도 디지털 기술과의 융합을 망설이지 않고 혁신적인 상품을 창출할 수 있을 것이다.

64

중립금리 혹은 자연금리
Neutral Rate of Interest, Natural Rate of Interest

"물가 잡으려다 경제 잡으면 곤란하지요."

경기를 과열시키지도 냉각시키지도 않는 수준의 금리를 가리킨다. 다분히 이론적일 수 있지만, 인플레이션 압력도 디플레이션 압력도 없이 경제가 잠재성장률 수준을 회복하는 금리 수준이다. 만약 현실의 금리가 중립금리보다 높으면 물가가 떨어지면서 경기가 내려갈 확률이 높고, 반대로 실제 금리가 낮으면 물가가 오르면서 경기가 회복할 가능성이 크다.

글로벌 GDP의 4분의 1을 차지하는 미국에선 지금 경기를 둘러싼 논쟁이 한창이다. 물론 경기가 하강할 것인가, 괜찮을 것인가를 다투는 게 아니다. 이미 경기 하강은 기정사실로 굳어져 있으니까. 글로벌 공급망 교란에 연준의 가파른 금리 인상까지 얻어맞은 데다, 41년 이래 최고율의 인플레이션까지 덮쳐, 가까운 미래에 경기 회복을 보기는 글렀다. 떨어지더라도 경착륙이냐, 연착륙이냐의 질문만이 남았다.

　　비관론자들은 연준의 긴축 행보가 못마땅하다. 2021년 초까지만 해도 1%대에 머물던 물가상승률이 2022년 6월 9%대에 육박하자 한두 달이 멀다 하고 금리를 올리는데도 물가는 안 잡히고 투자소비만 꺾이는 듯해서다. 쉽사리 통제하기에는 물가가 너무 올라버렸고, 우크라이나 전쟁이며, 중국의 봉쇄며, 원자재 가격 상승이며, 공급망 병목 현상은 또 언제 해결될 것인가. 가계 저축률이 높다고 하지만 소득 중하위 계층은 물가상승을 방어할 만큼 충분한 저축을 못 한 게 아닌가, 그래서 스태그플레이션의 그림자가 두렵고, 최악의 상황은 아직 도래하지도 않았다고 본다. 그들은 미국 경제가 2023년 2분기 연속 마이너스 성장하며 경기 침체에 '공식' 돌입할 것으로 예견한다. 주가도 2022년의 하락으로 끝나지 않고 추가 하락이 불가피하다고 믿는다.

　　반면, 낙관론자들은 미국 경제의 기초 체력을 믿는다. 가계 소비도 건전하고, 중산층 이상의 빚도 적으며, 현금도 넉넉하지 않은가, 지나친 우려로 2022년 주가가 크게 조정받는 등 거품도 상당히 빠지지 않았는가, 완전 고용에 가까울 만큼 실업률도 낮지 않은가, 그래서 연착륙이 얼마든지 가능하다고 반박한다. 경제성장률은 다소 하락하겠지만, 침체까지 가진 않고 반등할 거라고 점친다. 2022년 6월 현재 1%대인 기준금리가 2023년 중반 3.0~3.25%까지 오르면 대충 금리 인상이 끝날 것으로 보는데, 중립금리가 3% 내외라면 경기에 큰 부담 없이 연착륙할 수 있다고 보는 것이다. 참고로 연준은 2~3%라는 넓은 범위로 중립금리를 제시하고 있다.

이처럼 전문가들과 시장 참여자들이 경착륙과 연착륙 사이에서 갈피를 잡지 못하는 통에, 무슨 경제지표가 발표되기만 하면 시장이 온통 극심한 변동성으로 죽 끓듯 한다. 앞으로도 연준의 금리 인상 정도는 예측 불허다. 경제외적-지정학적 리스크, 중국의 봉쇄 등 예측하기 어려운 변수들이 중첩돼 있어서다. 연준 의장 자신도 한 치 앞을 못 보는 것 아닐까, 하는 생각이 들 정도다.

그래서 중립금리가 왜 중요한데?

논쟁의 핵심은 이것이다. "계속되는 연준의 금리 인상이 경기 침체를 부를 것인가, 아닌가?" 그러므로 경기를 과열시키지도 냉각시키지도 않는 딱 그만큼의 금리, 즉, 중립금리를 지향하고 성취한다면 인플레이션과 경기라는 두 마리 토끼를 잡을 수 있지 않겠는가. 연준이 기준금리를 중립금리보다 많이 올리면 경기는 '급' 둔화할 것이고, 중립금리보다 낮게 만들면 인플레이션이 끔찍해질 것이다. 그래서 중립금리가 중요하다.

중립금리 혹은 자연금리

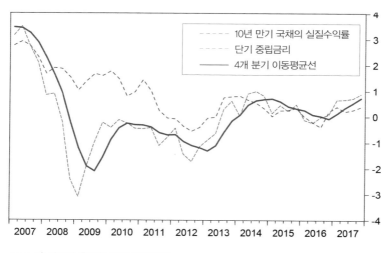

● ● ● **미 연준이 측정한 장기 중립금리**

[자료: federalreserve.gov]

물론 중립금리는 실시간으로 확인할 수 없다. 사후에 측정할 수 있을 뿐이다. 그때까지는 실질성장률과 잠재성장률의 차이인 'GDP 갭' 같은 지표로 가늠할 수밖에 없다. 어쨌거나 세계 주요 은행들도 2023년 말 미국 경제가 침체에 빠지는 것을 '스탠더드' 시나리오로 받아들이고 있다. 문제는 교역에의 의존도가 높은 우리나라다. 전체 수출의 절반 정도를 미·중에 의존하고 있어서, 경기 전망이 급격히 어두워졌다. 미국 경제의 경착륙 여부에 따라 우리 경제도 크게 흔들릴 수밖에 없는 현실이 안타깝다.

투자의 길이 보이는 **트렌드 경제용어 2023**

65

채찍효과
Bullwhip Effect

"타이거 팀을 가동시켜야 할까요?"

채찍 손잡이에 작은 힘을 주면 채찍 끝에선 그보다 훨씬 큰 충격으로 작용한다. 마찬가지로 최종 소비자의 수요에 작은 변동이 생기면, 소매업체 → 유통업체 → 제조업체로 이어지는 공급망의 끝에는 그 영향이 훨씬 확대되어 전달된다. 가령 소비자는 1개가 필요한데 소매업체는 만약의 경우를 대비해 2개를 준비하고, 유통업체는 혹시나 해서 4개를 주문하고, 제조업체는 여유를 갖느라고 6~8개를 만드는 식이다. 소를 몰 때 쓰는 긴 채찍(bullwhip)의 경우와 같다고 해서 이를 '채찍효과'로 부른다. 최종 수요의 변동이 아주 심하면 공급망이 아예 마비되기도 한다. 말하자면 한쪽 끝의 정보가 왜곡되어 다른 쪽 끝에 전해지는 셈인데, 이런 왜곡 현상이 생기면 경제적으로 어떤 결과가 올까? 수요 변동을 착각한 제조사의 생산 계획에 오류가 발생해서 공급망 전체에 재고가 많아지고, 고객 서비스 수준이 떨어지며, 수송 측면에 비효율이 생기는 등, 여러

315

가지 악영향을 미치게 된다.

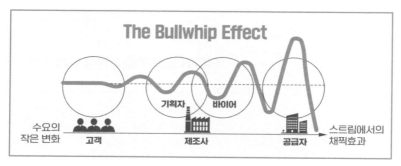

● ● ● **그림으로 이해하는 채찍효과**

글로벌 공급망이 호되게 채찍효과를 맛보았다?

코로나-19 팬데믹의 1차 경제적 영향은 제품과 서비스에 대한 수요의 급감이었다. 그러자 공급 체인의 끝으로 갈수록 경기 위축을 몇 배 더 심하게 느낀(채찍효과) 나머지, 더욱 혹심한 생산 축소 및 인원 감축을 단행했다. 그리고는 모두가 필사의 노력으로 팬데믹을 견뎌냈다.

그런데 문제는 백신 보급 확산으로 팬데믹이 수그러들 즈음에 시작된다. 수요가 회복된 것은 당연한 노릇이지만, 이번에도 그 회복세를 훨씬 더 크게 느낀(채찍효과) 제조사들은 전례 없는 딜레마에 빠진다. 이미 인원과 원료-부품과 공장 생산 능력을 극도로 줄여버린 탓에 새로운 수요에 맞춰 공장을 돌릴 수가 없기 때문이었다. 공급망 중간에 있는 업체들도 마찬가지였다. 모두가 감축에 감축을 거듭해놓았기 때문에, 갑자기 돌아선 수요를 감당할 수가 없었다. 운송 체계도 같은 문제에 봉착했다. 바로 심각한 공급망 병목현상에 고통을 받게 된 것이다.

가혹한 물리 법칙에 직면했던 서플라이 체인(공급망)은 서서히 정상을 찾고 있지만, 더 많은 시간이 흘러야만 팬데믹 이전의 상태로 돌아갈 것이다. 이 끈질긴 공급망 문제로 인해 각종 원자재와 물류비용은 사상 최고치로 폭등했고, 자본주의 최대의 적이라는 스태그플레이션 우려까지 부채질하고 있다. 그뿐인가, 러시아의 우크라이나 침공, 중국 정부의 고집스런 봉쇄 집착, 글로벌 인플레이션의 공격 등 예측하지 못한 요인들이 한꺼번에 덤벼들어, 회복의 속도는 곱절로 더딜 뿐이다.

경기부양책이 어떻게 채찍효과를 일으켰을까?

이제는 누구나 알고 있다시피, 신종 코로나가 창궐하자 전 세계 정부는 너나 할 것 없이 막대한 경기 부양 자금, 실업 수당, 급여 보호 등으로 맞섰고, 중앙은행은 양적완화와 저금리로 마구 돈을 뿌려댔다. 물론 바이러스로 인해 순식간에 경제가 무너졌던 당시엔 이런 조치가 필요했다. 그러나 이렇게 쌓인 돈은 1년 후 급격한 소비 증가로 이어졌고 수요와 공급 사이의 불균형은 공급망 위쪽으로 올라가면서 증폭되었다. 경기 부양의 노력이 초래한 채찍 효과였다

채찍 효과와 공급망 훼손 등을 불러온 구체적인 이유가 무엇인가에 대해선 수많은 이론이 난무한다. 그에 대한 대응책도 각양각색이다. 기업들이 재고를 쌓아두지 않고 주문에 맞춰 보충하는 토요타의 '적기 공급 생산(JIT)' 방식이 공급망 혼란을 부추겼다는 평가도 나온다. 반대로 JIT 방식을 유지하는 것이 공급망 위기 대응에 더 효과적이라고 목청을 높이는 경제전문가들도 있다. 불안이 계속되면서 논쟁은 식을 기미가 없고, 기업들은 각자도생의 마음으로 암중모색할 수밖에 없다.

그렇다면 기업은 공급망 위기에 어떻게 대처해야 하나?

(1) 지금은 세계 도처에 공급망을 가진 기업들이 많다. 그럴수록 공급망이 있는 현지의 정보를 빠르게 파악할 수 있는 도구가 필수다. 마치 '두더지 게임'처럼 언제 어디서 어떤 문제가 발생할지 모르기 때문이다. 일부 기업들은 소위 'tiger team(타이거 팀)'을 그런 도구로 활용한다. 타이거 팀은 특정의 목표를 달성하거나 특정의 문제점을 해결하기 위해 모인 전문가들의 소규모 팀을 가리킨다.

공급업체나 고객사가 있는 현장을 직접 누비면서 현지 관계자들과 현지 언어로 커뮤니케이션한다. 현지 공무원들과도 접촉하고, 현지 언론

투자의 길이 보이는 **트렌드 경제용어 2023**

과 소셜미디어를 추적해 생생한 정보를 수집하고 가능하면 사전 조치도 취한다. 실제로 초대형 OEM 기업인 Flex Ltd(플렉스)의 타이거 팀은 코로나-19가 알려지기도 전인 2020년 1월에 이미 코로나 팬데믹 조짐을 감지했고, 바로 중국 내 6만 명 직원용 개인 방역용품을 비축할 수 있었다.

(2) 유연한 기업 문화도 중요한 대응책이다. 가령 팀이 경영진의 승인 없이도 신속하게 대응할 수 있는 권한을 갖는다면, 신속한 조치로 작은 위기가 큰 문제로 비화하는 것을 막을 수 있다. 그러려면 실수를 저지르더라도 벌하지 않는 관행이 필요하다. 또 소중한 정보는 팀원들이 경영진에 진실을 말할 수 있을 때 가장 빠르게 공유된다. 업무가 마비되었을 땐 직급보다 전문 지식을 존중하는 태도도 꼭 필요하다. 이런 것들이 바로 기업 문화다. 문화는 뜻밖에도 기업 시스템을 유연하게 만들어 공급망의 회복탄력성을 높여준다. 대한항공은 코로나-19에 여행길이 막히자 재빨리 화물 수송으로 초점을 옮겼고 2020년 전 세계 항공사 중 유일하게 흑자를 냈다. 유연하게 움직이고 대응하는 문화가 작용하지 않았을까.

(3) 공급망을 시각화하여 지도로 만들어두면 도움 되지 않을까. 공급업체의 생산설비가 실제 어디 있는지조차 모르는 기업이 의외로 많다. 그 사무실이나 배송지 정도만 알 뿐 공장 위치는 모르기 일쑤다. 또 그 업체로 납품되는 부품을 만드는 공장은 어디 있는

지 알까? 우리 공급업체와 그들의 부품업체 등을 모르고선 공급망 문제에 무슨 수로 발 빠르게 대처하겠는가. 시간이 걸리더라도 이들 생산시설의 위치를 확인해 데이터화 해놓자. 그들 중 어떤 공장에 문제가 생길 때 대체해줄 만한 공급자의 위치도 함께 포함한다면 더할 나위 없다. 이런 '공급망의 지도화'는 비교적 쉬우면서도 곧장 우리의 이익에 영향을 미친다.

(4) 오래전부터 중국에 설비투자를 해온 한국 기업이 많다. 팬데믹의 진원지가 중국이든, 아니든, 한 나라에 공급망을 집중하는 건 좋은 전략이 아니다. 팬데믹 때문에 더 절실하게 깨달았던 진리다. 이젠 깨달음을 실천할 때다. 공급망의 다각화를 추진해야 한다. 자국으로 회귀하는 리쇼어링도 한 방법이지만, 생산시설 자체의 이전은 어마어마한 변화라서 수월한 노릇이 아닐 터. 흔히 '중국+1'로 알려진 대안을 찾는 것도 좋은 방법이다.

인간은 나쁜 일을 매우 빨리 잊는 경향이 있다. 기업과 정부도 마찬가지다. 코로나-19의 악몽도 곧 잊을 것이다. 그리고 나중에 그런 위기가 다시 오면 또 허둥댈 가능성이 크다. 어쩌면 다음엔 팬데믹과 전혀 다른 위기가 덮칠지 모른다. 대응 방식이 또 달라져야 할 수도 있다. 어차피 위기의 가능성은 무제한이고, 우리의 대응은 변덕스러울 것이다. 기업과 그 문화의 유연성이 중요한 이유가 그것이다.

투자의 길이 보이는 **트렌드 경제용어 2023**

66

초거대 인공지능
혹은 **초대규모 인공지능**

HyperScale AI

"쩨쩨하게 하나만 파고들지 않습니다."

알파고는 오직 바둑만 두는 AI였다. 하지만 이젠 작가나 기자처럼 소설이든 칼럼이든 기사든 척척 써내고 그 외 다양한 분야에서도 전문가 뺨치는 능력을 자랑하는 AI가 나온다. 한 분야에 특화한 기존의 인공지능과는 달리, 다양한 분야에

● ● ● 네이버 AI의 안부전화 '클로바 케어콜'의 실제 통화 내용

서 인간 전문가 이상의 역량을 갖춘 차세대 AI를 가리켜 '초거대 인공지능'이라고 한다. 날씨나 환율 같은 간단한 정보만 알려주던 AI

가 점점 인간의 뇌처럼 정교해진 결과다. 물론 이런 인공지능은 연산 속도가 빠른 컴퓨팅 인프라로 대량의 데이터를 학습해야 하며, 학습자료도 기존 AI보다 몇백, 몇천 배 필요할 것이다.

　　오른쪽 이미지를 한번 보자. 네이버의 AI가 부산 해운대구 노인들에게 안부 전화를 걸어 대화를 나누는 내용이다. 그냥 기계적으로 인사만 주고받는 것이 아니라, AI가 마치 자녀처럼 말도 걸고, 정서적으로 공감도 하며, 커피를 줄이라고 권하는가 하면, 오늘 일정을 묻는 등 대화를 유도하기까지 한다. 맞장구를 치기도 하고, 추임새까지 넣어가며 상대에게 호응하기도 한다. 과거의 AI에게 기대할 만한 틀에 박힌 대화가 아니다. 인간들이 나누는 대화와 다름없다. 목소리도 기계음이 아닌 자연스러운 사람 목소리다. 더욱더 놀라운 점이 무엇인지 아는가? 노인에게 안부 전화를 건다는 상황만 알려주면, AI가 미리 알아서 수많은 시나리오를 만들어 자체 학습을 한 뒤, 대화를 예측하고 이어나간다는 사실이다. 인간이 조종하거나 입력하여 통제하는 수준을 멀찌감치 초월했다. 앞으로는 과거의 대화를 기억해서 보다 친밀하게 대화하도록 AI를 고도화하고, 고객 개인별 맞춤 대화 솔루션으로 발전시켜나갈 계획이다. 이것이 바로 초거대 AI의 놀라운 힘이다.

　　초거대 인공지능은 인간의 뇌 구조와 비슷하게 설계되어, 어마어마한 규모의 데이터를 학습하고 종합적으로 생각하고 판단하

322

며 행동까지 하는 AI다. 그래서 특정 상황에서뿐 아니라 두루 사용되는 '인공 일반지능'에 이르면, 일상생활과 맞닿은 다양한 분야에 쓰일 수 있다. 초거대 인공지능 개발을 두고 국내외 기업들의 경쟁이 벌써 뜨겁다. 일론 머스크가 창립한 미국의 인공지능 기업 OpenAI(오픈AI)는 2020년 7월 'GPT-3'란 이름의 초거대 인공지능을 공개하며 경쟁의 출발을 알렸다. 언어 기반인 GPT-3는 탁월한 작문 실력을 갖추고 있어, 이용자가 제시어만 입력하면, 자동으로 수억 가지 시나리오를 생성해 대화와 서술형 문장을 창조한다.

LG전자도 향후 3년간 1억 달러 이상을 인공지능 컴퓨팅 인프라에 투자해서 초거대 인공지능을 개발하는 계획을 수립했다. 이처럼 엄청난 규모의 투자는 글로벌 제조 기업 중 첫 사례라고들 한다. 아래 도표를 통해 LG전자의 야심만만한 계획과 기대효과, 경쟁사들과의 비교를 파악할 수 있다.

네이버도 천문학적인 자금과 개발 역량을 쏟아부어 초거대 AI 시장 선점을 노린다.

••• 초거대 인공지능을 개발하기 위한 LG전자의 투자

[자료: LG ThinQ 플랫폼]

초거대 인공지능 혹은 초대규모 인공지능

네이버가 2021년에 공개한 '하이퍼클로바(HyperCLOVA)'는 GPT-3보다 더 큰 규모의 데이터 처리 능력을 갖춘 국내 최초의 초거대 AI다. 한국어에 최적화된 AI 개발과 AI 주권 확보가 목표인 만큼, 학습 데이터의 97%가 한국어다. 하이퍼클로바가 학습한 자료는 뉴스기사 50년 치와 맞먹는 양이라고 한다. 이러한 방대한 자료를 바탕으로 안부 전화는 물론이고, 회의나 인터뷰 내용을 기록하는가 하면, 소상공인이 상품만 입력하면 계절과 상황에 어울리는 마케팅 문구를 만들어주는 등, 생활밀착 서비스도 다양하다.

'한국판 GPT-3' 개발을 목표로 SK텔레콤과 공동 개발에 나선 카카오는 국내외 IT 대기업들과 연합 전선을 택했다. 구글과의 연대로써 부족한 클라우드 역량을 극복하는 식이다. 2022년 5월에 장문의 글을 요약하고 문장을 추론해 결론을 내리는 능력을 지닌 한국어 초거대 AI인 KoGPT를 공개한 바 있다. 그 외에 KT도 국내 학계와 힘을 합쳐 2023년 상용화를 목표로 한국형 초거대 AI 모델을 개발하고 있다. 어느 AI 전문가의 평가처럼, 초거대 AI의 경쟁력도 데이터의 규모와 정교한 알고리즘이다. 먼저 서비스를 출시할수록 더 많은 데이터를 확보해 경쟁에서 유리하다.

초거대 인공지능은 '모두를 위한 AI'다.

67 최애적금

"절로 기분도 좋아지고, 돈도 모이고"

물론 '최애'는 가장 좋아한다는 뜻이니, 최애적금은 '내가 가장 좋아하는 스타나 유명인과 관련된 적금'일 거라고 금세 추측할 수 있다. 그렇다, 연예인이나 운동선수 등의 스타들에 열광하는 젊은 층에서 확산하고 있는 자유적립식 적금을 가리키는 용어다. '최애'의 대상인 그 유명인의 이름을 아예 적금의 이름으로 삼아, 예컨대 '추신수 적금' 식으로 부르기도 한다.

가령 국내 야구선수 가운데 내가 좋아하는 '최애 선수'가 안타를 치면 5천 원, 홈런을 때리면 1만 원을 적립한다든지, K팝 가수 중에 내가 최고로 좋아하는 '최애 가수'에 관한 뉴스가 언론에 뜨면 2만 원씩 적립하는 적금이라면, 바로 이런 최애적금의 적절한 예가 되지 않을까? 자기가 좋아하는 아이돌 그룹 멤버의 생일을 적금의 만기일로 설정한 다음, 그 적금통장에 매일 4천 원씩을 넣고 있는 사람도 있다. 이 역시 최애적금에 해당한다.

어떤 배경에서 '최애적금' 같은 상품이 인기를 누릴까?

팬덤과 재테크가 묘하게 얽힌 이 저축형 팬 문화의 유행은 무엇보다 2022년 후반기부터 두드러지고 있는 예·적금 금리의 인상과 밀접하게 관련돼 있다. 예컨대 2022년 8월 현재 한 인터넷은행이 12개월짜리 자유형 최애적금에 적용하는 금리는 3.5% 안팎이다. 한 해 전만 해도 고작 1% 중반이었던 적금 금리와 비교하면 젊은 층을 유인하기에 충분하다.

둘째는 알뜰하게 돈을 모으는 행위가 유명 스타를 좋아하고 따르는 행위(젊은 소비자들이 흔히 '덕질'이라고 부르는 짓)와 결합하면서 뿌듯함과 즐거움을 선사하기 때문이다. 재미라는 요소와 사회적인 의미까지도 각별하게 챙기는 경향이 뚜렷한 MZ세대의 특성이 반영되었다는 얘기다. 내가 좋아하는 아이돌 그룹이 음반을 냈다, 그중 최애 멤버의 생일이다, 전역일이다, 라이브 방송이다, 특별 이벤트다, 등등을 그저 소통하며 즐기는 데 그치지 않고, 그럴 때마다 어떤 식으로든 돈까지 차곡차곡 모으게 되니, 돌이켜보면 재미있을 뿐만 아니라 실용적인 보람도 있을 것 아닌가. 과거에 스타들의 음악CD나 유니폼 같은 물품을 구매하는 데 그쳤던 '소비형' 팬 문화가 이젠 그런 취향을 건설적인 재테크와 이어주는 '저축형' 팬 문화로 변모한 것이다.

상품 하나를 구매해도 그저 사는 게 아니라 사회적 의미까지 고려하는 세대, 정보와 데이터에 민감하면서도 '내가 좋다는데 누가 말려?' 식의 고집도 만만찮은 세대, 좀 위험해도 창의적인 모험성 투자를 무서워하지 않는 세대. 머잖아 이런 젊은 세대가 경제의 주체가 된다.

68

컨티뉴에이션 펀드
Continuation Fund

"말하자면 왼쪽 주머니에서 오른쪽 주머니로"

시멘트 업계 국내 1위 기업 쌍용C&E의 경영권은 한앤컴퍼니라는 사모펀드 운용사가 쥐고 있다. 최근 한앤컴퍼니는 투자 원금의 3배에 해당하는 가격에 이 지분 전량을 매각했다. 매각 차익의 20%를 보너스로 받게 된 파트너들은 '돈방석'에 앉게 됐다. 그리고 이번 거래로 인해 쌍용C&E의 새 주인은 한앤컴퍼니다.

뭔가 이상하지 않은가? 경영권을 쥐고 있던 한앤컴퍼니가 한앤컴퍼니에 회사를 팔았다니, 이게 무슨 일일까? 내막은 이렇다. 한앤컴퍼니의 '옛 펀드'에 속해 있던 쌍용C&E를 한앤컴퍼니가 새로이 조성한 '새 펀드'에 매각한 것이다. 즉, 같은 회사 내의 한 펀드가 자산을 다른 펀드에 팔아넘긴 셈이다. 거래가 끝난 후 쌍용C&E를 매입한 한앤컴퍼니의 '새 펀드'는 경영권도 계속 행사하게 된다. 이때 새 주인이 된 새 펀드를 '컨티뉴에이션 펀드'라고 부른다. 전문용어를 쓰자면, 운용사는 그대로 두고 투자자만 바꾼 것이다. 한국에 선 쌍용C&E 매각이 컨티뉴에이션 펀드의 최초 사례지만, 글로벌 사모펀드 시장에선 이를 활용한 거래가 성행해왔다. 한 경제전문 지에 따르면, 세계에서 컨티뉴에이션 펀드를 활용한 거래는 2021년 650억 달러에 달해 2019년의 두 배 이상으로 커졌다.

좀 더 파고들어 보면 한앤컴퍼니는 이 거래를 위해서 15억 달 러 규모의 '새 펀드,' 즉, 컨티뉴에이션 펀드를 조성하면서, 골드만 삭스를 위시한 해외투자자들 그리고 국내 10여 개의 금융회사로부 터 모두 10억 달러 이상의 투자를 받았다. 총 거래 규모의 2/3가량 이 남의 돈으로 충당된 것이다.

자, 그럼, 한앤컴퍼니의 '옛 펀드' 관점에서 이 매각 거래를 한 번 생각해보자. '옛 펀드'는 자신이 보유하고 있던 쌍용C&E 지분을 3조2천여억 원에 평가받아 성공적으로 팔았다. 그걸 매수한 '새 펀 드'를 만들기 위해 '옛 펀드'가 투자한 돈은 (외부 투자자의 자금을 빼고) 매각 총액의 1/3 정도뿐이다. 게다가 '옛 펀드'는 그동안 배당 등을 통해서 이미 투자 금액의 일정 부분을 회수해왔다. 이런저런 배경 을 고려하면 '옛 펀드'는 쌍용C&E 투자 6년 만에 3배가 넘는 차익을 거두었을 뿐 아니라, '새 펀드'라는 이름으로 경영권도 계속해서 휘 두르게 되었다.

펀드 이름과 구성만 슬그머니 바꾸는 수법으로 쌍용C&E 경영권을 외부에 매각하지 않고도 초기 투자금을 중간에 멋지게 회수한 셈이다. 옛 펀드가 만기를 앞둔 상황에서 기한에 쫓기지 않고 쌍용C&E을 후일 더 좋은 조건에 다시 매각하는 시간도 벌 수 있어서 더욱 좋았다. 게다가 이 거래를 이루어낸 펀드 운용역은 대규모 성과보수까지 받아 챙길 수 있었다. 이만하면 '컨티뉴에이션 펀드'를 투자금 회수 전략의 진화로 봐도 되지 않을까. 경기 침체로 M&A와 IPO 시장이 위축되면서 컨티뉴에이션 펀드를 활용한 투자금 회수가 활성화할 것으로 전망된다.

그래도 어딘가 께름칙하지 않은가?

그렇다, 컨티뉴에이션 펀드가 긍정적으로만 평가되는 것은 아니다. 최근 사모펀드끼리 만들어내는 이런 거래 양상이 우리가 익히 알고 있는 피라미드 다단계 구조와 닮아가고 있다는 지적이 나온다. 노골적인 비판이다. 컨티뉴에이션 펀드의 투자 가치가 과연 적정하게 평가되었는가 하는 의문이 제기될 소지도 다분하다. 세계 시장에서 컨티뉴에이션 거래의 밸류에이션이 지나치게 올랐다는 우려다.

국내 컨티뉴에이션 펀드 1호 거래 대상인 쌍용C&E의 성패도 아직은 분명치 않다. 쌍용C&E가 처한 경영 상황이 마치 달걀을 쌓아놓은 형국이기 때문이다. 물론 한앤컴퍼니도 승부수를 던지기는 했다. 컨티뉴에이션 거래와 함께 쌍용C&E 비상 경영을 선언했다. 또 펀드 관리 보수도 대폭 손질했다.

"친환경도 지나치게 집착하면 곤란합니다."

'택소노미'는 A,B,C... 혹은 가,나,다... 하는 식으로 나누고 묶어서 구분 짓는 체계 혹은 가이드라인을 가리킨다. 그중에서 한국 내 어떤 산업이나 기업의 활동이 친환경인지(녹색) 아닌지(비녹색)를 나누어 구분하는 체계를 'K 택소노미' 또는 '한국형 녹색분류체계'라고 한다. 가령 수소를 환원하는 제철이라든지, 불소화합물을 대체하거나 제거하는 등의 산업활동은 온실가스 감축, 기후변화 적응, 환경 개선 등에 보탬이 되기 때문에 녹색으로 분류한다는 식이다. K 택소노미는 환경부와 금융위원회가 공동으로 제정한다.

2021년 5월에 초안을 거쳐 12월 말에 공개된 환경부의 K 택소노미 적용 가이드는 모두 61개 산업 분야를 '녹색'으로 인정했다. 예를 들자면,

발전 분야: 태양광·태양열·풍력·수력 같은 재생에너지 생산 및
　　　　　　관련 기반 시설 구축

수송 분야: 온실가스 감축을 돕는 전기차·수소차 등 무공해 차량

신기술 분야: 이퓨얼(탄소중립연료), 탄소 포집 및 활용·저장 기
　　　　　　　술(CCUS) 등

환경 분야: 기후변화 적응, 자원순환, 생물 다양성 보전, 물의 지속
　　　　　　가능한 보전 등

반면 무탄소 에너지원인 원자력, 원자력을 이용한 수소 생산 등 원자력 관련 내용은 모두 '친환경 녹색 에너지' 범주에서 배제됐다. 유럽에서는 원전이 녹색 에너지로 분류되었고, 미국 바이든 행정부는 원자력발전이 탄소중립을 뒷받침할 '무공해 전력'의 하나라고 명시한 상황이라, 탈원전에 집착한 나머지 세계적 흐름을 거스른다는 반대도 많았다. 그러면서 탄소를 내뿜는 LNG는 2030년까지 한시적으로 포함했다. 이는 EU의 택소노미가 확정되기도 전에 서둘러 이루어진 일이었다.

K 택소노미를 제정하는 목적은 무엇일까?

먼저 어떤 경제활동이 환경적으로 지속 가능한지를 산업별로 정의하고 판별하기 위해서다. 나아가 다양한 자금이 친환경 분야로 유입되는 걸 촉진하려는 의도다. 투자자와 금융기관은 환경적으로 지속 가능한 기술이나 사업을 자연스레 투자 지표로 삼을 테

니까 말이다. 특히 자산 규모가 850조 원에 이르는 국민연금 등이 2022년부터 K 택소노미를 투자 결정에 활용한다면, 그 파장은 엄청날 것이다.

또 정부는 K 택소노미를 근거로 각 기업의 친환경 자산 및 친환경 투자 비중을 공시하도록 할 계획이다. 이렇게 되면 매출이나 투자비율 등을 모두 녹색-비녹색으로 분류하는 결과가 된다. 한편 은행과 금융기관들은 자산 가운데 친환경 분류기준에 부합하는 것이 어느 정도의 비중을 차지하는지 공개해야 한다. 얼마나 강력한 공시 의무가 될지는 아직 알 수 없다. 그러나 EU처럼 녹색-비녹색을 모두 분류해 공시해야 한다면, 기업의 자금조달이나 투자유치 방식이 혁신적으로 변하리라는 것은 확실해 보인다.

EU(유럽연합)		한국
태양광·풍력·수력 등 청정에너지 발전 지원	신재생	태양광·풍력·수력 등 청정에너지 발전 지원
지원 여부 심층 논의 중	LNG 발전	2030년까지 지원
	원전	배제 결정
지원	원자력을 통한 수소생산	배제 결정

● ● ● **택소노미에 따라 금융지원이 이루어지는 발전 부문**

[자료: 환경부, 권영세 의원실]

앞으로 금융권이나 연기금들이 이런 택소노미를 '녹색금융'의 기준으로 삼을 터인데, 여기에 포함되지 못하는 기업이나 프로젝트는 자금 유치가 힘들어지고 여러 대출 조건에서도 불리해진다. 참고로 2021년 말 국내에서 발행된 '녹색채권'은 전년 대비

13배 급증한 12조 5,000억 원에 이른다.

● ● ● **신월성원전 1호기(오른쪽) 현장**

K 택소노미 논의 과정에서 가장 뜨거운 감자는 단연 원자력이었다. 탈원전에 집착한 문재인 정부의 배제 방침에 대해 다양한 반대 의견이 개진되었으나 모두 묵살되었다. 구미 각국에서 원자력의 안전성과 친환경성을 입증한 전문가 연구 결과가 발표되었으나, 정부는 요지부동이었다. EU의 분류체계 진행 상황 등을 반영해 의견을 충분히 수렴하겠다던 약속도 지켜지지 않았다. 세계 최고를 자랑하던 국내 원전 산업의 쇠퇴도 걱정인 데다, 우리는 원전을 녹색 에너지에 끼워주지도 않으면서 품질 높은 원전을 수출하겠다는 자가당착에 빠질 터였다.

지금 세계 각국은 탄소중립 실현을 위해 적극적으로 원전 확대에 나서고 있다. 우리도 신재생에너지의 아이디얼(이상)과 원전의 경제적 이점을 모두 고려하는 균형이 필요해 보인다.

70

코픽스
COFIX: Cost of Funds Index

"주담대 금리의 기준이니까 서민에게 중요합니다."

은행권이 비즈니스(대출)를 위한 자금을 조달하는 데 드는 비용을 지수화한 것이 코픽스다. 국민-신한-우리-하나-농협-기업-SC제일-씨티의 국내 8개 은행이 매월 조달한 수신상품 자금의 규모와 그 비용(수신금리)을 가중평균해서 코픽스를 구한다. 여기서 수신상품은 정기예금, 정기적금, 상호부금, 주택부금, 금융채, 양도성예금증서(CD) 등을 가리킨다. 그리고 시중 은행들이 대출을 제공할 땐, 코픽스와 금융채 같은 기준금리에다 가산금리를 더하고 우대금리를 빼서 최종 대출금리를 정한다.

코픽스는 2021년 12월 이래 계속해서 오르고 있어 트렌드 경제용어가 되었다. 특히 코픽스는 주택담보대출 변동금리의 기준이 되는 금리 중 하나여서 더 일반 국민의 관심을 끈다. 2010년 코픽스 공시가 시작된 이래 가장 큰 폭으로 오르는 코픽스와 더불어 주담

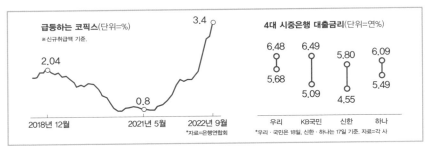

대 변동금리도 빠르게 치솟는 바람에, '변동금리는 고정금리보다 낮다'는 전통적인 금융 상식도 깨지고 있다.

코픽스의 세 가지 종류?

크게 나누어보면 코픽스에는 '신규취급액 기준 코픽스' '잔액 기준 코픽스' '신잔액 기준 코픽스'라는 세 종류가 있다. 여기서 그 차이를 기술적으로 자세하게 설명할 수는 없지만, (1) '신규취급액 코픽스'는 위의 시중 은행들이 그달에 새로 취급한 정기 예·적금 같은 수신상품의 금리와 금융채 발행 금리로 산출된다. 수신금리와 시장금리 변동을 가장 빠르게 반영하므로, 최근 신규취급액 코픽스의 오름폭이 가장 컸다. (2) '잔액 코픽스'는 은행이 새로 모집한 자금 외에 과거에 모집한 자금까지 모두 포함해서 계산한다. 그만큼 시장금리가 더디게 반영되고 변동 폭도 상대적으로 작다. (3) 2019년 6월 새로 도입된 '신잔액 기준 코픽스'는 사실상 제로 금리에 가까운 수시입출식 저축성 예금과 요구불예금까지 모두 포함해

계산하기 때문에 보통 가장 낮게 산출된다.

한국은행이 2021년 하반기부터 연달아 기준금리를 인상한 데다 예-대금리 차이 확대에 대한 비판 여론이 들끓자, 은행의 수신 금리도 매번 겅중겅중 크게 올랐다. 코픽스가 덩달아 큰 폭으로 뛴 이유다. 요즈음처럼 금리가 급변하는 시기에는 어떤 코픽스 기준 상품을 선택할지를 꼼꼼히 따져봐야 한다.

소비자는 코픽스를 어떻게 이용하는가?

소비자들은 주로 은행에서 변동금리형 주담대를 받을 때 코 픽스를 활용한다. 이때 보통 (1) 신규취급액 코픽스 (2) 신잔액 코 픽스 (3) 금융채 중에서 기준금리를 고를 수 있으며, 어떤 기준금리 를 택하느냐에 따라 변동 주기가 돌아올 때마다 대출금리의 변동 폭이 달라진다. 가령 신잔액 코픽스를 선택했다면 6개월 후 금리가 바뀔 때는 6개월간 신잔액 코픽스 변동 폭만큼 금리가 오르거나 내 린다.

앞으로의 금리 방향은 누구도 예측할 수 없다. 하지만 잔액 기준 코픽스가 통상 금리 변동에 상대적으로 덜 민감하고, 신규취 급액 기준보다는 변동 폭이 작으므로, 금리가 빠르게 오를 때는 신 잔액 코픽스를 기준으로 해서 변동금리 상품을 고르는 게 유리하 다. 개개인의 상황에 맞아야 하겠지만 말이다.

물론 주담대를 신청할 때 급등하는 변동금리 대신 고정금리를 선택하는 소비자도 많다. 최근에는 고정금리의 기준이 되는 금융채 금리가 떨어지면서, 일부 은행에선 고정금리가 변동금리보다 낮은 '금리 역전'이 발생했다.

71

콘텐트 커머스, 콘텐트 마케팅
Content Commerce, Content Marketing

"홍보와 마케팅을 아예 콘텐트로 창조합니다."

다양한 형식의 콘텐트를 만들어 소비자를 끌어들이는 새로운 개념의 상거래 방식을 가리킨다. 판매 기업이 아예 영화, 드라마, 애니메이션 등을 스스로 만들어 방영함으로써 자사 제품 정보를 자연스럽게 홍보하고 소비자를 유인하는 전략이다. 광고가 아닌 척하면서 스토리텔링으로 제품을 판다. 지금까지 써먹었던 영화나 드라마 속 PPL, 즉, 간접 광고와는 차원이 다르다. 실시간 동영상과 채팅을 엮어놓은 라이브 커머스와도 전혀 다르다. 영상을 보는 소비자에게 억지 쓰지 않고 자연스럽게 쇼핑 정보를 전달하는 효과가 탁월하다는 평이다.

참신한 점은 또 있다. 어떤 소비자를 타깃으로 삼느냐, 하는 점에서도 새롭다. 콘텐트 커머스는 원래 구매 의향이 없는 상태에서 콘텐트를 보다가 마음에 드는 상품을 사게 되는 '발견형 소비자'

를 타깃으로 조준한다. 그래서 특정 제품을 사야겠다고 마음먹은 '목적형' 소비자들이 찾는 라이브 커머스와는 사뭇 다르다. 또 콘텐트 마케팅은 소위 '뒷광고' 논란으로 홍역을 치른 유튜브 프로그램과도 완전 딴판이다. 아예 대놓고 광고하고 홍보한다. 그래서 '앞광고'라고도 불린다.

몇 가지 사례를 든다면?

파리 패션위크에 참가한 프랑스 패션업체 발렌시아가는 10분짜리 만화영화 〈The Simpson(심슨 가족)〉 스페셜을 공개했다. 주인공이 발렌시아가의 디자이너에게 아내의 생일 선물을 부탁하는 내용을 동화처럼 풀어낸 만화였다. 참신하고 기발한 스토리텔링이 20~30대 잠재고객들을 끌어들였다. 럭셔리 업체가 코로나 예의 도도함을 버리고 틀을 깨는 방식으로 대중과 소통하려 한다는 평이 나왔다.

SSG닷컴의 새 광고는 쇼핑몰 대표(배우 유지태)가 복면 쓴 괴한들에게 납치되는 장면으로 시작한다. 납치범이 가면을 벗자 공유, 양동근, 공효진 등이 얼굴을 드러낸다. 영화인지 광고인지 모를 3분이 끝날 즈음에야 신규 고객을 위한 할인 내용이 나온다. SSG닷컴은 이런 영상 5개를 묶어 TV와 유튜브에서 방영했다. 유튜브 조회만도 58만 건. 이 광고가 나간 후 SSG닷컴 앱 실행은 48% 증가했다.

누가 뭐래도 우리나라 온라인 패션 강자인 무신사에는 '무신사 TV'라는 이름의 자체 방송 채널이 있다. TV 사업을 하자는 게 아니라, 패션 다큐멘터리 같은 걸 만들어 방영함으로써 제품 판매를 촉진하는 수단으로 삼는다. 같은 분야의 또 다른 브랜드 한섬은 아예 「핸드메이드 러브」라는 웹드라마를 만들었다. 유튜브 누적 300만 뷰가 넘었

고, 덩달아 매출도 전년 대비 2배 넘게 뛰었다. 내친김에 시즌 2를 만든다는 얘기까지 나온다. 기아자동차는 플래그십 세단 'THE K9'

를 출시하면서 CJ ENM과 손잡고 인물 다큐멘터리를 제작했다.

예능 프로그램을 자체 제작해서 웹에 올리는 기업도 생겼다. 전자상거래 업체 티몬의 〈돈쭐쇼〉〈미션 파라써블〉 같은 콘텐트가 그런 예다. 제품을 직접 홍보-판매하는 라이브 커머스에서 한발 더 나아가 '펀(재미)' 요소를 채워 넣었다. 온라인 쇼핑몰 컨비니의 콘텐트 마케팅은 다큐멘터리 형식을 빌었다. 맛집 명인의 비결을 보여주는 짧은 다큐를 만들어, 이를 보던 고객이 흥미를 느낀 빵집이나 채소 가게 등을 자연스럽게 찾아가 주문하게 유도한다. 말하자면 소비자는 광고를 봤다기보다 재미있는 이야기의 보석을 발견한 기분이 들게 되는 것이다.

만화영화, 단편영화, 다큐멘터리, 웹드라마, 예능 프로. 이렇듯 콘텐트 커머스는 갈수록 진화하고 있다. 단순히 제품이나 서비스를 드라마 형태로 재미있게 표현하는 수준을 훨씬 넘어섰다. 웬만한 영화보다 화려한 캐스팅과 탄탄한 스토리를 창조하기까지 한다. 그러니 유통업체들이 콘텐트 커머스를 강화하려고 전담조직까지 만들고 부산을 떠는 모습이 놀랍지 않다. PD, 무대감독, 작가 등 생각지도 못했던 낯선 인력들이 패션업체에 진출한다. 심지어 유통업체가 드라마·광고 콘텐트 회사를 인수하고, 영상물 제작사에 투자한다. 소비자를 끌어들이기 위한 전략에는 경계도 없고 타부도 없다.

72

퀀트 펀드
Quant Fund

"요즘 같은 장에 15% 수익이 어딥니까?"

S&P500지수가 13% 하락하는 동안 두 자릿수 수익률을 올린 투자 기법이 있다. 인간이 전혀 개입하지 않고 오로지 컴퓨터 알고리즘으로 매매하는 '퀀트 투자'다. 원래 퀀트(quant)는 수학과 통계에 기반을 두고 투자모델을 만들거나 금융시장 변화를 예측하는 사람을 가리킨다. 그리고 이들이 설계한 알고리즘을 활용해 투자하는 펀드가 '퀀트 펀드'다.

퀀트 펀드라고 해서 언제 어디서나 탁월한 수익을 올리는 것은 아니다. 2020년 코로나 급등-급락장에서는 막대한 손실을 보며 체면을 구겼다. 하지만 2022년 들어 급락을 거듭해온 최근의 주식시장에서 미국 퀀트 펀드의 평균 수익률은 전체 증시의 수익도 능가했고, 헤지펀드 평균 수익률까지 크게 앞질렀다. 퀀트 전략을 고스란히 복제한 ETF도 같은 기간 크게 올랐다. 유독 하락장에서 퀀트 펀드가 위력을 발휘하는 이유는 뭘까.

기계가 하는 투자, 감정에 휘둘리지 않는다?

퀀트의 강점은 역시 합리적으로 냉철하게 시장을 볼 수 있는 속성이다. 항상 컴퓨터 알고리즘에 따라 판단하는데, 분위기나 감정에 따라 투자하다가 기회를 놓치는 사람과 같을 수 있겠는가. 퀀트 투자는 기본적으로 '전년 대비 영업이익 증가율 몇 %, 2년 전 대비 주가 몇 % 떨어진 종목' 하는 식으로 계량적 투자모델을 구축해놓고 시작한다. 이 모델에 들어맞는 종목이 나타나면 프로그램이 자동으로 종목을 사들인다. 포트폴리오가 미리 정한 틀에 따라 저절로 구성되는 셈이다. 그뿐인가, 오래 축적된 온갖 데이터를 바탕으로 오를 것으로 판단되는 자산은 사들이고, 내릴 것 같은 종목은 공매도도 한다. 인간이 고민하거나 손댈 필요도 없다. 투자 대상도 주식, 채권, 외환, 원자재, 파생 상품 등 사람이 감당할 수 없을 정도로 다양하다. 퀀트 펀드의 목표는 미리 설정해놓은 벤치마크보다더 높은 수익을 올리는 것이다.

보통 투자자는 주가 상승에는 기꺼이 주목하지만, 내려가는 주식은 잘 보지 않는다. 그러나 퀀트는 주가가 크게 떨어지는 시장을 냉철하게 바라본다. 하락장에서 사람보다 높은 수익을 내는 게 그래서다. 미국 연준이 물가를 잡기 위해 금리를 올리면서 국채 가치가 떨어지자 역逆으로 베팅해 큰 수익을 올린 퀀트 펀드가 상당히 많았다.

퀀트는 투자자보다 훨씬 더 많은 종목을 더 깊이 있게 들여다볼 수 있다. 기계적으로 숫자에 의존하는 퀀트 투자의 또 다른 장점이다. 아무리 능력이 출중한 사람이라도 집중적으로 관리할 수 있는 종목 수에는 한계가 있다. 30여 개를 넘기 힘들다. 반면 퀀트는 높은 수익을 달성할 잠재력이 있는 종목을 수백, 수천 개 샅샅이 골라낼 수 있다. 사람이 운용하는 액티브 펀드나 헤지펀드보다 수수료도 더 싸다.

2008년 금융 위기가 닥치자 퀀트 투자의 이런 장점이 극도로 두드러졌다. S&P500지수가 약 40% 폭락하는 동안 퀀트 펀드는 연평균 18% 수익을 올렸다. 당시의 위기에서 효과를 보여준 퀀트 투자는 보편적 투자 기법의 하나로 자리 잡았다. 현재 전 세계 헤지펀드의 약 22%가 퀀트 기법을 활용하고 있으며, 미국 시장만 해도 퀀트 펀드 규모가 3,370억 달러(약 426조 원)에 달한다. 2022년의 시장 환경이 그때와 비슷해서 14년 만에 퀀트 투자의 전성시대가 다시 열릴 것으로 기대하는 전문가들이 적지 않다. 정말 퀀트 펀드를 위한 기회가 무르익었을지 모른다.

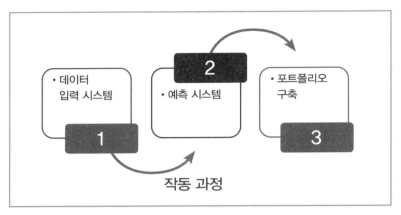

● ● ● **퀀트 펀드 개념도**

이렇게 훌륭한 퀀트 펀드, 왜 암흑기를 맞았을까?

과거 데이터를 기반으로 종목을 담는 퀀트 펀드는 애석하게
도 거시적 요소나 경제외적 요소의 변화에는 제대로 대처하지 못한
다. 가령 코로나-19가 덮친 2020년은 퀀트 펀드에 악몽 그 자체였
다. 증시가 폭락했다가 급반등하며 '무엇을 사든 이익을 본다' '어린
애가 투자해도 이익을 남긴다' 같은 농담이 돌았고, S&P500지수는
연초 대비 16% 상승했다. 그러나 퀀트 전문 운용사들은 30%대 손
실을 봤다. "모든 상황에 대처한다"를 표방한 레이 달리오의 핵심
헤지펀드 역시 20%대 손실로 슬로건이 무색해졌다. 하긴 퀀트 펀
드가 믿었던 알고리즘에는 전염병이라는 돌발 변수가 없었을 터이
니, 그런 손실이 이해하지 못할 바가 아니다. 아무튼, 통화 완화 정
책이 대세였던 지난 10여 년은 퀀트 펀드의 암흑기였다.

돌이켜보면 국내 퀀트 펀드들이 2013년 초 일제히 마이너스 수익률을 기록한 것도 환율 변동이라는 돌발 변수 때문이었다. 그들은 PER과 PBR 등을 세심히 살피며 주로 삼성전자와 현대차 등 대형주를 담고 있었는데, 갑자기 일본 엔화가 크게 떨어지면서 손실을 냈다. 상승장에서는 개인투자자도 감(感)으로 베팅해 높은 수익을 내곤 한다. 그러나 퀀트는 이런 판단을 내리지 못해 다소 수익률이 낮을 수 있다.

한국의 퀀트 펀드는 이름만 퀀트라는 시각도 있다. 코스피를 기준으로 해서 겨우 2~3% 정도 높은 수익률을 목표로 설정해 별 재미를 못 보기 때문이다. 실제로 2021년 말까지 국내 퀀트 펀드의 평균 수익률은 국내 주식형 펀드와 크게 다르지 않았고, 해외 주식형 펀드보다 약간 나은 정도였다. 무모할 정도로 공격적인 미국 퀀트 펀드와는 비교 자체가 무리다.

과거 데이터가 쌓였다고 해서 늘 미래를 정확하게 예측할 수 있겠는가. 퀀트 펀드도 결국 다양한 투자상품의 하나이고 수많은 투자 기법의 하나일 뿐이다. 게다가 누가 어떤 모델을 어떻게 설정했고, 어떤 데이터를 어떻게 투입하느냐에 따라 수익률도 크게 달라진다.

돈을 얼마나 버느냐가 중요한 게 아니다. 돈을 얼마나 지키느냐, 돈이 나를 위해 얼마나 부지런히 일하느냐, 그리고 돈을 몇 대에 걸쳐 유지하느냐, 하는 것이 중요하다.

— 로버트 키요사키 (Robert Kiyosaki)

서른 살에 백만장자가 됐다가 마흔 전에 모두 잃어버린다면, 아무것도 얻지 못한 거다. 후손을 위해 신중한 분산투자로 포트폴리오를 늘리고 보호하라.

제 **4** 부

2023

ㅌ

~

ㅎ

73

테슬라 생산방식
기가 프레스, 기가 팩토리

Giga Press, Giga Factory

"10년 뒤 연산 2,000만 유닛, 실현 불가능은 아닙니다."

테슬라의 생산방식이 얼마나 특별했으면, 이런 용어까지 생겼을까.

테슬라의 역사는 2010년 도요타 공장을 인수하고 도요타의 운영 인력과 노하우까지 전수하면서 시작되었다. 10년 전만 해도 테슬라는 연간 1만 대조차 못 파는 스타트업에 지나지 않았다. 그러나 2017년 10만 대를 넘었고, 2018년 25만 대, 2019년 37만 대, 2020년 50만 대, 2021년 94만 대로 믿기 어려울 정도의 급상승을 기록 중이다. 자동차업계 상식을 거스른다.

게다가 최근 일론 머스크가 '10년 뒤 연 2,000만 대' 가능성을 공언해 불을 질렀다. 첫 번째 유럽 공장을 지은 베를린 근교에서였다. 세계 최대 자동차 회사인 도요타나 폴크스바겐도 각각 연간

1,000만 대 내외에 그치고 있으니 논란이 된 건 당연했다. 참고로 2021년 테슬라는 모두 94만 대의 차를 팔았다.

테슬라의 발언은 허풍이었을까?

테슬라는 2022년 말까지 연산 200만 대 체제를 갖출 계획이다. 단순히 기존 생산의 연장선이 아니라, 아예 처음부터 새로 접근해 생산 폭증을 구현하려는 것처럼 보인다. 업계 표준인 도요타 생산방식을 버리고 '테슬라 생산방식'을 구축하고 있다. 물론 테슬라 생산방식에도 일체형 섀시의 자그마한 일부만 손상돼도 전체를 교환해야 하는 등의 단점은 있지만, 그 혁명적인 강점에 의문을 제기할 정도는 아니다.

'기가 프레스'의 충격! 테슬라가 생산을 빠르게 늘릴 수 있는 중요한 계기를 제공한 기술이기가 프레스다. 쉽게 설명하자면, 알루미늄을 녹인 다음 틀에 부어 거대한 부품을 통째로 주조하는 것이다. 플라스틱 장난감 차를 찍어내듯 진짜 테슬라를 찍어낸다는 개념이다. 최고의 인기를 누린 '모델Y'의 차량 뼈대를 이렇게 만든다. 금속판 80개를 일일이 용접해 만들던 것을 하나의 주조품으로 대체했다. 복잡하고 지루한 용접 공정을 없앴으니, 비용 절감은 말할 필요도 없고 경량화, 공정 단축, 품질 향상까지 덤으로 얻었다. 제조 비용 40%, 무게 30%가 줄었다.

기가 프레스는 계속 진화 중이다. 베를린 공장에선 뒷쪽만이 아니라 앞쪽 섀시도 한 번에 주조한다. 이렇게 되면 테슬라의 전기차 딱 3개의 부품으로 완성된다. 용접 로봇만도 1천 대가 필요한 과거의 생산시설에 비해, 테슬라의 경우 그 3분의 1이면 충분하다. '10년 뒤 연 2,000만 대'가 조금씩 가능해 보이지 않는가.

● ● ● ● **기가 프레스; 단 한 개의 부품이 된 차량 뼈대**

이렇게 되자 다른 자동차 회사도 테슬라 방식을 따라 하기에 여념이 없다. 폴크스바겐은 2023년 착공할 독일 북부 신공장에 초대형 알루미늄 주조 기계를 도입할 계획이다. 100개의 부품을 용접해 만들던 것을 하나로 주조, 대당 생산 소요 시간을 30시간에서 10시간으로 끌어내린다는 목표다. 볼보도 2025년까지 지을 차세대 전기차 공장에 알루미늄 주조 기계를 도입한다. 테슬라 따라잡기가 쉬운 일은 아니다. 흉내만 내는 게 아니라, 차량의 완전한 재설계, 소재 개발, 생산기술 대혁신이 필요하기 때문이다. 테슬라는 이미 스페이스X 개발 경험으로 알루미늄합금 등의 소재 기술을 축적해왔다. 소재 개발을 외부에 맡겨온 다른 업체들이 감히 넘보기가 쉽지 않다. 게다가 핵심 부품까지 스스로 만든다.

또 있다. 테슬라는 로봇 수천 대의 업데이트를 자동화하는 툴을 자체 개발했을 뿐 아니라, 이미 자체 소프트웨어 플랫폼을 구축해놓았다. 플랫폼을 얹을 디바이스만 빨리 늘리면 된다. 생산 라인 시스템을 단 하루 만에도 몽땅 리셋할 수 있는 회사다. 그런 데다 소프트웨어 분야뿐 아니라, 제조 분야에서까지 경쟁사를 계속 앞선다면 어떻게 되겠는가? 테슬라는 소프트웨어 개발-유지-보수에 이미 많은 인원과 기술과 자금을 투입했다. 이런 자원은 차를 많이 팔든 못 팔든 어차피 투입해야 한다. 따라서 차를 많이 팔수록 이 비용을 널리 분산시켜 이익은 늘어나고 재투자는 빨라진다.

한국은 얼마나 대응하고 있을까?

국내의 생산 혁신은 답답하게도 느리다. 노사 관계가 엉망이라 혁신을 이뤄야 할 생산기술 엔지니어들조차 능력을 발휘하지 못한다. 이대로 가면 전기차 소프트웨어는 물론이고 제조 경쟁력도 2류로 전락한다는 우려가 나온다. 전기차 혁신에는 특히 소재와 가공에 대한 깊은 이해가 절대적인데, 현대차는 물론이고 포스코, 현대제철 등 철강사도 단연 철강 위주다. 전기차 제조혁신을 위한 신소재와 가공기술 개선은 그래서 쉽지 않아 보인다.

현대자동차는 2030년까지 연간 187만대의 전기차를 판매하겠다고 2022년 초에 밝힌 바 있다. 그런데 테슬라는 이미 2023년이면 이를 넘어설 것이다. 현대차의 목표가 소극적인 것이 아니라, 테슬라의 증산 속도가 기막히게 빠른 탓이다.

테슬라 생산방식 기가 프레스, 기가 팩토리

74

테클래시

Techlash

"오죽했으면 아마존 킬러라는 말이 생겼을까?"

요즘 들어 주목을 많이 받는 경제 분야 신조어에 포함될 '테클래시(techlash)'란 'technology(기술)'와 'backlash(반발)'의 합성어로, 커질 대로 커진 빅테크 기업들의 영향력을 우려하면서 생겨나는 견제와 억압을 뜻한다. 점점 심해지고 있는 각국 정부와 빅테크 기업 사이의 힘겨루기가 가장 쉽게 볼 수 있는 테클래시다.

대규모 플랫폼 비즈니스를 글로벌로 영위해 모바일 경제의 가장 큰 수혜자가 된 아마존, 구글, 애플, 알리바바, 페이스북, 넷플릭스, 바이두 같은 빅테크 기업들. 이들은 조세 회피 지역에 법인을 설립해 세금도 피하고, 취급하는 콘텐트에 대해 책임도 안 지며, 독점적인 지위만 빠르게 강화하고 있다. 국가 권력을 넘보는 지경까지 간혹 생긴다. 미국, 중국 등 각국 정부가 견제의 움직임을 보이는 것은 너무도 당연한 노릇이 아닌가.

특히 적극적인 나라는 중국이다. 7~8년 전 미국과의 경제 패권 다툼에서 '제조업 2025' 프로젝트를 추진할 때만 해도, 반도체 같은 첨단 기술 육성에 지원을 아끼지 않았다. 그러던 중국이 최근 전국인민대표대회 이후 빅테크 기업을 이중삼중 옥죄는 쪽으로 방향을 틀었다. 정부의 통제는 기업의 해외상장을 제한한다든지, 민간 기업이 축적한 빅 데이터 공유를 강요하거나 반독점법 적용 범위를 확대하는 것 등으로 나타나고 있다. 코로나 팬데믹을 계기로 소위 '횡재 효과(bonanza effect)'를 누린 빅테크의 이익을 줄여, 최악의 상황으로 내몰리는 빈곤층과 소상공인을 지원하려는 의도도 깔려 있다.

자유주의를 신봉하는 미국도 상황은 크게 다르지 않다. '아마존 킬러'라는 한 고위 관리의 별명이 테클래시를 상징적으로 말해준다. 연방거래위원회를 앞세워 빅테크 기업의 경쟁사 '킬러' 인수를 규제하고, 상호 핵심 인력 빼내기를 제한하는가 하면, 망 중립성 확보나 제품 수리권 확대를 통해서도 규제의 고삐를 조이고 있다. 중국과 다른 점이 있다면, 거의 통제 불능 상태인 빅테크 기업의 독점 행위를 규제해 자국 내 경쟁을 촉진하려는 의도가 크다는 것이다.

미국이나 중국의 빅테크 기업 위주로 해외 주식을 많이 보유한 개인투자자들은 이래저래 고민이 깊어진다. 테클래시가 일시적인 현상으로 보이진 않으니, 앞으로 어떻게 할 것인가. 지금의 포트폴리오를 면밀하게 검토해서 가장 영향을 적게 받게끔 재구성해 놓아야 할 것이다.

75

토큰 이코노미
Token Economy

"돈 싫어하는 사람이야 없겠지만…"

어떤 행동이나 구매를 이끌어내기 위해 다양한 형태의 토큰 (token)을 보상으로 지급하는 경제 개념. 여기서 토큰은 구체적으로 인기 높은 유료 앱의 구독권, 커피, 한우, 백화점 상품권 등을 살 수 있는 마일리지, 쿠폰, 가상화폐 같은 모습으로 주어진다.

토큰 이코노미의 슬로건은 "~~하면 돈 드립니다"이다. 이런 식으로 소비자에게 돈을 기꺼이 주려는 기업들은 사실 그 돈으로 소비자의 시간과 행동을 구매하는 셈이다. 예를 들어보자. 피트니스 센터가 운동 서비스를 홍보하려면 어떻게 할까? 예전 같으면 이른바 '몸짱'이 된 남녀 모델을 앞세워 동기를 부여했다. 그러나 이제는 노골적으로 '운동하면 돈 줄게'라는 미끼를 던진다. 그렇다고 주먹구구식의 아이디어가 아니라, 금전적 보상을 제공하면 그런 보상이 없을 때보다 9배 더 많이 운동한다는 연구 결과를 토대로 이루어진 동기 부여 시스템이다. 그 결과를 기반으로 일정 금액의 매출 목표가 설정됨은 물론이다. 그리고 이런 토큰 이코노미의 마케팅 은 게임, 교육 등 각 분야로 퍼져나가고 있다.

● ● ● 야나두가 운영하는 홈 트레이닝 서비스 '야핏 사이클'의 홍보 이미지

투자의 길이 보이는 **트렌드 경제용어 2023**

사람들이 바라는 습관 만들기 앱을 토큰 이코노미 방식으로 키운 경우도 있다. 최근 MZ세대의 인기를 끌고 있는 '챌린저스' 역시 비즈니스 모델의 핵심이 금전적 보상이다. 약간의 참가비를 낸 이용자들은 '1만 보 걷기' '아침 7시에 일어나기' 등등 자신이 오래 희망해왔던 습관을 들이기 위한 미션에 참가한다. 참여자끼리 스마트폰으로 서로의 실행을 인증하기도 한다. 강력한 동기 부여를 위해 보상이 아니라 금전적 손실까지 도입해 넣었다. 목표의 85%까지 달성하지 못하면 참가비 일부를 잃게 만든 것이다. 대신 100% 목표 달성자에겐 참가비 환급에다 상금까지 얹어 준다. 이 같은 구조로 누적 거래액 2,000억 원을 넘겼다고 한다.

게임 업계에서 이미 대세로 자리 잡은 P2E(Play to Earn), 즉, 게임 하고 돈 벌기 역시 토큰 이코노미의 한 양상이다. 원래 게임은 탄탄한 스토리를 바탕으로 중독성 있는 여러 가지 재미 요소를 부여해 이용자를 끌어들였다. 광고로 어렵사리 이용자를 끌어들이고 이용자가 재미를 느껴 충성 고객이 될 때까지 마냥 기다려야 했다. 하지만 언젠가부터 '게임 하면 돈 줄게'로 게이머들을 유혹하기 시작했다. 특정한 미션을 수행하면 게임사가 만든 가상화폐를 지급함으로써 구글 앱 장터 게임 순위 1위를 차지한 스마트폰 게임도 있었다. 한편에서는 이러한 게임들이 속속 등장하는 반면, 다른 한편에서는 현행법상 '돈 버는 게임'은 사행성 때문에 불법이기에 일부 게임이 앱 장터에서 쫓겨나는 일도 벌어지고 있다.

싫든 좋든, 돈을 주는 것만큼 강력한 인센티브는 없다. 토큰 이코노미는 인간 본능에 기대는 경제다. 월급만으로는 내 집조차 못 사는 현실에서 소비자는 각종 보상에 민감해질 대로 민감해졌다. 게다가 보상으로 제공하는 가상화폐 발행이 한결 쉬워져서 이런 추세를 북돋운다. 여기에 메타버스 같은 개념과 고도의 IT 기술이 더해져 토큰 이코노미는 한층 더 정교해지고 강력해질 것이다.

76

투자 피난처

"알아두면 꼭 써먹을 때가 옵니다."

팬데믹이 발생하고, 전쟁이 터지고, 냉전 양상이 재발하고, 사상 최고 수준의 인플레이션이 덮치고, 공급망이 망가지는 등, 투자환경이 악화하고 온갖 악재가 겹칠 때 투자자들이 잠시 몸을 피할 (즉, 원금을 보호하고 손실을 최소화할) 수 있는 피난처를 가리킨다. 결론부터 내려보자. 경제전문가들의 의견을 모아보면 투자자들이 꼭 기억해두어야 할 투자 피난처는 (1) 원자재 (2) 달러 (3) 금융주 (4) 고배당주 (5) PER에 비해 미래 전망이 좋은 성장주, 이렇게 5가지다. 물론 '그게 어떻게 피난처가 되느냐'라는 이의는 얼마든지 있을 수 있다. 그럼에도 이 다섯 개의 우산을 알아두면 도움이 될 것이다.

피난처	추천 이유
금융주	"금리 인상 시 '예대마진(대출 금리와 예금 금리 차이)' 증가로 수익성 개선"
고(高)배당주	"연말 배당 앞두고 있고, 주가 하락 위험에 5~6%대 PER(주가수익비율) 대비 성장성 높은 종목은 투자할 만"
PEG(주가이익성장비율) 높은 성장주	"성장주는 금리 인상, 테이퍼링에 불리하지만 PER(주기수익비율) 대비 성장성 높은 종목은 투자할 만"
리츠	"인플레이션 헤지 가능하고 배당 매력 커"
원자재	"친환경 정책으로 인한 생산량 감소, 경제활동 정상화에 따른 수요 급등으로 가격 계속 오를 듯"
달러	"미국 통화정책 정상화로 달러화 강세 국면 이어질 듯"

●●● 전문가들이 추천하는 증시 하락기의 투자 피난처

금융주: 지수가 빠진다고 모든 종목이 하락하는 건 아니다. 현재 주가 하락의 대표적인 '재료'는 금리 인상인데, 이것이 어떤 종목에는 거꾸로 주가 상승 요인이 된다. 쉽게 상상할 수 있듯이 은행이나 보험 등의 '금융주'는 금리 인상기에 수익이 개선되어 오히려 주가가 오를 가능성이 크다. 미국에서는 실제로 JP모건 등 주요 금융주에 투자하는 ETF가 5.4%나 올라, 같은 기간 1.6%가량 하락한 S&P500지수와 대조를 이룬다. 주식시장의 침체가 더욱 깊어지고 길어지면서, 금융주 상승률은 상대적으로 더 높아질 수 있다. 게다가 금융주는 대부분 고배당주이기도 해서 더 매력적일 수 있다. 우리나라 금융주에도 대체로 해당하는 사실이다. 가령 우리금융지주의 예상 배당수익률이 7.31%에 달하는가 하면, 기업은행, BNK금융지주, 하나금융지주 등도 모두 6%대의 배당수익률을 보인다.

고배당주: 배당 성향이 높은 종목은 일정한 기저 수익을 약속하기 때문에, 주가 하락 시기에 바람직한 피난처가 된다. 특히 금융주처럼 배당률이 높으면서 PBR(보유한 자산 가치 대비 주가)까지 낮은 지주회사 등은 눈여겨볼 만한 주식으로 꼽힌다. 또 지주회사들은 인플레이션이 심해질수록 자산 가치가 오르는 부동산 같은 자산을 많이 보유하고 있어서 관심을 더 많이 받는다. 이 밖에 회복기에 수요가 늘어나는 에너지 업종, ESG 확산으로 수혜를 볼 수 있는 2차 전지 등의 친환경 업종도 '비를 피할 수 있는' 투자처가 아닐까. 상장 리츠들도 위험 회피의 수단이 되고, 배당 매력도 커서 투자 추천 상품으로 꼽는 이들이 많다. 국내 상장 리츠들도 현재 배당 수익률이 연 5%대를 오르내린다.

성장주: 금리가 오르고 시중에 풀린 돈이 줄어들면, 소위 성장주가 가장 먼저 타격을 받는 다. 대개 실적에 비해 주가가 너무 높은 '고PER' 주식들이라, 시중 유동성이 풍부할 때는 주가가 잔뜩 올랐다가 시중 자금이 줄면 하락하는 경향이 강하기 때문이다. 하지만 그렇다고 해서 성장주를 모두 외면할 일은 아니다. 이때는 돌이냐 보석이냐를 결정하는 '옥석 가리기'를 해야 한다.

성장주 옥석 가리기에 가장 많이 쓰이는 지표가 PER을 연간 주당순이익(EPS) 성장률로 나눈 'PEG(주가이익성장비율)'다. PEG 수치가 낮을수록 '거품'이 덜 낀 종목으로 보면 된다. 설사 PER이 높더라도 PEG가 낮으면 성장세가 뚜렷하다는 의미라, 시장 여건만 좋아 지면 큰 폭의 상승세를 보일 가능성이 크다. 테슬라를 생각해보라. 테슬라의 PER은 360배가 넘지만, PEG는 6.2배에 불과하다. 테슬라 의 인기가 어느 정도 이해되는가? PER만 들여다본다고 정확한 판 단이 되는 것은 아니다.

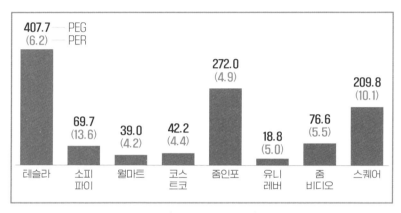

● ● ● **주요 미국 기업의 PER 및 PEG(검은색 수치가 PEG)**

원자재: 원유, 구리, 천연가스 등의 원자재를 투자 피난처로 꼽는 전문가가 많다. 앞으로 다양한 친환경 정책이 강도 높게 추진 되면서 생산량이 줄고, 코로나-19 이후 경제활동 정상화에 따른 수 요가 커지면, 원자재 가격은 다시 상승할 거란 얘기다. 가령 에너지 상품들은 지금 전반적으로 재고량이 많지 않은데, 겨울철 난방 수요 가 증가하면 에너지 가격은 더 오를 거라고 본다. 특히 질소 비료 같 은 농업용 자재 가격이 오르면, 농산물 가격까지 끌어올릴 수 있다.

투자의 길이 보이는 **트렌드 경제용어 2023**

달러: 세계인들의 꾸준한 사랑을 받아온 대표적인 안전 자산이다. 달러화는 적극적인 수익률 제고라기보다 위험관리 차원에서 비율을 늘리라고 권하는 의견이 많다. 실제로 달러화의 강세는 2022년 내내 전 세계 투자업계의 커다란 화두였다. 조만간 미국을 중심으로 각국의 통화정책이 정상화 구간으로 들어갈 것이므로, 달러화 강세 국면은 쉽사리 약해지지 않을 것으로 예상된다.

77

트래블 룰
Travel Rule

"가상자산에 실명제라니, 이거 말이 됩니까?"

해외여행과 관련된 무슨 규칙을 가리키는 말인가? 금융 시스템에 그다지 관심이 없는 사람들이라면, 그렇게 고개를 갸우뚱할지도 모르겠다. 그러나 경제용어로서의 '트래블 룰'은 하나 이상의 금융기관이 개입해 자금을 이동하는 경우, 그 자금을 보내는 금융기관이 받는 금융기관에 반드시 일정한 정보를 제공해야 한다는 규칙을 가리킨다. '자금이동규칙'으로 번역되기도 하는데, 원래 자금세탁 등의 불법행위를 차단하려는 의도에서 생긴 제도다. 가령 우리가 오래 경험해왔던 것처럼, 일반 은행들은 'SWIFT(스위프트)'로 알려진 국제은행간통신협회의 표준 코드를 통해 이 트래블 룰을 성실하게 지켜왔다.

그런데 최근 이 용어가 언론이며 소셜미디어에 자주 오르내리는 것은 어째서일까? 금융위원회가 2022년 3월 25일부터 코인을 비롯한 가상자산에도 이 트래블 룰을 적용하기 시작했기 때문이다. 쉽게 표현하자면 코인(암호화폐)에 대한 거래 실명제라고 할 수 있다.

트래블 룰의 구체적인 내용은?

(1) 가상자산 사업자가 가상자산을 이전할 경우, 이를 받는 사업자에게 아래의 정보를 제공해야 한다. - 가상자산을 보내는 고객의 이름 - 가상자산을 받는 고객의 이름 - (금융위원회나 사업자가 요청하는 경우) 고객의 주민등록번호 - 가상자산의 주소

(2) 가상자산 사업자는 수집된 송·수신인의 정보를 거래 후 5년간 보존해야 한다.

(3) 이를 어기면 최대 3,000만 원의 과태료를 부과하며, 검사·감독 결과에 따라 사업자에 대한 주의, 경고, 시정명령 등과 함께 임직원 징계 조치도 요구할 수 있다.

(4) 단, 이 룰은 거래 당시 100만 원 이상의 가치를 지닌 가상자산에만 적용한다.

국제자금세탁방지기구(FATF)가 이미 2019년 6월 가상화폐에 대한 트래블 룰 적용을 권고한 바 있으니, 이번 조치가 깜짝 놀랄 사건은 아니다. 그렇지만 거래소마다 세부 규정이 제각각인 데다 서로 연동조차 되지 않아 당분간은 국내 거래소 사이의 송금이 불가능해졌다. 한쪽에는 업비트가 독자 개발한 솔루션, 다른 쪽에는

빗썸-코인원-코빗이 함께 만든 솔루션이 사용되고 있어서, 아직 서로 연결되지 않았기 때문이다. 다만, 개인 지갑으로 이전한 뒤 입금하는 방식을 통해 가상자산을 다른 거래소로 이전할 수는 있다.

코인 트래블 룰을 시행한 것은 전 세계에서 한국이 처음이다. 거래 투명성을 강화한다는 취지에는 이견이 없을 것이다. 하지만 우려 섞인 질문과 볼멘소리가 여기저기서 터져 나온다. 규제 당국은 과연 얼마나 가상자산을 이해하고 있을까? 코인 트래블 룰 같은 제도를 얼마나 충분히 준비하고 연구하고 다듬었을까? 그것이 가져올 파장을 꼼꼼하게 검토했을까? 그런 룰을 적용할 정도로 우리나라의 가상자산 인프라스트럭처는 넉넉히 무르익었는가? 암호화폐를 제도권에 흡수하려는 시도인가? 가상자산의 지향점인 '탈중앙화'에 역행하는 것은 아닌가? 투자자들에겐 답답한 노릇이 아닐 수 없다.

암호화폐에 트래블 룰이 적용되면 어떤 변화가 생길까?

우선 거래소 간의 전송이 당분간 막히면서, 국내외 거래소들 사이에 가격 차이가 심해진다. 코인의 상장과 같은 이슈 때문에 해당 코인 가격이 비정상적으로 급등하더라도 이를 해소할 방법이 없어진다는 얘기다. 예전 같으면 가격이 뛴 코인을 투자자들이 그 거래소에서 다른 거래소로 이동해 차익을 추구했고('거래소간 재정거래') 이로써 가격 급등이 해소되곤 했는데, 이제 그런 활동이 막혀버리기 때문이다.

둘째, 국내 최대 암호화폐거래소인 업비트의 시장 점유율이 두드러지게 높아졌다. 국내 몇몇 소규모 거래소와 일부 해외 거래소로만 코인을 보낼 수 있을 뿐, 다른 3대 거래소와는 거래가 막힌 업비트의 점유율이 그렇지 않아도 압도적인 수준(22년 2월 70%대)에서 86% 이상으로 높아진 것. 이는 3월 한 달 사이 7조 원 이하에서 10조 8,000억 원으로 늘어난 국내 거래소 하루 거래액 증가분의 대부분을 흡수한 모양새다. 오래전부터 예상됐던 업비트의 확고한 독점을 깨뜨리기는 당분간 어려워 보인다.

셋째, 비트코인과 이더리움을 위시한 주요 코인의 국내 시세가 글로벌 시세보다 오히려 낮아졌다. 강력한 트래블 룰로 가상자산의 글로벌 전송이 제한되면서 국내 코인 가격에 소위 마이너스 프리미엄이 생긴 것이다. 코인 투자자의 대부분이 개인인 데다 거래 빈도나 규모도 유달리 커서 통상 국내 암호화폐 가격이 국제시세보다 높았고, 그 때문에 '김치 프리미엄'이라는 달갑지 않은 이름까지 얻었던 과거의 상황을 고려하면, 상당히 이례적인 결과다. 시장 전문가들도 세계 최초의 강력한 트래블 룰이 가상자산의 글로벌 전송을 가로막으면서 역프리미엄이 발생했다고 해석한다. 앞으로도 가상자산 이동을 지나치게 제한한다면, 우리나라 가상자산시장은 '고립된 섬'이 될 수도 있다는 우려가 흘러나오는 배경이다.

세계 최초의 '코인 트래블 룰' 도입을 바라보는 시선도 둘로 나뉜다. 그야말로 '가상'의 자산에 투자하겠다는데 웬 실명제냐고 투덜대는 사람이 있는가 하면, 불쾌했던 김치 프리미엄이 빠지게 생겼다고 반기는 이도 있다. 시대에 역행하는 졸속 시행이라고 비난하는 투자자도 있지만, 전통의 금융자산이든 암호화폐이든 돈은 투명해야 한다고 감싸는 측도 없지 않다. 시장의 견해가 어떻든, 정부 당국은 가상자산의 경제적 의미와 그 다양한 쓰임새 및 미래가치를 헤아려, 시장의 자율성을 북돋우면서도 익명의 그늘에서 자라나는 불법행위를 근절할 수 있는 지혜를 찾아야 할 것이다.

TINA

There Is No Alternative

"정말요? 주식 외엔 대안이 없나요?"

TINA는 1980년대 마거릿 대처 전 영국 총리가 신자유주의 정책을 밀고 나가면서 사용했던 슬로건에서 유래되었다. "주식 외에는 대안이 없다!"라는 뜻이다. 코로나 팬데믹 직후에는, 정말이지, 다들 그렇게 외쳤다. "TINA"라고. 하지만 2년이 채 안 되어 2022년 2분기부터 세계의 투자자들은 언제 그랬냐는 듯이 주식시장을 버리고 안전지대를 찾아 달아나고 있다. 이젠 "주식은 안 돼!"라고 하는 것만 같다. 세계 주요국의 본격적인 금리 인상, 꺾일 기미가 안 보이는 인플레이션, 우크라이나 전쟁, 중국의 제로 코로나 정책으로 인한 경기 침체 등으로 경제가 가라앉으면서 앞으로는 나빠질 일만 남았다는 우려가 팽배해 있다.

세계 최대 자산운용사 BlackRock(블랙록)이 투자 포트폴리오에서 현금 보유량을 늘렸다는 사실이 월스트리트 저널의 기삿거리가 되었다. 더구나 주가가 조정을 받을 때마다 저가 매수에 나서며 도리어 현금 비중을 줄였던 지난 몇 년과는 전혀 다른 양상을 지금의 주식시장은 보여주고 있다. 요컨대 TINA에서 딱 2년 만에 "현금이 최고야"로 투자자들의 심리가 바뀐 모양새다. 인플레이션과 금리 인상이 문제가 아니라 근원적인 경기 침체를 걱정하는 단계에 들어섰기 때문에, 이젠 경기 방어주마저 상승 여력이 있다고 보기 어렵다. 투자은행 모건스탠리의 CIO가 투자자들에게 보낸 메모는 현재 주식시장이 팬데믹 초기 주가가 치고 올라가던 2020년 4월과 정반대 상황이며, 곧 경기가 빠르게 꺾여 많은 기업이 고통스러워질 거라는 암울한 얘기를 가득 담았다. 현재로서는 인내심을 갖는 것이 가장 바람직한 일로 보인다.

그럼에도 여전히 TINA를 외치는 사람이 있다고?

굳센 반대의 목소리도 적지 않다. 경제 상황이 좀 나빠졌다고 해서 TINA를 부정할 수는 없다는 요지다. 세계적인 투자전략가이자 증시 강세론자로 꼽히는 와튼스쿨의 Jeremy Siegel(제러미 시겔) 교수가 대표적인 TINA 옹호론자다. 증시의 상당한 변동성 예측에는 동의하지만, 그래도 인플레이션에 대응하기 위해 주식만큼 좋은 투자처는 여전히 없다고 주장한다. 금리 인상으로 기업의 차입 비용이 급격히 늘어나더라도 주가 상승을 막진 못할 거란 이유에서다.

물론 2022년 9월 현재, 시걸의 이런 주장을 선뜻 포용하고 싶은 사람은 많지 않을 것이다. 그러나 시걸 교수의 TINA는 양보가 없다. 다만, 투자자들이 매입할 종목에 대해서 이전보다 훨씬 더 까다로워져야 한다고 충고한다. 그리고 고배당 종목은 인플레이션을 이겨낼 기회와 함께 높은 수익률을 약속하기 때문에 좋다고 덧붙인다. 반면, 실적이 뒷받침해주지도 않으면서 주가만 고공행진을 거듭했던 기술주는 부득불 타격을 입을 것으로 예측한다. 채권 금리와 물가상승률이 오를수록 기술주는 매력이 떨어지기 때문이리라. 또 시걸은 애플 같은 글로벌 빅테크가 존재하는 한 미국 증시가 과대평가된 건 아니라고 한다. 모두 곰곰 생각해볼 일이다.

79

팬더스트리
Fandustry

"옛날 오빠 부대가 아닙니다. 얕보지 마세요."

'팬(fan)'과 '산업(industry)'를 합해 팬덤을 기반으로 한 산업을 가리키는 말로, K-팝의 인기가 전 세계로 퍼지면서 부상한 신조어. 팬덤의 문화적 영향력을 의미하는 '팬덤 문화'라는 말과, 팬들을 아이돌과 이어주는 '팬덤 플랫폼' 같은 용어도 함께 생겨났다. 여기서 팬덤은 특정 인물이나 분야에 열광하는 사람들 또는 그러한 문화 현상인데, 통상 연예계나 스포츠계의 팬 집단을 일컫는다. 한국 최초의 아이돌 그룹 H.O.T가 등장한 25년 전, 그들의 여성 팬들을 지칭하는 '빠순이'는 다분히 경멸의 뜻이 담겼지만, 이제 팬덤은 한 산업의 당당한 기둥으로 인정받는 시대가 된 것이다.

팬덤은 적극적인 단체 행동을 뜻한다. 좋아하는 가수의 음반 판매량을 높이기 위해 공동구매를 하고, 각종 시상식이나 차트에서 좋은 성적을 내기 위해 투표를 독려하기도 한다. 음원 차트 성적을 높이기 위한 소위 '스트리밍 총공(총공격)'도 열성적인 팬덤의 표출이다. 이런 집단적 행위가 이미 팬더스트리의 구조 여기저기에 깊숙이 뿌리내리고 있다. 과연 팬이 모이는 곳에 돈과 화제가 모인다는 사실에 공감하지 않을 수 없다.

팬덤의 경제적 함의는?

소비자가 상품을 보고 구매하는 게 아니라, 스타를 보고 구매한다. 이것이 팬덤 소비, 또는 팬더스트리의 경제적 특징이다. 덕분에 팬과 그들의 우상을 이어주는 팬덤 플랫폼은 그 규모가 갈수록 커지고 있다. 이런 플랫폼에서는 양측의 소통은 물론이거니와, 팬클럽 활동, 온라인 콘서트 관람, 티켓 및 MD 구매, 관련 콘텐트 시청 등 다양한 활동이 이뤄져, 팬더스트리에서 차지하는 비중이 확대되고 있다. 이들 팬은 구매력이 뛰어난 소비자이기도 하다. 응원봉에서부터 아이돌의 사진, 이름, 캐릭터를 이용한 온갖 MD가 날개 돋힌 듯 팔려나간다.

● ● ● 인도에서 판매 중인 BTS 로고 번들

팬덤, 팬더스트리, 팬덤 문화 등의 용어는 그룹 BTS와 그들의 팬덤인

아미(A.R.M.Y)를 빼놓고 생각하기 어렵다. 그들이 팬더스트리의 실현에 결정적인 역할을 했기 때문이다. 전 세계를 아우르는 아미 구성원들이 BTS에게 보내는 열렬한 지지는 거의 종교적이라 해도 과언이 아니다. 그 정도의 끈끈함, 가수와 팬 사이의 일체감이 있기에 하나의 산업을 구축하고 지탱하는 힘도 생겼을 것이다.

요즘의 소비자들은 특정 인물이나 브랜드를 보고서 지갑을 연다. 해리포터 시리즈는 완결된 지 오래됐지만, 강력한 팬덤을 통해 지금도 별의별 파생상품으로 시장을 키우고 있다. BTS가 빌보드 1위를 차지한 사건의 경제효과가 어느 정도인지, 생각해본 적 있는가? 문화관광부는 그 효과가 1조 7,000억 원에 이른다고 발표했다. 대충 어림잡은 수치가 아니라, BTS 소속사 매출 규모, 한국은행 투입산출표, 관세청 수출입 무역통계, 구글 트렌드 검색량 등을

● ● ● BTS 응원봉 등의 MD(좌)와 전 세계 50개국에 출시한 맥도널드 'THE BTS' 세트

분석해 얻은 경제적 파급 효과의 크기다. BTS의 그 작품으로 인한 직접 매출 규모만도 2,457억 원, 이와 관련된 화장품, 식료품, 의류 등 소비재 수출 증가 규모는 3,717억 원으로 추산됐다.

팬더스트리에서 팬은 상품 소비에 그치지 않고, 콘텐트를 판매하거나 재생산하기까지 한다. 워낙 충성심이 높아 필요 이상으로 굿즈를 살 뿐만 아니라, 지하철이나 버스에 광고도 하고, 생일기념 카페 같은 마케팅 활동에도 참여한다. 이런 활동의 경제효과도 한마디로 상상을 초월한다. 서울 지하철의 아이돌과 유명인 광고가 매년 2천~3천 건이나 된다는 걸 아시는지. 이 모든 것은 팬더스트리에 대한 수요가 견고하다는 의미다. 게다가 K-팝은 아시아는 말할 것도 없고 세계 구석구석에 팬덤을 만들고 있으며, 팬들은 스타와 관련된 모든 영역에서 기꺼이 활동하고 있지 않은가.

폭발적으로 성장하는 팬더스트리의 수혜자는?

하이브가 2020년 기준으로 이미 7.9조 원 규모에 달한다고 추산했던 팬더스트리. 이제는 브로마이드, 포토 카드 등의 굿즈와 MD에서부터 (코로나-19 이전 최고 수익원이었던) 공연과 팬 플랫폼 등으로 영역을 넓히고 있다. 특히 과거 포털 기반의 팬카페가 플랫폼 형식으로 바뀐 '팬 플랫폼'은 팬더스트리의 대표 분야로 빠르게 성장 중이다. 팬 플랫폼의 대표적인 예로는 (1) BTS 소속사 하이브의 캐시카우 역할을 하는 '위버스', (2) 탄탄한 자금력으로 팬덤이 큰 팝

그룹을 영입하고 무료 콘서트 유니-콘(UNI-KON)을 개최했던 게임사 엔씨소프트의 '유니버스', (3) 개방형 SNS보다 몰입감 높은 사적 콘텐트로 결속을 다진다는 디어유의 '버블' 등을 들 수 있다. 이 가운데 하이브가 가입자 수, 월간 이용자 수, 매출액 규모에선 단연 1위다. 또 국내 가수는 물론 미국의 저스틴 비버나 아리아나 그란데 같은 팝 스타까지 영입해 화제를 모았다.

팬 플랫폼은 대체로 팬과 아티스트 사이의 친밀감을 높이기 위한 1:1 메시지, 차별화된 오리지널 콘텐트 제공, 그리고 다른 팬들과 교류를 나누는 오픈 채팅방 등이 특징이다. 사용자에는 10~20대 여성이 압도적이며, 국내보다는 해외 사용자가 더 많은 것도 흥미롭다.

••• 엔씨소프트의 '유니버스'에서 개최한 무료 콘서트 유니-콘

팬더스트리의 동력은 팬덤이 내뿜는 에너지다. 특히 K-팝 팬덤의 조직적이고 체계적인 움직임은 충격적이라 할 정도로, 대중음악계뿐만이 아니라 경제-경영 전반에 두루 막강한 영향력을 보여주었다. 20년이 넘는 세월 동안 단단하게 다져진 팬덤의 막강한 힘은 팬데믹과 더불어 급속히 성장해온 IT 산업과 뭉쳐져 다양한 전환점을 만들어내고 있다. 그렇긴 하지만 팬덤이란 것이 원래 잘 사용하면 약이지만, 섣불리 쓰면 독이 된다는 특성도 있다. 팬에 대한 충실한 이해가 뒷받침되어야만 바람직한 결과를 얻을 수 있다.

80

포워드 가이던스 혹은 사전안내
Forward Guidance

"이렇게 깜짝 발표를 계속하면 어떻게 대응합니까?"

중앙은행은 자산시장에서 투자자의 신뢰를 얻고 싶어 한다. 기업과 소비자의 행동에 영향을 미치고 싶어 한다. 투자자들이 다양한 정책에 사전적으로 대응하게 도와주고 싶어 한다. 그렇기 때문에 중앙은행이 투자자들에게 앞으로의 통화정책 방향을 미리 안내해주는 것을 '포워드 가이던스'라고 부른다. 세계 금융위기 이후 양적 완화를 주도했던 벤 버냉키 전 연방준비제도 의장이 2011년 도입했던 제도다. 미국에 앞서 캐나다 중앙은행이 선례를 남기기도 했던 이 '사전(선제)안내' 제도는 이후 각국 중앙은행이 시장과 소통하는 주요한 방식으로 채택했다.

그런데 포워드 가이던스가 화제에 오른 이유는?

미국 연방준비제도에 이어 유럽중앙은행(ECB)도 예고한 것보다 큰 폭의 금리 인상을 2022년 7월 '깜짝' 단행했기 때문이다. ECB

는 그전까지 마이너스였던 예금 금리를 0%로 인상해, 마이너스 금리 시대에 종지부를 찍었는데, 인상 자체보다는 그 폭이 당초 예고해왔던 수준을 웃도는 깜짝 결정이라는 점에서 화제가 되었다. 심지어 2022년엔 금리 인상을 예상하지 않는다고 했던 ECB 총재의 발언과도 달랐다. 다시 말해서 중앙은행 정책의 주요 툴 가운데 하나인 포워드 가이던스가 사실상 무용지물이 됐다는 평가였다. 사전안내를 믿고 있던 시장이 충격을 받은 건 당연한 일. 왜 ECB는 포워드 가이던스 관행을 무시했을까, 혹은 버렸을까? 불확실성이 너무나 고조된 나머지, 중앙은행조차 향후 정책에 대한 정확한 신호를 주기 어려워졌기 때문이다. ECB 스스로 이렇게 밝혔다. "불확실성이 높은 시기에는 포워드 가이던스가 더 이상 중앙은행이 사용할 도구가 아님이 드러났다." 한술 더 떠서 크리스틴 라가르드 ECB 총재는 포워드 가이던스의 종언을 이렇게 못박았다. "앞으로 통화정책은 경제 데이터에 따라 달라질 것이다. 그 어떤 포워드 가이던스도 하지 않는다는 점에서 우리는 훨씬 더 유연하다."

하긴 포워드 가이던스에 대한 신뢰는 이미 지난달 미국 연준이 무너뜨려 놓은 상태였다. 파월 의장의 포워드 가이던스 및 그로 인한 시장의 대체적인 전망을 무너뜨리고 결국 자이언트 스텝(0.75%포인트 인상)을 밟았기 때문이다. 이런 연준의 행보 이후 안 그래도 포워드 가이던스에 대한 의구심이 시작됐는데, ECB가 이를 확인한 셈이다. ECB를 이렇게 꼬집은 미디어도 있었다. "그들은 이제 '필요하다면 무엇이든'이 아니라 '원한다면 무엇이든' 할 태세로군." 어쨌거나 앞으로 투자자들과 시장은 경제 데이터에 대해서 더 예민하게 반응할 것 같다. 따라서 금융시장의 변동성이 더 커질 수도 있고.

81

프라이싱 파워 혹은 가격 전가력轉嫁力
Pricing Power

"소비자는 얄미워하겠지만 어쩔 수 없습니다."

문자 그대로 프라이싱 파워는 '값을 매기는 힘, 가격을 올려서 소비자에게 부담을 떠넘기는 힘'을 가리킨다. 경제용어로 쓰일 땐 제조비나 서비스 원가가 오를 때, 그 상승분을 반영해 가격을 올리더라도 여전히 예전처럼 판매할 수 있는 능력을 뜻한다. 이처럼 원가 상승분을 소비자에게 떠넘기더라도 판매에 영향을 받지 않는다면, 그건 어떤 기업일까? (1) 브랜드 파워가 강력한 기업, (2) 압도적 기술력을 가지고 있어 웬만큼 가격을 올리더라도 소비자가 대체제품을 찾기 어려운 기업, (3) 이미 시장점유율이 높아서 웬만큼 가격을 올려도 경쟁자들이 따라오기 어려운 기업. 요컨대 경쟁력에서 현저한 우위를 점하고 있는 탄탄한 기업의 프라이싱 파워는 막강해서, 가격을 올리는 데 큰 부담을 안 느낄 것이다.

지금과 같이 인플레이션이 극심할 때는 이 프라이싱 파워, 혹은 가격 전가력이 특히 중요해진다. 가격을 소비자에게 떠넘길 수 있어야만, 인플레이션하에서도 이익률을 방어할 수 있기 때문이다. 나아가 그래야만 프라이싱 파워가 약한 다른 업체들이 도태되는 사이, 오히려 시장점유율을 확대할 수 있기 때문이다. 말하자면, 프라이싱 파워가 강한 기업에게 인플레이션은 위기가 아니라 기회라는 얘기다. 그래서일까, 워런 버핏 같은 투자의 귀재도 기업 평가에서 프라이싱 파워를 핵심 요소의 하나로 간주한다.

인플레이션 와중의 가격 변동 차별화란?

물론 인플레이션은 화폐가치가 하락해 가격이 전반적으로 오르는 현상이다. 하지만 현실은 좀 달라서 가격 인상도 품목 나름이다. 모든 재화와 서비스가 골고루 같은 폭으로 오르는 법은 없다. 눈 깜짝할 새 값이 폭등하는 물품이 있는가 하면, 별로 오르지 않거나 도리어 값이 떨어지는 것도 있다. 인플레이션 중에도 재화와 서비스에 따라 가격 변동의 차별화가 벌어진다는 얘기다.

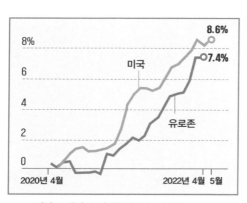

• • • 전년도 대비 소비자물가지수 상승률

[자료: investing.com]

다소 극단적인 예라고 하겠지만, 지구촌을 두 차례나 휩쓴 석유 파동으로 물가 상승률이 두 자릿수를 넘었던 1970년대를 생각해보자. 미국 내 유류 가격이 320% 가까이 올랐던 반면, 중고차(157%)나 숙박비(149%)나 의료비(160%)와 음식료(125%) 등은 그보다 증가율이 훨씬 낮았다. 의류와 신발(46%)이라든지 가전제품과 가구(76%) 등 물품은 상대적으로 가격 상승이 아주 완만했다. 가격 상승기 이러한 재화별 변동률 차별화에 대해서는 이미 17세기를 살았던 아일랜드 출신 프랑스 경제학자 Richard Cantillon(리샤르 캉티용)이 분석한 바 있다. 그래서 이런 현상을 '캉티용 효과'라고 부르기도 한다.

2022년 한국이 겪고 있는 가파른 인플레이션 국면에서도 재화에 따른 차별화는 마찬가지로 드러난다. 14년 만에 처음으로 소비자물가지수 상승률이 5%를 넘었다는 보도가 넘치지만, 역시 품목에 따라 증가 폭은 천양지차다. 국제 항공료나 수입 쇠고기, 샴푸 등이 20% 전후의 가격 상승을 보인 반면, 컴퓨터 소모품이나 필기구 등은 거의 변동이 없었고, TV나 건조기 혹은 병원 검사료 등은 오히려 소비자가격이 하락했다. 이처럼 가격 변동에 있어서 차별화가 생기는 이유는 두말할 것도 없이 기업마다 산업마다 프라이싱 파워가 다르기 때문이다.

프라이싱 파워 혹은 가격 전가력轉嫁力

어떤 요소들이 기업의 프라이싱 파워를 결정할까?

1) 우선 가격에 따른 수요의 '탄력성'이 한 요소일 것이다. 다소 가격이 오르더라도 수요가 쉽게 줄어들지 않는 재화나 서비스를 공급하는 기업은 아무래도 프라이싱 파워가 강하지 않겠는가. 값이 약간만 뛰어도 금세 수요가 위축되어버리는 품목이라면, 그 반대일 터이고. 주로 고소득층을 타깃으로 하는 명품 브랜드들을 생각해보라, 가격을 좀 높인다고 해서 수요가 급격히 줄어들지 않을 대표적인 업종이 아닌가. 그들의 프라이싱 파워가 강력한 이유다.

2) 기업이 공급하는 품목의 재고율도 프라이싱 파워를 좌우하는 요소다. 가령 재고가 적을수록 공급이 귀해져서 공급자가 우위를 점하게 되고, 소비자에게 가격 인상분을 떠넘기기도 쉬워지니까 말이다. 한 증권사가 국내 20여 업종을 대상으로 현재 재고 수준과 주문량을 대비해서 분석한 자료가 있다. '주문-재고 스프레드'라는 이름의 이 분석에서 전자-영상, 통신장비, 선박-철도-항공 운수, 음료, 의약 업종이 재고에 비해 높은 주문을 기록했다. 즉, 이 업종들의 프라이싱 파워가 높았다는 의미다. 반대로 재고는 잔뜩 쌓여 있는데 주문량이 많지 않은 업종으로는 섬유제품, 펄프-종이, 가죽-신발 등이 꼽혔다. 이런 기업들은 원가(제조비)가 오르는 것을 알고도 프라이싱 파워가 약해서 소비자가격을 올리지 못한 채 속만 앓고 있는 형국이다.

3) 브랜드의 힘도 프라이싱 파워를 결정하는 중요한 요소다. 브랜드 파워가 좋고 점유율도 높고 기술 경쟁력도 압도적인 기업들만이 비용 상승 압력을 소비자에게 무난히 떠넘길(전가할) 수 있다. 우리가 미디어에서 종종 듣게 되는 '경제적 해자(垓子, moat)'라는 용어가 바로 기업의 이런 경쟁력을 가리킨다. 브랜드 파워를 지닌 기업, 경제적 해자를 갖춘 기업, 경쟁자들이 함부로 침입할 수 없는 영역을 지닌 기업만이 충분한 프라이싱 파워로 고단한 인플레이션 시대를 극복할 수 있다. 워런 버핏이 1972년에 인수해 유명해진 고급 수제 초컬릿 회사 See's Candies(시즈 캔디즈)는 브랜드 파워의 상징으로 가끔 오르내린다. 설비투자도 없이 제품 가격을 올려 물가 상승분을 꼬박꼬박 소비자에게 떠넘겼지만, 워낙 충성 고객들이 많아 판매에 별 영향을 받지 않았다. 과거의 시즈 캔디즈에 필적할 만한 지금의 브랜드 파워로는 애플, 테슬라, 나이키, 코카콜라, P&G 등을 꼽을 수 있을 것이다.

4) 손익계산서에서 매출총이익률을 구해봐도 프라이싱 파워를 어느 정도 가늠할 수 있다. 매출총이익률(GPM; Gross Profit Margin)이란 "(매출액-제조원가)÷매출액"으로서, 매출액에서 제조원가를 뺀 '총이익'이 매출의 몇 퍼센트인가를 나타낸다. 제조원가는 빠르게 오르는데 프라이싱 파워가 없어 가격을 높이지 못하면 총이익은 줄어들 수밖에 없고, GPM도 낮아진다. 고로, 프라이싱 파워가 강력한 기업은 GPM이 높게 유지되고, 그렇지 못한 회사는 GPM이 저조

할 것이다. 우리나라의 경우, 반도체, 자동차, 백화점, 호텔, 레저 서비스 등은 비교적 GPM이 높은 업종으로 알려져 있다.

　　국내에서는 삼성전자, 대웅제약, SK하이닉스, CJ제일제당, 신세계 등이 프라이싱 파워가 높은 기업의 본보기다. 대개 시장에서 과점적 지위를 확보한 기업들이다. 하지만 5년 후, 10년 후엔 또 모를 일이다. 대한상공회의소의 조사에서도 원자재 가격 상승을 제품 가격에 충분히 반영한 기업은 16%에도 못 미친다고 하니 안타까운 일이다. 가격 인상분을 전가할 프라이싱 파워는 물론 고정불변이 아니다. 경제 환경과 공급망 사정 등에 따라 달라진다. 프라이싱 파워에 담긴 진짜 경제적 의미는 인플레이션 같은 거시적 환경에도 필요하다면 가격을 올려 더 많은 부가가치를 창출한다는 데 있다. 다만 이런 가격 인상이 장기적인 비전 아래 수립된 정책인지, 당장 이익 지키기에 급급한 몸부림인지를 구분할 필요는 있을 것이다.

82

프렌드쇼어링

Friendshoring

"맘에 안 드는 녀석들은 끼워주지 말자!"

2022년 2월, 세계를 경악시킨 러시아의 우크라이나 침공. 전쟁의 참상은 이루 말할 수도 없지만, 코로나-19로 이미 타격을 입은 글로벌 공급망의 가중된 혼란도 세계 경제에 따끔한 충격이다. 전쟁통에 피돌기가 막힌 원유, 곡물, 광물 등 원자재의 부족은 오랜만의 회복을 기대했던 경제에 찬물을 끼얹고 잠잠했던 인플레이션의 망령을 불러왔다. 어떻게든 글로벌 경제의 새로운 질서가 필요해 보인다.

재닛 옐런 미국 재무부 장관이 '프렌드쇼어링'을 그런 새 질서의 비전으로 촉구한 것은 얼핏 엉뚱하고 의외로 보일 수 있지만, 곱씹어볼수록 고개가 끄덕여지는 제안이다. 자유민주주의와 시장경제 질서를 무시한다든지 전쟁이나 일으켜 이웃을 범하려는 불량배 나라는 쏙 빼놓고 마음 맞는 '친구들'끼리 공급망을 구축해 세계 경제를 원만하게 꾸려나가자는 생각이니까.

프렌드쇼어링이 화두가 된 배경은?

프렌드쇼어링을 이해하기 위해, 그전 단계인 오프쇼어링과 리쇼어링을 먼저 짚어보자. 멀리 에두를 필요 없이 우리나라의 경우를 생각해볼까? 일찌감치 근대화를 이룩한 구미 선진기업들은 생산의 기반을 후진국들로 옮기는 '오프쇼어링(off-shoring)'을 서서히 늘려나갔다. 한국도 그런 오프쇼어링 대상국으로서 혜택을 누렸고, 그것은 '한강의 기적'으로 불리는 경제성장을 거들기도 했다. 재주 좋고 부지런한 한국인들은 이 과정에서 자신들의 자본력과 기술력을 축적해나간다. 그리고 1980년대 들어서는 한국이 오히려 중국과 동남아 국가들을 상대로 오프쇼어링을 하는 주체가 되기에 이른다. 세월이 좀 더 흐르면, 누가 알겠는가, 이번엔 중국이나 베트남이 아프리카나 남아시아로 오프쇼어링을 하게 될지?

제조업체들은 왜 생산 기반을 해외로 옮기려 했을까? (1) 무엇보다 꾸준히 증가하는 자국의 인건비 및 제조비를 줄이려는 욕구, (2) 환경보호 등을 위해 갈수록 심해지는 자국 정부의 다양한 규제를 벗어나려는 욕구, (3) 자국 내 노동자의 권익과 노동 환경 개선을 위한 추가비용을 피하고자 하는 욕구, (4) 자국에서는 얻을 수 없는 세제 혜택이나 토지 제공 등 여러 가지 예외적 혜택을 후진국에서 누리고자 하는 욕구 등으로 요약할 수 있다.

해외로 이전했던 생산 기반을 다시 본국으로 돌려보내는 리쇼어링(re-shoring)은 오프쇼어링의 정반대 행보다. 기업의 자발적 결정이든 본국 정부의 권유이든, 리쇼어링은 오프쇼어링을 촉발했던 요건들이 후퇴할 때 일어난다. 대상국의 (한때 매력적이었던) 인건비가 상승하고, 느슨했던 규제는 갈수록 심해지고, 예전에 누릴 수 있었던 여러 가지 혜택도 사라져, 요컨대 오프쇼어링의 장점이 없어지는 거다. 게다가 고용과 투자를 드높이는 부문은 뭐니 뭐니 해도 제조업임을 절감한 본국에서 리쇼어링 기업에 이런저런 혜택이라도 제공한다면, 돌아오지 않을 이유가 있겠는가?

옐런 장관의 제안 이후 어떤 배경에서 프렌드쇼어링이 여기저기 논쟁의 중심에 섰을까? 우선 코로나-19로 글로벌 공급망이 타격을 받고 원자재 가격이 요동치면서, 가뜩이나 바이러스로 시들시들하던 인류의 불안이 증폭했기 때문이다. 백신 보급으로 한숨 돌리나 싶었는데, 이번엔 러시아가 전쟁을 일으키자, 그렇지 않아도 인플레이션 공포에 주눅 든 세계 경제는 더 고달프다. 엎친 데 덮친다더니, 세계의 공장인 중국에선 주요 도시 봉쇄라는 예기치 못한 악재까지 터졌다. 게다가 팬데믹 전부터 끓어오르던 미ㆍ중의 패권 다툼도 갈수록 악화 일로. 한마디로 글로벌 위기가 따로 없다. 세계무역기구 소속 경제학자들은 이런 우려를 수치로 드러내 보였다. 미국과 중국이 각각 배타적 경제 블록을 만든다면, 10~20년 안에 세계 GDP는 5% 줄어들 것이라고 그들은 전망했다. 그 감소를 금

액으로 환산하면 4조 4,000억 달러에 달한다.

하지만 프렌드쇼어링을 지지하는 목소리도 크다. 공급망의 병목 현상을 완화하고 반도체나 원자재 등을 안정적으로 확보할 수 있다고 믿기 때문이다. 서로 믿을 수 있는 파트너들이 뭉치면, 비용은 좀 더 들더라도 리스크는 낮출 수 있으니까. 이런 점에서는 나쁜 녀석들 빼놓고 친구끼리만 주고받으며 살겠다는 프렌드쇼어링이 어느 정도 이해된다. 미국은 적대 관계인 중국과 러시아를 노골적으로 공급망에서 배제하려 든다. 프렌드쇼어링으로 미국 경제가 맞닥뜨릴 위험을 현저히 낮출 수 있으므로, 한동안 부지런히 진행되던 세계화는 잠시 멈추어도 괜찮다는 태도다. 이런 추세를 오프쇼어링과 자국 내 생산의 타협으로 바라보기도 한다. 세계화와 고립주의의 타협일 수도 있고.

우리나라는 프렌드쇼어링에 어떤 영향을?

물론 한국은 미국의 '좋은 친구'이므로, 프렌드쇼어링의 큰 틀
에 안착할 것이다. 반도체, 전기차, 바이오 등, 미국조차 침을 흘리
는 고도의 기술을 자랑하는 분야에서는 심지어 '대접' 받는 '절친'이
될 수도 있다. 실제로 월 스트리트 저널은 프렌드쇼어링의 혜택을
누릴 기업으로 삼성전자를 콕 집어 언급했다. 다만, 프렌드쇼어링
이란 구호 아래 여전히 압도적으로 저렴한 생산비를 자랑하는 중국
을 배제한다면, 세계적인 인플레이션을 불러올 가능성도 크다. 국
제통화기금이 프렌드쇼어링을 겨냥해 "자유무역의 장점을 해치는
세계 경제의 재앙"이라고 비판한 것도 바로 그런 이유에서다. 또 있
다. 기업이란 본디 경제적 요소만을 고려해서 의사결정을 하는 것
이 바람직한데, 이젠 정치적 이해관계까지 심각하게 고려하지 않고
서는 불이익을 당할 판국이다. 경제적 판단이 한층 더 복잡하고 어
려워졌다는 얘기다.

이러한 공급망의 새 질서에서 우리나라는 어떻게 국익을 챙
기면서 성장의 장애물을 제거해나갈 수 있을까? 쉽지 않은 노릇이
다. 대외교역 의존도가 높은 한국은 자유무역을 갈망하지만, 단기
적으로 프렌드쇼어링의 틀 안에서 누릴 수 있는 혜택이 있다면 알
뜰살뜰 챙겨 먹어야 한다. 특히 우리 기술을 무섭게 추격해오는 중
국이 프렌드쇼어링 때문에 '주춤할' 수밖에 없다면, 그건 우리가 소
위 '초격차'를 다질 수 있는 절호의 기회일지 모른다. 현명하게 이용

해야 한다. 동시에 중국이나 러시아에 의존해온 원자재나 부품에 대해서는 대체 공급원을 부지런히 찾아 확보해야 한다.

다만, 제조업이야말로 최고의 일자리 창출자이며 국력의 중요한 기반이라는 사실을 염두에 두어야 할 것이다. 특히 고부가가치 산업 공장을 무분별하게 해외에 빼앗기지 말고, 앞으로도 리쇼어링 노력을 늦추지 말아야 한다. 미국은 자신들의 이익을 위해 프렌드쇼어링을 앞세워 반도체 같은 하이테크 생산시설을 자국으로 불러들여 묶어두려 한다. 그런 미국의 전략이 제조업의 기반을 탄탄히 다지려는 우리의 노력에 플러스가 될지 장애 요인이 될지, 명민하게 계산하고 대처해야 할 것이다.

83

핑크 타이드
Pink Tide

"공산주의 빨간 물결이 아니라 천만다행입니다."

중남미 국가들에 온건한 사회주의 정권이 들어서는 현상을 가리키는 용어. 한때 공산주의 물결이 넘실대던 상황을 지칭한 '레드 타이드(red tide)'보다는 부드러운 성향이라 해서 핑크로 표현한다. 1999년 차베스 집권 이후 남미 12개국 중 10개 나라에서 파도타기라도 하듯이 잇달아 좌파가 정권을 잡자 뉴욕타임스가 쓴 용어다. 특히 복지 확대를 구호로 내건 좌파 정권이 1990년대 말에서 2014년까지 남미 10개국을 휩쓴 현상을 1차 핑크 타이드라 하고, 이후 우파가 집권했다가 최근에 좌파가 복귀하는 현상을 2차 핑크 타이드라 부른다. 우리는 그냥 '중남미'라고 뭉뚱그려 부르기도 하지만, 실제로 광대한 라틴아메리카는 식민 역사, 문화, 언어, 종교 등으로 인해 정치적 유사성이 두드러진 대륙이다. 그래서 연쇄적 좌경화라는 이런 '물결'이 가능한지도 모르겠다.

먼저 칠레의 경우, 학생운동 지도자 출신의 정치 신인 Gabriel Boric(가브리엘 보리치)가 이끄는 사회주의 좌파가 5년 만에 보수우파 정권을 밀어내고 2022년 3월부터 증세와 사회지출 확대 등을 실시하고 있다. 수도 산티아고 시장에 공산당 후보가 당선되면서 본격화한 좌파의 우세가 대선에서도 이어진 것이다. 칠레를 '신자유주의 무덤'으로 만들겠다고 공언한 이 최연소 칠레 대통령은 환경보호를 내세우며 세계 최대 구리 생산국인 칠레의 광산사업을 공개적으로 반대한다. 이런 그의 노선이 가령 원자재 시장에 어떤 영향을 미칠까? 그저 그가 베네수엘라의 전철을 밟지 말고 시대변화에 부합하는 유럽의 '스마트 좌파'를 따르기만을 바랄 뿐이다.

이후 콜롬비아에서는 게릴라 활동 전력이 있는 경제학자 겸 정치학자 Gustavo Petro(구스타보 페트로)가 2022년 5월 대통령에 당선되어 좌파 성향의 정책을 펼치고 있다. 2022년 10월 현재 대선 경쟁이 한창 뜨거운 브라질에서는 좌파이면서 전직 대통령인 Luiz Inacio Lula da Silva(룰라 다 시우바)가 극우파 현직 대통령 Jair Bolsonaro(보우소나루)를 간신히 누른 후 10월 말의 결선투표를 앞두고 있다.

앞서 2018년~2019년 멕시코와 아르헨티나에서 좌파 정권이 들어선 데 이어, 볼리비아와 페루에도 속속 사회주의 복귀가 이루어졌다. 특히 미국과 국경을 맞댄 멕시코는 공화정이 시작된 이래

89년 만에 처음으로 Andrés Manuel López Obrador(오브라도르) 중도 좌파 정부의 출범을 목격하게 되어 눈길을 끌었다. 아르헨티나에선 페론주의를 내세운 Alberto Fernández(알베르토 페르난데스) 대통령이 고물가와 경제난에 지친 국민의 마음을 파고들어 좌파 정부를 되살렸다. 페론주의는 곧 선심성 복지를 뜻하는 말이니, 그의 국정 방향을 짐작할 수 있겠다.

코로나-19로 라틴아메리카에서 경제난이 심화하고 미국의 영향력이 약해지면서 좌파가 속속 집권하는 가운데, 이러한 정세 변화를 이용해 중국과 러시아가 미국의 뒷마당에서 세력을 넓히는 현상도 감지되고 있다. 2021년 온두라스 대선에서 느껴진 중국의 입김이 그런 예다. 민주적 사회주의를 표방한 Xiomara Castro(시오마라 카스트로) 후보가 대만과의 외교단절, 중국과의 수교 및 투자 유치를 주요 공약으로 내걸고 당선됐기 때문이다. (이후 미국의 압력으로 온두라스는 대만과 단교하지는 않았음)

핑크 타이드의 원인과 미래는?

라틴아메리카 국가들은 이미 오랫동안 극단적 좌파-우파를 오가는 정치 실험을 반복해왔다. 주로 원자재 수출에만 의존하는 경제가 워낙 불안했기 때문이기도 하고, 그들이 뼈아프게 겪은 유럽의 식민 지배와 미국의 막대한 영향력이 극히 논쟁적이라는 이유도 있다. 1999년 1차 핑크 타이드를 불러온 베네수엘라 차베스 정권의 무분별한 무상 복지와 반미 포퓰리즘 슬로건도 그런 배경에서 비롯된 것이다. 게다가 당시 중남미 원자재의 최대 수입국으로 떠오른 중국이 일대일로 사업 등으로 중남미 투자를 본격화하면서 사회주의 경제를 떠받쳐줬다.

● ● ● 라틴아메리카에서 거세지고 있는 좌파 및 중도 좌파의 물결

　　그러나 원자재 가격이 하락하고 남미 각국이 돈 풀기 정책으로 재정 파탄에 이르면서 1차 핑크 물결은 방향을 바꾸게 된다. 그 급속한 쇠퇴를 초래한 것은 2015년 아르헨티나의 우파 집권이었다. 2년 뒤에는 칠레에서도 기업과 시장을 중시하는 우파가 집권하면서 남미 우파 정권은 7개로 늘어났다. 이렇게 아르헨티나-브라질-칠레를 지칭하는 '남미의 ABC' 주요국이 '우향우'를 하면서 핑크 타이드는 한풀 꺾인 모습이었다.

하지만 오래지 않아 대세는 다시 좌파로 돌아간다. 남미발 불법 이민자 막기에 급급했던 미국 트럼프 정부가 'America First'를 내세우며 남미와 거리를 두는가 하자, 중국과 러시아가 그 틈새를 파고들었다. 라틴아메리카 우파 물결은 곧바로 힘을 잃고 물러났다. 팬데믹의 후유증과 경제 위기에 대응하느라 '내 코가 석 자'인 미국은 이렇다 할 중남미 대책도 내지 못했다. 어쨌거나 코로나-19로 민생난이 깊어진 중남미 사람들에게 달콤한 복지 구호가 다시 한번 먹힌 것일까. 혹은 고립주의 트렌드 속에 중국이 제3세계를 파고들면서 핑크 타이드를 되살린 것일까. 지금 우리가 목격하고 있는 2차 핑크 타이드는 그렇게 시작했을 것이다.

특히 최근 중국의 이 지역 진출이 두드러져 보인다. 교역의 확대는 물론이거니와, 코로나 백신이라든지 대규모 인프라 투자 같은 '당근'도 부지런히 들이밀었다. 20년 전만 해도 남미의 최대 교역국이 미국이었다면, 지금은 무역과 외교 역량을 집중해온 중국이 그 자리를 차지했다. 주머니가 두둑한 중국은 대만과 오래 수교해온 나라들을 돈으로 공략해 단교를 부추겨왔다. 누구보다 대만 독립을 외치는 차이잉원(蔡英文) 총통이 집권한 후로 중국은 한층 더 집요해졌고, 결국 파나마, 도미니카공화국, 엘살바도르, 니카라과 등과 잇달아 국교를 맺는 데 성공했다. 남은 몇몇 대만 수교국에 대한 외교적 공세 강화도 계속하고 있다. 이러다가 미국은 잠깐 한눈판 사이에 라틴아메리카 친구들을 중국에 잃을지도 모르겠다.

84

한국형 레몬법

"우리나라는 아직 갈 길이 멀군요."

달콤한 오렌지인 줄만 알고 샀는데 시어빠진 레몬으로 판명된다면 어떻겠는가? 이런 의미에서 불량품이라든가 결함 있는 자동차 같은 제품을 '레몬'이라고 부른다. 그리고 '레몬법(lemon law)'이라는 용어는 품질과 성능 기준을 반복적으로 만족시키지 못하는 자동차나 기타 소비재를 구매한 소비자를 구제해주기 위한 법을 가리킨다. 우리나라는 말할 것도 없고 미국이나 유럽의 선진국들에서도 레몬법이 자주 오르내리는 걸 보면, '레몬' 차량을 둘러싼 불편과 법적 다툼은 어디서나 마찬가지인 모양이다.

우리 국토부는 2018년 BMW 차량의 화재가 잇달아 발생하는 사고가 터지자, 이듬해부터 '자동차관리법 시행령 및 시행규칙 개정안'을 시행했다. 이것을 일반 대중은 소위 '한국형 레몬법'으로 불러왔다. 신차를 구매하고 1년 이내에 중대한 하자가 2회(또는 일반 하

DON'T DRIVE HOME A LEMON.

자가 3회) 이상 발생하는 경우, 중재를 거쳐 제조사가 이를 교환하거나 환불 처리해준다는 요지다. 여기서 중대한 하자는 원동기, 제동장치, 동력전달장치, 조향장치 등의 결함을 가리킨다.

 독일산 고급차 메르세데스-벤츠의 S클래스가 첫 사례로 기록된 후 한국형 레몬법이 시행된 3년 동안 총 1,592건의 중재 신청이 있었고, 이 중 174건의 신차 교환-환불이 있었다고 한다. 이런 성과에도 불구하고, 한국형 레몬법은 아직 갈 길이 멀어 보인다. 무엇보다 자동차 안전을 도모하는 하자심의위원회의 중재 절차가 너무 오래 걸린다는 불만이 많다. 중재에만 여러 달에서 1년까지 걸리니 말이다. 심의위원회 중재부는 소비자와 제작사 의견을 다 듣고 고려한 다음, 교통안전공단의 최종 사실 조사까지 거쳐야 비로소 '수리 불가' 결론을 내리므로, 시간이 걸리게 마련이다. 국토부가 차량의 결함을 인정해 교환 판정까지 확정하는 일도 아직은 극히 드물다. 게다가 일단 판정이 나면 항소를 할 수 없게 되어 있는 규정도 보완돼야 한다는 목소리가 높다.

85

핵융합 발전, 핵융합로

Nuclear Fusion Power Generation, Nuclear Fusion Reactor

"인류는 이제 영원히 에너지 문제에서 해방될 거야."

'핵융합'은 경제용어라기보다는 물리학 용어이고, 따라서 여기서는 핵융합이라든지 핵융합을 통한 발전의 원리를 설명할 생각은 없다. 다만 핵융합은 우리가 알고 있던 핵분열과는 정반대 원리로 작동한다는 점, 그리고 태양이 빛과 열을 내는 원리를 구현하는 고난도의 기술이라는 점만 기억해두자. 그 때문에 '인공 태양(artificial sun)'이라 불리기도 하는 핵융합 발전의 목적은 인류를 에너지 문제에서 영원히 해방하는 것이다. 제어된 핵융합 반응으로 에너지를 생산하는 시스템 혹은 시설은 '핵융합로'라고 부른다.

이 물리적 개념에 담긴 경제적 함의는?

지금 핵융합 발전, 즉, 인공 태양을 만들기 위한 주요국간 경쟁이 뜨겁다. 원래 1950년대 옛 소련에서 개발된 핵융합은 국가 위주 또는 국제기구 위주로 수십 년 동안 추진되어왔지만, 지지부진을 면치 못했다. 그러나 지금은 민간 스타트업들이 대거 뛰어들면서 경쟁도 훨씬 치열하고, (원래 2045년 이후라고 봤던) 상용화 시점도 크게 앞당겨질 것 같다. 구글, 쿠웨이트 투자청 등의 조직뿐만 아니라 제프 베이조스와 빌 게이츠 같은 개인도 이 분야 스타트업에 막대한 돈을 쏟아붓고 있다. 2021년 영국 Atomic Energy Authority(원자력청)의 보고서에 따르면 전 세계적으로 핵융합 분야 스타트업은 35개다. 생긴 지 5년도 안 된 기업이 절반이지만, 이들을 향한 투자금만도 18억 달러라고 한다. 뉴욕타임스의 보도처럼 '주류 에너지 시장'에 진입하는 정도가 아니라, 핵융합은 아예 청정에너지 시대의 핵심 에너지원이 될 태세다.

핵융합 발전의 경쟁력은 어느 정도?

인류가 개발한 발전 방식 중에서 가장 효율이 높은 것은, 아직까진 원자력 발전이다. 그런데 핵융합은 그런 원자력의 7배 효율이다. 이렇게 말해봤자 실감이 나지 않을 테지만, 수소 1킬로그램으로 핵융합 반응을 일으키면 석탄 8톤을 사용한 화력발전만큼 에너지를 만들 수 있다고 한다. 그뿐인가, 핵융합의 주요 원료인 중수소는 지구 위에 거의 무한으로 존재한다. 또 있다, 핵융합 발전에서는 방사성 폐기물도 나오지 않는다. '꿈의 청정에너지'라고 불리는 이유이며, 선진국들이 앞다투어 선점하려는 이유다. 그리고 이런 핵융합 '붐'도 결국은 '2050년 탄소중립'이라는 시나리오 때문에 한층 더 불붙은 것임을 기억해두자.

● ● ● TAE 테크놀러지즈가 개발 중인 '코페르니쿠스' 핵융합로

　　초고온에서 전자와 원자핵이 분리된 '플라스마'를 용기 안에 가둬두는 기술이나 1억 도에 이르는 고온을 만드는 기술 등 워낙 난관이 많고, 그야말로 '산 넘어 산'이라는 핵융합. 하지만 최근에 속속 등장한 스타트업들은 이런 난관의 극복을 자신하고 있다. 미국 MIT 교내 벤처로 출발해 2025년까지는 소형 핵융합로를 완성한다는 야심에 찬 Commonwealth Fusion Systems(커먼웰쓰 퓨전 시스템즈). 구글과 쿠웨이트 투자청, 구글, 셰브런 등이 8억 8,000만 달러를 투자해 '코페르니쿠스'라는 핵융합로를 개발 중인 미국의 TAE Technologies(TAE 테크놀로지즈). 10년 이상 제프 베이조스의 투자를 받아 대규모 실험로를 짓고 있는 캐나다의 General Fusion(제너럴퓨전). 그리고 민간 업체 최초로 플라스마 온도 1억 도를 달성한 후 2040년까지 세계 발전량의 20%를 핵융합으로 대체하겠다고 장담하는 미국의 Helion Energy(힐리언 에너지)까지. 바야흐로 핵융합 경

핵융합 발전, 핵융합로

쟁은 춘추전국시대를 방불케 한다.

　　민간 부문의 약진과는 별도로 국가 차원의 핵융합 투자도 확대일로다. 전 세계적으로 정부가 설립하거나 지원하는 핵융합 실험 시설만 100곳이 넘는다. 영국 정부는 세계 최초의 핵융합 상용 발전소 STEP(스텝)의 부지를 선정하고, 곧 착공할 계획이다. 이 발전소에 2억 파운드를 투자한다. 선두주자 가운데 하나인 중국은 달에 많이 존재하는 헬륨-3를 핵융합 연구에 활용할 정도다. 에너지 문제 해결도 중국의 목표지만, 동시에 핵융합 기술로 미국과의 우주 경쟁에서 앞서가려는 속셈이다. 미국 또한 뒤지지 않고 최근 192개의 레이저를 이용해 핵융합 발전 효율을 획기적으로 끌어올렸다고 발표했다.

● ● ● 태양의 7배나 되는 온도를 구현한 한국의 핵융합로 KSTAR

치열한 핵융합 경쟁에서 한국의 위치는?

핵융합에 관한 한, 한국도 선진국이다. 플라스마 유지 기술과 소재-부품 제작 측면에선 세계 최고 수준이라고 해도 허언이 아니다. KSTAR라는 이름의 한국형 핵융합로를 독자 개발하고 모든 부품과 장치를 현대중공업, 두산중공업 등 국내 기업들이 직접 제공해 2007년부터 대전 대덕단지에서 운용하고 있으며, 2025년까지 상용 운전기술 확보가 공식 목표다. 미국과 러시아보다 늦게 뛰어들었으나 여러 가지 핵융합의 오랜 난제를 해결해냈다. 2021년엔 1억 도의 초고온 플라스마를 20초간 안정적으로 유지하는 세계 기록도 수립했으며, 올해는 '30초 유지'에 성공해 현재 검증 작업이 진행 중이다. 물리학자들은 '300초간 플라스마 유지'를 이룩해야만 핵융합 발전이 24시간, 365일 전기를 생산할 수 있다고 한다. KSTAR는 2025년까지 300초 유지를 달성할 요량이다.

지금까지 KSTAR가 이룩한 성과는 프랑스 남부에 건설되고 있는 ITER(국제핵융합실험로)에 적용된다. 무려 18조 원이 투입되는 ITER은 한국을 비롯해 '35개국이 35년간' 협력해서 핵융합 발전 상용화를 구현할 인류 역사상 최대의 과학 프로젝트다. 참여국에만 기술을 개방하게 되어 있어서, ITER 프로젝트가 성공하면 한국은 세계에서 가장 앞선 핵융합 기술력을 보유하게 된다. ITER이 지금까지 국내 기업들에 발주한 초전도 자석과 진공 용기 같은 제품만도 이미 6,500억 원 규모에 이른다.

핵융합 발전, 핵융합로

86

황금 티킷 신드롬

Golden Ticket Syndrome

"우리 젊은이들의 고집스런 올인, 이젠 그만!"

학생들과 젊은이들이 명문대와 정규직에 고집스럽게 '올인' 하는 한국의 상황을 OECD는 그렇게 불렀다. '황금 티킷 신드롬'이라고. 그런데 이런 증후군이 사회적 문화적 측면만 건드리는 게 아니라 경제적으로도 영향을 미치기 때문에, 한층 더 뼈아프다. 소위 명문대에 대한 집착이 교육 제도를 왜곡시키고, 노동시장을 정규직과 비정규직으로 갈라놓으며, 청년 고용과 혼인율과 출산율까지 떨어뜨린다는 요지다. 그냥 한숨 쉬고 넘어갈 일이 아니지 않은가.

다소 가혹한 OECD의 지적은 '2022년 한국경제보고서'라는 문서에 담겼다. 회원국의 경제 동향과 정책 등을 2년 주기로 분석해 발표하는 보고서인데, 정책 면에서의 권고 사항까지 들어간다. OECD가 사용한 용어 '황금 티킷 신드롬'에서 '황금 티킷'은 대체 무엇을 가리키는 걸까? 유명 대학에 진학하는 기회, 근로 조건이 탁월한 재벌기업에 입사하는 기회, 안정된 공무원 자리를 얻는 기회 등이다. 나아가 상류층의 짝을 만나 결혼하고 출산하고 내 집을 갖고 자산을 불리며 살아가는 기회로 확대될 것이다. 실제로 황금 티켓 잡기에 성공하면(혹은 성공해야만) 큰 이득을 볼 수 있는 한국의 현실이 서양인들의 눈에도 곤란하게 비친 모양이다.

이런 기회가 극히 드물고 문이 좁은 거야 어떤 나라든 마찬가지이므로, 그런 '황금 티켓'의 희귀성 자체에 절망할 필요는 없다. 살기 좋은 선진국이라고 해서 '황금 티켓'이 없겠는가. 문제는 그런 황금 티켓을 바라보는 우리 젊은이들의 시선, 명문대나 대기업 같은 '간판'에 대한 그들의 유별난 집착이나 몸부림, 그것을 획득하지 못할 때 나타나는 그들의 지나친 좌절과 분노에 있다. 명문대 졸업장이 인생 전체를 바꾼다면서 목숨 걸고 달려드는 풍토를 한국 외어느 사회에서 보겠는가. '간판' 좋아하는 사회인을 위한 특수대학원만 700개 이상인 나라가 한국 말고 어디에 있겠는가. 고시 합격하면 평생 먹고사는 문제 해결되고, 의사다, 변호사다, 전문직의 진입 장벽을 만들어 이익 챙기는 나라가 한국 외에 또 있겠는가. 인터넷에서 인물 검색해보라, 이름과 소속 다음에 학력부터 뜰 정도로 학력-학맥-학벌을 중시하는 나라가 또 어디 있겠는가. 우리는 왜 이런 집착을 유난스레 키워왔을까? 교육과 일자리와 결혼에 대한 의식이 왜곡될 정도로?

해결책은 없을까?

OECD는 대학수학능력시험 같은 시험의 영향력을 줄여야 청년 고용을 늘릴 수 있다고 했다. 아울러 시험 외에도 창업 교육처럼 다른 성공의 경로를 많이 만들라고도 했다. 그래야만 정규직과 명문대에 대한 선호가 줄고 황금 티킷에 대한 집착도 약해진다는 논리다. 다른 해법으로 정규직과 비정규직 사이의 칸막이를 허물 것을 권고했다. 비정규직에 대해선 사회보험 적용을 강화하고 정규직의 보호는 느슨하게 완화하라고도 했다.

놀랍게도 최저임금의 급격한 인상은 바람직하지 않다는 의견도 OECD는 제시한다. 지나친 인상은 청년 고용의 90%를 책임지는 중소기업을 더 힘들게 하기 때문이다. OECD 회원국 중에서도 높은 수준의 인상이라면서 당분간 완만한 폭의 인상을 주문했다.

수천 년을 두고 대대로 물려받은 소위 '가방끈' 집착을 뿌리치기가 쉽지는 않을 테다. 그러나 껍데기가 아니라 본질에 가치를 부여하는 길만이 황금 티킷 증후군을 뿌리 뽑는 길이니, 더 늦기 전에 젊은 세대를 가르쳐야 할 일이다.

사족 한 가지. 황금 티킷이란 표현이 생긴 내력이 따로 있다. 재미 삼아 들어두자. 〈찰리와 초콜릿 공장〉이라는 60년 묵은 영국 동화가 있다. 주인공인 초콜릿 회사 사장 윌리 웡카는 초콜릿에 무작위로 황금 티켓 다섯 장을 끼워 파는 이벤트를 연다. 초콜릿을 먹다가 이 티켓을 뽑는 행운아는 신기한 공장을 견학할 기회를 얻는다. 하지만, 아뿔싸, 행운을 잡아보라는 평범한 뜻이 왜곡된다. 부자들이 초콜릿을 사재기 시작한 것. 심지어 포장지를 빨리 벗기는 사람까지 고용한다. 말할 것도 없이 부잣집 아이들이 황금 티켓을 차지한다. 돈의 힘인가, 운의 힘인가.

87

회색 코뿔소

Gray Rhinos

"빚 많이 지면 회색 코뿔소 만납니다."

얼마든지 예상할 수는 있는데 웬일인지 쉽사리 간과해버리는 위험을 이렇게 부른다. 3미터가 넘는 길이에 2톤이 넘는 육중한 무게를 자랑하는 코뿔소. 워낙 몸집이 커서 멀리 있어도 눈에 잘 띈다. 그런데도 평소에 대비하지 않으면, 막상 지축을 울리며 다가올 땐 대처 방법을 알지 못해 큰 위험에 빠진다. 그래서 이런 경제적 리스크를 '회색 코뿔소라'고 부른다. 위험의 징조가 계속 나타나서 충분히 예상할 수 있음에도 대응하지 못하는 상황을 빗댄 것. 이 용어를 처음 사용했다고 알려진 Michele Wucker(미셸 부커) 세계정책연구소 소장은 회색 코뿔소의 대표적인 사례로 2007년 금융위기를 초래한 미국의 서브프라임 모기지 사태를 들었다.

지금 회색 코뿔소가 주위에 많다는 얘기?

세계가 조마조마하게 지켜보는 중국의 경기 둔화 위험이라든 가, 미-중 갈등의 악화 같은 금융 불안 요소가 회색 코뿔소 아니겠 는가. 가능성은 인지해왔는데 막상 그런 잠재 위험들이 하나둘 현 실화하면 대응책이 막막하다. 멀리 있던 회색 코뿔소가 가까이 다 가오기 시작하는 상황이다.

우리나라로 시선을 돌리면 연금 고갈의 위험성 같은 것이 전 형적인 회색 코뿔소다. 국민연금이 지금의 제도를 유지할 경우 2039년이면 적자로 돌아선다고 오래전부터 걱정해왔다. 아니, 2055년이면 아예 바닥난다고 수군대기까지 했다. 한국경제연구원 은 2055년에 연금 수령자격이 생기는 1990년생부터는 연금을 한 푼도 못 받을 수 있다는 보고서도 냈다. 그런데도 관련 부처는 이 위협적인 회색 코뿔소를 어떻게든 물리칠 대책이 있는 걸까? 연금 개혁은 선택의 문제가 아닌데, 정부는 '해보겠습니다'와 '해봤지만 안 되네요'를 반복하고 있다. 개혁은 15년째 제자리걸음이다. '더 내고 덜 받는' 연금개혁을 약속만 해놓고 한 걸음도 나아가지 못하 는 사이, 회색 코뿔소는 점점 다가오고 있다.

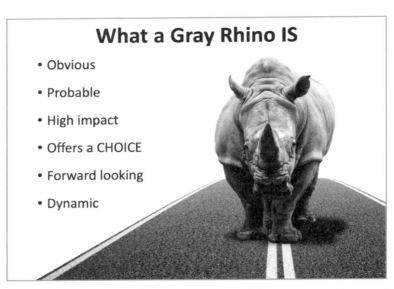

What a Gray Rhino IS

- Obvious
- Probable
- High impact
- Offers a CHOICE
- Forward looking
- Dynamic

● ● ● 회색 코뿔소는 명백하고 확실하며 커다란 충격을 준다. 그렇다고 불가피하진 않은데 선제적이고 다이내믹하다.

    가계 부채라는 이름의 회색 코뿔소도 무시무시하다. 한국의 가계 부채는 지난 10년 새 2배 이상으로 급증하여 2022년 상반기 기준 약 1,870조 원에 달한다. 2022년 말이면 2천조 원을 돌파할 것이란 전망까지 나온다. 전 세계에서 가장 빠르게 증가한 데다, 상당 부분이 주식, 부동산, 가상화폐 등으로 흘러 들어가 더욱 큰 문제다. 자산가격의 전반적인 폭락, 끝이 안 보이는 금리 인상(이자 부담 폭등)으로 소위 금융 불균형이 심각하다. 아래의 도표에서 알 수 있듯이, 가계 부채가 국내총생산(GDP)에서 차지하는 비율은 2022년 1분기 기준 한국이 104.3%로, 세계 36개국 중에 가장 높았다. GDP 보다 빚이 더 많은 나라다. 비금융기업의 부채 역시 주요국 중에 네

투자의 길이 보이는 **트렌드 경제용어 2023**

번째로 높다. 최근 금융 당국의 직접적인 규제로 은행의 가계대출 증가세는 일단 꺾였지만, 부채 시한폭탄은 지금도 심지가 타들어가는 중이다.

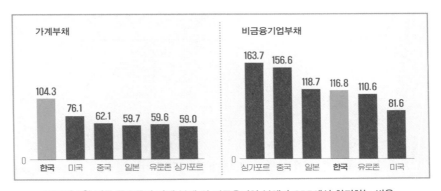

●●● 2022년 3월 기준 주요국의 가계 부채 및 비금융기업 부채가 GDP에서 차지하는 비율

[자료: 국제금융협회]

88

횡재세

Windfall Tax

"기름값 뛰었으니, 세금을 더 내세요."

에너지 가격 상승으로 막대한 이익을 챙긴 BP(British Petroleum) 등에 영국과 일부 유럽 국가가 '횡재세'를 부과하기로 하면서 이 흥미로운 용어가 언론에 자주 등장했다. 횡재세는 일정 기준 이상의 이익을 낸 기업에 추가로 부과하는 초과 이윤세를 의미한다. 예상치 않았는데 굴러들어 온 행운에 매기는 세금이라는 뜻으로 그렇게 부른다.

"석유-가스 업체들이 막대한 이익을 낸 것은 혁신을 통해서가 아니라 원자재 가격 급등 덕분이었다. 횡재세를 걷어 수백만 취약 가구를 지원하겠다." 지금은 영국 총리가 된 Rishi Sunak(리시 수낙) 당시 재무장관의 말이다. 에너지 요금이 약 40% 뛰면서 관련 기업들은 40조 원 상당의 이익으로 신났지만, 소비자들은 가구당 평균 440만 원씩 더 써야 할 판이니, 횡재세 아이디어도 무리가 아니다.

헝가리 정부도 국가 비상조치의 하나로 횡재세 카드를 들고
나왔다. 에너지 기업, 항공사, 통신사, 제약사 등으로부터 총 2조
7,000억 원가량의 추가 세금을 거두어 가계의 에너지 비용을 보조
하고 군사력을 증강하겠다는 생각이다. 이탈리아 정부도 기업 이
익 증가액이 일정 수준을 넘으면 전년 대비 10% 높은 세금을 매긴
다는 구상이다. 겨울나기가 더 어려워진 가계와 기업을 지원하겠
다는 의도인데, 이 역시 횡재세다.

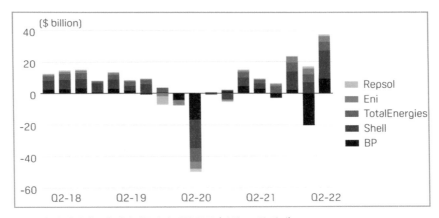

● ● ● **유럽 에너지 5대 메이저들의 순이익 폭등 (단위: 10억 달러)**

[자료: S&P Global Capital IQ]

당연히 볼멘 목소리가 나올 터인데?

그렇다. 배경이야 어떻게 되었건 예외적으로 큰 이익을 봤다
고 해서 없던 세금까지 더 내어야 한다면, 불평하지 않을 기업은 없
을 것이다. "그럼, 반대로 환경이 나빠져 이익이 뚝 떨어지면, 세금

을 깎아줄 거요?"라는 질문이 나올 수밖에 없다. "열심히 이익을 내 봤자, 어차피 세금으로 나가는데 군이 투자나 생산을 늘릴 필요가 있느냐?"라는 어깃장도 예상할 수 있다. 이런 불평들이 비합리적인 것도 아니다. 횡재세 같은 세 부담을 생각하면 석유업체는 생산과 공급을 줄이는 게 오히려 이익일 수 있고, 이렇게 되면 유가가 더 오를 수도 있지 않을까. 모름지기 조세 환경이 안정되어야 기업의 투자와 지출도 쑥쑥 커진다. 그러므로 언제 어떻게 세금이 부과되는지 사전에 또렷하게 정해 놓을 필요가 있고, 그런 점에서 횡재세라는 정책은 (의도는 이해할 수 있으나) 정당성이 약해 보인다.

투자의 길이 보이는 **트렌드 경제 용어 2023**

초판 1쇄 인쇄 2022년 11월 17일
초판 1쇄 발행 2022년 11월 24일

지은이 | 권기대
펴낸이 | 권기대

총괄 | 배혜진
편집 | 정명효, 허양기, 임윤영
디자인 | 공간디자인 이용석
마케팅 | 김찬유, 조민재
경영지원 | 박은진

펴낸곳 | 주식회사 베가북스 **출판등록** | 2021년 6월 18일 제2021-000108호
주소 | (07261) 서울특별시 영등포구 양산로17길 12, 후민타워 6~7층
주문·문의 전화 | 02)322-7241 **팩스** | 02)322-7242

홈페이지 | www.vegabooks.co.kr   **이메일** | info@vegabooks.co.kr
ISBN 979-11-92488-14-1 13320

 http://blog.naver.com/vegabooks

 vegabooks

VegaBooksCo